公認心理師の基礎と実践 ⑥

野島一彦・繁桝算男 監修

心理学実験

山口真美　金沢　創　河原純一郎　編

遠見書房

巻頭言

心理学・臨床心理学を学ぶすべての方へ

　公認心理師法が2015年9月に公布され，2017年9月に施行されました。そして，本年度より経過措置による国家資格試験が始まります。同時に，公認心理師の養成カリキュラムが新大学1年生から始まります。

　現代日本には，3万人を割ったとは言えまだまだ高止まりの自殺，過労死，うつ病の増加，メンタルヘルス不調，ひきこもり，虐待，家庭内暴力，犯罪被害者・加害者への対応，認知症，学校における不登校，いじめ，発達障害，学級崩壊などの諸問題の複雑化，被災者への対応，人間関係の希薄化など，さまざまな問題が存在しております。それらの問題の解決のために，私たち心理学・臨床心理学に携わる者に対する社会的な期待と要請はますます強まっています。また，心理学・臨床心理学はそのような負の状況を改善するだけではなく，より健康な心と体を作るため，よりよい家庭や職場を作るため，あるいは，より公正な社会を作るため，ますます必要とされる時代になっています。

　こうした社会状況に鑑み，心理学・臨床心理学に関する専門的知識および技術をもって，国民の心の健康の保持増進に寄与する心理専門職の国家資格化がスタートします。この公認心理師の養成は喫緊の非常に大きな課題です。

　そこで，私たち監修者は，ここに『公認心理師の基礎と実践』という名を冠したテキストのシリーズを刊行し，公認心理師を育てる一助にしたいと念願しました。

　このシリーズは，大学（学部）における公認心理師養成に必要な25科目のうち，「心理演習」，「心理実習」を除く23科目に対応した23巻からなります。私たち心理学者・心理臨床家たちが長年にわたり蓄えた知識と経験を，新しい時代を作るであろう人々に伝えることは使命であると考えます。そのエッセンスがこのシリーズに凝縮しています。

　このシリーズを通して，読者の皆さんが，公認心理師に必要な知識と技術を学び，国民の心の健康の保持増進に貢献していかれるよう強く願っています。

2018年3月吉日

　　　　　　　　　　　　　　　　　　監修者　野島一彦・繁桝算男

はじめに

　2018 年，新しい国家資格である公認心理師のカリキュラムが発表された。これは従来からあった民間資格である臨床心理士のカリキュラムも参考にされたものではあるが，学部の 25 科目を必要とする点においてまったく新しいカリキュラムである。学部にもプログラムが展開されたことにより，心理学の学部教育は変わりつつある。従来は学部において基礎的な心理学を学んでいなくても「心理士」を名乗ることができたのに対し，今後「心理師」を名乗る者は基礎的な心理学についての学部教育を受けていることが前提となったのである。この点は，基礎的な心理学の教育に関わるものとして率直に喜びたい。

　「心理学実験」は公認心理師カリキュラムにおいて学部指定された 25 科目の 1 つであるが，他の科目と異なる特徴もある。それは，「心理学科」あるいは「心理学専攻」を掲げるすべての大学カリキュラムにおいて，本書が担当する「心理学実験」と「心理学統計法」は，何らかの形で必修化されているという点である。少なくとも，伝統的な大学においては，心理学の discipline を構成するものとして，「実験方法」の教育こそがその中心にあることは強調しておきたい。

　世界の心理学の歴史から見ても，心理学という領域の確立には，ヴント Wundt, W. に始まりティチナー Titchener, E. B. へと心理学の根幹が形作られる過程の中で，実験室の確保と実験方法の整備が挙げられるだろう。事実，編者らも世界中のさまざまな国の心理学者と交流してきたなかで，それぞれの国のさまざまな言語で心理学が教えられていたとしても，「錯視量の測定」や「反応時間の計測」といった手法については，あたかも心理学という 1 つの共通の文化圏を構成するように共有できるという実感があった。学問分野とは，師から弟子へ，教師から学生へと伝達できる技術の集積のことであり，心理学とは，心理学の研究方法の技術集にほかならない。その意味では本書も，1901 年と 1905 年のティチナーによる *Experimental Psychology: A Manual of Laboratory Practice* に始まる流れの中に位置づけられるといえるだろう。ティチナーの教科書は，「教師版」と「学生版」，および「量的」と「質的」の，計 4 冊に分かれており，「質的」版が，現代における知覚／認知実験集に位置づけられる。つまり本書の正確な系譜は，ティチナーの教科書の「質的」の「学生版」に起源があるといえるだろう。

　多くの大学の心理学科／専攻では，「心理学実験」が科目として必ず設置されていると書いたが，伝統ある大学では，実習科目となっている点も重要である。現

はじめに

状の公認心理師のカリキュラムにおいては，残念ながら，「心理学実験」は実習科目であることが必須ではなく座学でもかまわないことになっているが，心理学科／心理学専攻／心理学部に所属している読者におかれては，ぜひ自分の手を動かす実験を実際に実践することを通して，心理学実験の理解を進めてほしい。

　本書は，15の章立てを通して，実際に実行可能な心理学実験の解説が行われている。伝統的な知覚・認知実験と，生理的指標，あるいはヒト以外の動物や赤ちゃんを対象とした実験も，（被験者や実験装置の入手可能性はおいておくとして）実行可能な手続きとして書かれている。錯視量の測定などは，自作で装置を作ることも可能である。かりに読者の所属する大学・専門学校に実験実習科目がないのであれば，ぜひ本書を手に，1つでもよいので実際に実験を行ってみてほしい。その上で本書を読み直せば，心理学における実験の意味が身をもって理解されるだろう。

　2019年9月

金沢　創・山口真美・河原純一郎

目次

はじめに 5

第1部 心理学実験の基礎

第1章 心理学実験とは ……………………………………… 13
金沢　創・山口真美・河原純一郎

　Ⅰ　はじめに　13／Ⅱ　心理学になぜ実験が必要か　14／Ⅲ　実験の倫理　18／Ⅳ　まとめ　21

第2章 実験計画 ………………………………………………… 23
鈴木敦命

　Ⅰ　はじめに　23／Ⅱ　疑問・仮説　24／Ⅲ　データ収集法　25／Ⅳ　データ分析法　35／Ⅴ　まとめ　38

第3章 論文・レポートの作成 ………………………………… 40
渋井　進

　Ⅰ　はじめに　40／Ⅱ　論文・レポートを書く動機や目的　40／Ⅲ　章立てごとの記載すべき内容および留意点　43／Ⅳ　学問的誠実性と不正行為の防止について　49／Ⅴ　まとめ　52

第2部 さまざまな心理学実験

第4章 心理量と物理量——錯覚の定量的な測定 …………… 57
丸谷和史

　Ⅰ　はじめに　57／Ⅱ　実験1　心理量測定の基本——幾何学的錯視の測定　59／Ⅲ　実験2　時間的に安定しない錯覚（方位残効）の測定　64／Ⅳ　まとめ　69

第5章 閾　値 …………………………………………………… 71
繁桝博昭

　Ⅰ　はじめに　71／Ⅱ　実験1　恒常法による光の絶対閾の測定　76／Ⅲ　実験2　強

　　制選択法による音の高さの弁別閾の測定　80／Ⅳ　まとめ　83

第6章　反応時間……………………………………………85
宮谷真人

　Ⅰ　はじめに　85／Ⅱ　実験1　反応時間で意味記憶の構造を探る　88／Ⅲ　実験2　反応時間で心的イメージの性質を探る　92／Ⅳ　まとめ　96

第7章　正答率と信号検出理論…………………………99
永井聖剛

　Ⅰ　はじめに　99／Ⅱ　実験1　単語記憶の系列位置効果　99／Ⅲ　実験2　信号検出理論――刺激検出力と判断基準の分離　103／Ⅳ　まとめ　110

第8章　感覚運動学習 ……………………………………112
今水　寛

　Ⅰ　はじめに　112／Ⅱ　実験1　プリズム適応における両手間転移効果　114／Ⅲ　実験2　視覚運動回転における干渉　119／Ⅳ　まとめ　122

第9章　動物実験 …………………………………………124
中島定彦

　Ⅰ　はじめに　124／Ⅱ　実験1　ダンゴムシの交替性転向反応　126／Ⅲ　実験2　ラットのレバー押し反応の形成　130／Ⅳ　まとめ　137

第10章　ワーキングメモリ ……………………………139
源　健宏・坪見博之

　Ⅰ　はじめに　139／Ⅱ　実験1　リーディングスパンテスト　140／Ⅲ　実験2　Nバック課題　145／Ⅳ　まとめ　151

第11章　注　　意 …………………………………………153
河原純一郎

　Ⅰ　はじめに　153／Ⅱ　実験1　視覚探索課題による空間的注意特性の測定　155／Ⅲ　実験2　空間的手がかり課題で測る注意のバイアス　160／Ⅳ　実験3　高速逐次呈示課題による注意の時間的特性の測定　163／Ⅴ　まとめ　166

第12章　生理的指標 ………………………………………169
藤村友美

　Ⅰ　はじめに　169／Ⅱ　実験1　社会的ストレスに伴う生理的変化　173／Ⅲ　実験2　ポリグラフ検査における応答が生理的変化に及ぼす影響の検討　177／Ⅳ　まとめ　181

第13章　脳活動の測定 ……………………………………… 183
野口泰基

　Ⅰ　はじめに　183／Ⅱ　実験1　脳波を用いた「顔ニューロン」の神経反応の測定　186／Ⅲ　実験2　fMRIを用いた「顔ニューロン」反応の測定　191／Ⅳ　その他の実験　195／Ⅴ　まとめ　197

第14章　潜在的態度 ………………………………………… 199
大江朋子

　Ⅰ　はじめに　199／Ⅱ　実験1　潜在連合テストで測る潜在的自尊心　202／Ⅲ　実験2　感情誤帰属手続きで測る潜在的な集団間バイアス　207／Ⅳ　まとめ　212

第15章　発達の実験 ………………………………………… 215
白井　述・山口真美

　Ⅰ　はじめに　215／Ⅱ　実験1　選好注視法（PL法）による顔・非顔図形間の弁別能力の検討　219／Ⅲ　実験2　馴化・脱馴化法による被遮蔽物体の形状知覚の検討　224／Ⅳ　まとめ　229

索引　231／執筆者一覧・編者略歴　巻末

第 1 部
心理学実験の基礎

第1章

心理学実験とは

金沢　創・山口真美・河原純一郎

Keywords　操作的定義，名義尺度，順序尺度，間隔尺度，比率尺度，説明つき同意，倫理審査委員会，事後説明

1　はじめに

　本章では心理学実験とは何か，どのような理由で実験が必要となるか，適切に実験をするためにはどのような知識が求められるかについて説明していく。実験は科学としての心理学に欠かせない主要な手法の1つであり，豊富な知見をもたらすことができる。それだけ有用な手法であるだけに，実施には留意すべき点もある。本章後半では，それらを実験倫理の節で説明する。

　心理学は自然科学だろうか。当たり前の問いだが，自然科学の特徴は，「誰がどこでやっても同じ結論に至る」という点である。心理学も，過去の文献や思索だけではなく，事実に学ぶ学問であるとするならば，自然科学の一種といえる。しかし，心理学が他の自然科学と1つだけ違うところがある。それは対象とする「心」が通常の自然科学と同じような形で存在しないという点だ。たとえば認識論哲学のカント Kant, I. は『自然の形而上学』において，心理学の不可能性について下記のような主張を行っている。心理学が対象とする「心」は，物理学が対象とするような「物」とは違っており，つまり，心理学の対象となる存在が大きさや重さなどがない存在であるがゆえに自然科学の対象とはなりえないと論じている（Watson, 1979）。

　「心」は，重さ，大きさ，形をもたない。この計測不能な対象を，あえて計測しようとする試みの歴史が，心理学という学問を作ってきた。本書が対象とする「心理学実験」とは，その技術の集大成ということができるだろう。

　一見すると，主観を客観に置き換えようとする心理学には，そもそも矛盾があるようにも思える。私が嬉しかったり悲しかったりすることは疑いようがない

が，どの程度嬉しいのか，それは別の日に体験された喜びや悲しみとどう違うのかを直接測ることはできない。他者の感覚や他者の感情は，確かに存在はしているようだが，それは「私」にしかわからない。この命題は，分析哲学や心の哲学といった分野でも指摘されているところである（くわしくは野矢（1995）や永井（1996）を参照のこと。心理学との関連でいえば，金沢（1999）も参考になる）。

　測ることができないものは科学の対象になりえない。こう考えれば，心理学は学問として成立しえないと考えても不思議ではない。では，現在成立している心理学は，どのようにして可能となりえたのだろうか。簡単にいえば，矛盾は矛盾のまま放置し，とにかく実践してみるということにつきるだろう。その歴史的過程は，本シリーズの他書に譲るとして，本書では，その歴史的な産物として得られた具体的な手法について解説していくことにする。

II 心理学になぜ実験が必要か

1．心を数値化する

　本書で紹介する実験の多くは，心理学科をもつ大学の多くで，実習の必修科目として行われている。その手続きは「他人の心を読みたい」という心理学初学者の期待を裏切るようなものが多いが，具体的に心理学の学問領域を構成しているのは本書の掲載されている手続きである。「錯視量の測定」などはその典型例といえる。

　「錯視が見える」ということ自体に，カントが指摘した驚くべき矛盾が潜んでいる。なぜなら，物理的には同じ長さなのに一方が「長く見える」というその「長さ」は，感覚の世界にしか存在せず，この世に存在するどんな定規をもってしても測ることができないためである。たとえ頭の中をのぞいてみたところで，「長く見えている」という映像や長くなった線が書かれた紙が出てくるわけではない。「長く見える」という推論は，けっしてこの世の物質としては存在しない。それは1人ひとりの心の中にしか存在しない。

　では，定規で測れない，大きさも重さも形もない心を，心理学はどう捉えようとしているのか？　そこには，「ないかもしれないものをあるかのように扱ってみる」という発想の転換がある。どんな定規を使っても測れなかった心理量を，存在するものとして認める。「錯視量」あるいは「心理量」などと定義し，物理的に存在する大きさや長さや重さと同じように，足したり引いたり平均化したりできる数値として扱うのである。

このように，特定の手続きに基づいて，たとえば「錯視量」として定義する方法を操作的定義と呼ぶ。このやり方を拡大することで，心理学では，喜びや悲しみといった感情も「操作的に」定義していくことができるのである。

2．心の測定の実際

心を数値化することの難しさを説明すると，脳活動の計測のような生理学的な指標ならば，もっと客観的に心を直接測定できるのではないかという主張がよく出てくる。ここで指摘しておきたいのは，脳活動を計測しただけでは心を直接測定できるわけではないことだ。たとえば「恐怖の感情を感じる際には，扁桃体という脳の部分が活動する」などと言われると，扁桃体の活動を測定すれば，恐怖の感情を直接測定できるのではないかと考えたくなるだろう。しかし重要なことは，こうした脳活動の計測時には，必ずある心理学的な実験を行うことにより，操作的に「恐怖が喚起されている」状態にしてはじめて決定されるという点にある。時に「○○を考えているとき，脳のXXが活動していることが明らかになった」といった記事がマスメディアを通じて紹介されるが，その結論は，本書で学習するような心理学的な知見に基づいた注意深い実験計画をもとに推測されたものであって，脳の活動自体が心の状態そのものを表すわけではないという点に注意すべきだろう。

何かを考えたり感じたりするときに，身体の一部である脳が物質として変化することは間違いない。しかし，そのことと「考えたり感じたり」する中身とは別の話であり，程度の問題（どれぐらい嬉しく，どれぐらい確実に見えるかなど）や内容の問題（何が見え，どんな感情を抱いているのかなど）は，物質として直接観察できるわけではない。ところが脳科学の流行から，心の状態によって脳が"物質として"どのように変化するかまでもがわかっていて，その対応関係も明らかになっていると思い込んでいる人がいるかもしれない。残念ながらそこまでわかっているわけではない。

脳を含めた身体は，さまざまな道具を用いることにより，大きさ・重さ・活動量などを物質として客観的に測定することができる。しかし，どんな物理的装置を使っても，心は，その大きさ・重さ・形を測定できないという点では変わりがない。「心」を捉える困難さは，依然として存在していることには注意を払うべきである。

心拍数で「喜び」や「怒り」を測ることができると主張する人もいるかもしれない。「心拍数」は心理学的な指標の1つとして用いられているが，心拍数そのも

のは数多くの原因で増減するため、心拍数と情動は一対一の対応関係になく、心拍数が、そのまま「喜び」や「怒り」を表すわけではない。ここでも大事なことは、どのような実験計画のもとで実験を行ったのかという実験手続きの方である。

つまり重要なのは実験手続きであり、測定方法や実験計画などの考え方である。心理量はどのような手続きで定義されるのか。ある客観的な指標の上昇が、時には喜びを表すこともあるし、驚きを表すこともある。脳活動、心拍数、体動といったどんな客観的な指標を用いようとも、結局のところ、この世界に物理的には実在しない「心」の存在を仮定し、その存在を心理量として測定の手続きの中で操作的に定義することがなければ、心については何もいえないのである。

3．測定方法こそが心理学

心理学では、具体的にはどのような方法で心を「数値化」しているのだろうか。おおまかに分ければ、その方法には実験法、調査法、観察法、の3通りがある。本書で扱う実験法では、特定の課題を課すことによってその課題の成績から数値を求める。正答・誤答からなる「正答率」（第7章参照）と、その課題をどれだけ早くこなしたかという「反応時間」（第6章参照）が、よく用いられる指標となる。双方ともすぐに数値として扱える、大変便利な指標である。いずれにせよ、何らかの指標を表す数値を用い、心の状態を推測していく実験計画の技術こそが心理学ということになる。

心理学者のスティーヴンスによれば、この測定される心理量は「尺度（scale）」と呼ばれ、名義尺度、順序尺度、間隔尺度、比率尺度に分類される（Stevens, 1946）。尺度により統計分析が異なるので、実験計画の遂行にあたり、自身のとりたい指標がどの尺度であるかを認識することは重要である。

心理量の測定に用いられる尺度のうち、最も質的なものが「名義尺度」である。心の状態の強さや大きさまでには触れず、分類することに主眼をおいた尺度である。たとえば喜び、悲しみ、怒りを分類するが、どの程度喜んでいるのかといった量的な側面は問わないといった場合である。すなわち名義尺度の測定では、対象とした行動から推定される心理状態を用意したカテゴリーのいずれに属するのかを分類する。その際に、何回そのカテゴリーの行動が見られたか（たとえば「何回怒ったか」など）といった頻度の計算を行えば、観測された量をそのつど測定しなくとも、分類された頻度を合計すれば量的なデータとなり、統計的な分析にかけることができる。「大きさ」を仮定しないぶん、最も単純な尺度ともいえるだろう。

次に，具体的な心理量までは仮定しなくても，「昨日よりは今日の方が嬉しい」とか「いまが一番つらい」などの順位ならつけられる場合もある。このような尺度を「順序尺度」と呼ぶ。名義尺度も同様であるがこの順序尺度も，計測の際に量が定義されていないため，平均値を得るなどという操作はできない。しかし名義尺度と比べると，順位の指標がついているため，異なる計測間で計測値を比較することはできる。このように使用する尺度によって使用できる統計手法も異なるので注意を要する。

　心理量という言葉のごとく，あたかも物のように大きさ（量）をもつ対象として計測を行う尺度としては，「間隔尺度」もしくは「比率尺度」が理想といえる。つまり1回ごとの計測値が何らかの大きさを表す数値となっているため，この尺度の値は足したり引いたり平均化したりすることができる。さらに細かくいうと，原点（ゼロ）をもち距離として定義できる「比率尺度」と，単純に順序尺度の各順位の距離が等距離になっている順位としての「間隔尺度」は区別されなければならない。

　よくもち出される例は，温度は間隔尺度ではあるが比率尺度ではない，というものである。たとえば摂氏20度と21度の違いは，40度と41度の違いと，いずれも1度の違いなので等しいが，5度と10度の比と20度と40度の比は，いずれも数字だけ見れば2倍ではあるものの，指標としては同じではない，という説明になる。これは，摂氏で表された温度の原点が0度ではないことによる。つまり，間隔尺度で測定された値から平均を求めることはできるが，比を求めることはできない，ということになる。一方，たとえば重さという尺度は「10 gは5 gの2倍重く，40 gは20 gのやはり2倍重い」という物言いが成立するという意味において，比率尺度ということになる。

　実際の心理学的指標のいずれが純粋な意味での間隔尺度で，いずれが比率尺度であるのか，結局のところ，測定している対象をいかなる形で概念的に定義しているかによっており，実際にその区別は曖昧であることも多いが，統計的には間隔尺度と比率尺度は異なったものであることについては意識しておく必要があるだろう。

　この4つの尺度の概念を提案したスティーヴンスによれば，前者が後者を含み，より低い水準の名義尺度から，より高い水準の比率尺度へと並べることができる。つまり，比率尺度を間隔尺度や名義尺度に変換することはできるが，逆はできない，ということになる。心理学を心の測定の観点で考えてみるならば，測定できるのであるならば，比率尺度として測定するに越したことはないことがわかるだ

ろう。名義尺度というのは，装置や測定に制限があったり不完全であったりする際に用いざるをえない尺度ともいうことになる。

III 実験の倫理

次に倫理の問題について解説していく。人の心を実験対象とする心理学では，研究を実施するにあたって倫理の問題を考えねばならない。

心理学では実験・調査・観察などの形式を問わず，研究に協力してくれる人（被験者とも参加者とも呼ばれ，現在はいずれも正しい呼び方である）に協力を得ることが必要になる。実験のアイディアを思いついたからといって，ただちに実験にとりかかれるわけではない。その計画は被験者に過度の負担を与えないか，被験者が自分の意思で参加しているか，権利は守られているかといった重要な点が確認されたうえで実施できる。このとき，被験者を守るために，研究が生み出しうるリスクを回避すること，人格の尊重および自発参加という原則がある。これらの原則を実現するために，倫理審査委員会および説明つき同意の仕組みがある。

1．研究が生じうるリスクの回避

研究に含まれるリスクは少ないことが望ましい。心理学研究において，対象となる人へのリスクとは物理的な危害に限らず，心理的なストレスに加えて，挫折感，自尊心の低下，他者への不信，科学に対するイメージの悪化，さらには経済的な損失，時間の損失も含まれる。プライバシー権の侵害も回避すべきであり，被験者の考えや感情が同意を得ないまま公にされないよう留意する。そのために研究結果と参加者名を分けて保存する。これを匿名化という。また，被験者の同意の下でデータを得る。すなわち，行動反応や質問紙への回答，生理的反応等のいわゆる"実験データ"は事前に同意した方法でのみ使われ，同意を得ずには公表されないようにする。これを機密化という。たとえば，表情を記録するために被験者の顔をビデオ録画する実験では，同意を得てから撮影する。また，撮像記録は表情の解析のためだけに用いられるべきで，他の用途には用いない。

2．人格の尊重と自発参加の原則

被験者に実験の参加を強制してはならない。人格を尊重する，すなわち人が自分で考え，選択し，行動することを妨げないようにする。実験に参加するか否かは，参加する側が自発的に決められるようにする。そのため，実験に参加することを

望まない人に参加を強制してはならない。部活動の先輩・後輩の関係にある人や友人から面と向かって実験参加の依頼があると，断りにくいかもしれない。このような関係での参加の依頼・勧誘は自発参加の事態だとはいえないだろう。

　実験の最中も自発参加の原則はあてはまるので，被験者はいつでも途中で実験をやめることができる。ただし，実験を途中でやめてもよいとあらかじめ伝えられていたとしても，席を立って「帰ります」とは言いにくいかもしれない。そのため，実験や調査をする側は参加が無言の強制となっている側面も少なからずあることを認識する必要があり，被験者がいつでも中止できるよう配慮する。

　実験への自発的な参加を保障するためには，参加するかしないかの判断材料を実験者側があらかじめ提供しておく。実験の内容はもちろん，所要時間，回答方式，報酬，データの処理方法や匿名化の手続き，考えうるリスクを告げておく。たとえば不快感情を喚起するような刺激を呈示するときは，そのことを予告しておく。ただし，実験内容を何もかもくわしく説明しすぎると実験が成立しない場合がある。たとえば，欺瞞手続き（後述）を使うときや，気分操作をする実験などは，実験内容に差し支えない範囲で事前に伝え，実験後に詳細を解説する場合がある。また，記憶が苦手だと思っている参加者が記憶実験を避けるといったこともあり，参加する前の好みが偏った参加者を集めてしまうというサンプリングバイアスが生じる可能性もある。したがって，事前開示内容の適正さは慎重に判断する必要があり，研究開始前に研究倫理審査を受けておく。

　事前開示の情報内容だけでなく，情報を伝える方法にも配慮が必要である。実験への参加を判断するための情報が足りないときや，じっくり読むための時間がない場合や質問する機会がないときは，よく考えて参加するか否かを判断できなくなってしまう。授業の終了間際に実験の説明と参加募集をするときなどがこれに該当しやすい。このような機会を利用するときは，実験者は十分に配慮する必要がある。

3．倫理審査委員会とは何か

　倫理審査委員会（倫理委員会，施設内審査委員会ともいう）は人を対象とした研究を倫理審査の対象とする。倫理審査委員会は，研究を実施するリスクと，研究から得られるメリットを判断して，実施の適・不適を倫理的および科学的な観点から審議する。これは被験者が倫理的に正しく扱われることを保証する仕組みでもある。委員は両性で構成されること，5名以上であること，機関外の者を含むこと，といった要件があることが多い。医学・医療の専門家，倫理学・法律学

第 1 部　心理学実験の基礎

表 1　実験の説明文書に含まれているべき項目

・研究題目，研究責任者（共同研究者）の氏名と所属機関，許可を受けている旨
・研究の目的と意義
・手続き，記録されるもの
・実施時間
・予想される被験者への負担，利益と不利益
・実験参加に同意した場合でもいつでも同意を撤回できること
・実験参加に同意しなかったり，同意を撤回することによって被験者にとって不利益な扱いを受けないこと
・研究に関する情報公開・照会の方法，個人情報の扱い，資料の保管，研究資金と利益相反
・問い合わせ先，相談等への対応，謝礼等

の専門家や，一般の立場を代表する者を含むこともある。審査の手順としては，まず研究する側から申請書，研究計画書，（被験者への）説明文書，同意書を倫理審査委員会へ提出する。その結果，承認，修正したうえで承認，条件つき承認，不承認，審査不要などの回答が戻る。承認通知が得られてから実験が実施できる。なお，動物を対象とした研究についても同様の研究倫理審査がある。

4．実験参加の同意――説明つき同意

　実験を始める前に，被験者に正しい情報を伝えたうえで，参加の同意を得ることを説明つき同意（告知つき同意，インフォームドコンセント）という。これは被験者と実験者とのやりとりのことであり，説明文書や参加同意書を指すのではない。説明文書を掲示するだけ，あるいは被験者にたんに見せるだけでは説明つき同意を得たことにはならない。説明文書の内容を被験者に理解してもらったことを確認し，参加への同意を得る。説明のための文書は簡潔に，わかりやすく書く。表 1 は説明文書に含まれているべき項目を示している。

　意思決定能力がない人や未成年者を対象に実験・調査をする場合は代諾者に説明し，同意を得る必要がある。ただし，文部科学省・厚生労働省（2017a, 2017b）の指針によれば，被験者が未成年の大学生のときは，ある条件を満たせば本人からの説明つき同意を得ることで実験が実施できる場合がある。その条件は，研究を実施されることに関する十分な判断能力を有すると判断される場合で，次の 2 つの事項が研究計画書に記載され，その研究を行うことについて倫理審査委員会の意見を聞いたうえで，研究機関の長が許可したときである。事項の 1 つは研究の実施に侵襲を伴わない旨，もう 1 つは研究の目的および試料・情報の取り扱いを含む研究の実施についての情報を公開し，当該研究が実施または継続されるこ

とについて，研究対象者の親権者または未成年後見人が拒否できる機会を保障することである。

5．欺瞞手続き（ディセプション）と事後説明（デブリーフィング）

実験前の教示では，実験についての正確な情報を被験者に与えるが，事前知識を与えてしまうと実験が成立しない場合に，事前に正確な情報を与えず，虚偽の説明を行うことがある。このように，研究目的を達成するために避けられない虚偽や不完全な情報を与えることを欺瞞手続き（ディセプション）という。この場合は倫理的側面を十分検討したうえで行い，必ず事後説明（デブリーフィング）の手続きが必要となる。事後説明は実験終了後に行われる実験者と被験者のコミュニケーションである。このとき，被験者に実験の目的や，なぜその目的を最初に伝えることができなかったかを説明する。このとき必要な情報を知らせ，誤解があれば解く。さらに，個人特性や実験に参加した経験から得られた感想や意見などを聞き取る。

IV　まとめ

以上のように本章では，心理学実験を行うために必要な知識について，心理学特有の問題について解説した。心の研究の簡単な歴史から出発し，心理量の考え方と尺度について解説した。また，心を扱う実験を実施する際に注意すべき問題，被験者の心の保護やプライバシーの保護，データ管理などの倫理の問題，いずれも実験を実施するうえでは必須の知識である。

◆学習チェック
□　心理学は操作的定義が重要であることを理解した。
□　脳活動，行動，心拍数などの客観的指標を用いても，心理学がもつ困難さを克服できるわけではないことを理解した。
□　実験倫理に関する主要原則として，研究が生じうるリスクを回避すること，人格の尊重，および自発参加について理解した。

より深めるための推薦図書
　　河原純一郎・坂上貴之編著（2010）心理学の実験倫理―「被験者」実験の現状と展望．勁草書房．
　　レイ Ray, W. J., 岡田圭二編訳（2013）エンサイクロペディア心理学研究方法論 改訂．北大路書房．

文　献

金沢創（1999）他者の心は存在するか—〈他者〉から〈私〉のへの進化論．金子書房．
文部科学省・厚生労働省（2017a）人を対象とする医学系研究に関する倫理指針．
文部科学省・厚生労働省（2017b）人を対象とする医学系研究に関する倫理指針ガイダンス．
永井均（1996）〈子ども〉のための哲学．講談社
野矢茂樹（1995）心と他者．勁草書房．
Stevens, S. S. (1946) On the theory of scales of measurement. *Science*, 103(2684); 677-680.
Watson, R. I. (1979) Kant on nativistic, active structuring of experience and the impossibility of a science of psychology. In: R. I. Watson (Ed.): *Basic Writings in the History of Psychology*. Oxford University Press, pp. 80-88.

第2章 実験計画

鈴木敦命

> **Keywords** 因果関係，独立変数，従属変数，剰余変数，構成概念妥当性，内的妥当性，無作為割り当て，実験者効果，統計分析

1 はじめに

　翌日の試験のために必死で夜に勉強し，覚えたことを忘れたくないので眠らないようにしたという経験はあるだろうか。もしそのような経験があるとしたら，あなたは睡眠が「原因」となり「結果」として記憶が失われるという因果関係が存在すると考えていたことになる。ただし，睡眠と記憶の間には他の因果関係もありうるだろう。たとえば，むしろ睡眠は記憶を定着させる（忘れにくくさせる）かもしれないし，あるいは，記憶に対して何ら効果をもたないかもしれない。このように，記憶等の心の働きにまつわる因果関係にはさまざまな可能性が考えられる。そこで，その中でどれが現実に正しいかを突き止めるために，睡眠をとった場合ととらなかった場合との間で記憶を比較する等の実験が行われる。本章では，こうした心理学の実験を行う前の計画段階において一般にどのようなことを注意深く検討する必要があるかについて概説する。

　近年では，実験等の研究の計画を当事者だけでなく第三者も確認できるようにあらかじめ登録することが推奨されるようになり（三浦，2017; van't Veer et al., 2016），そのためのウェブサイトが複数存在する。こうした事前登録を行うと，「自分に都合の良い結果が得られるように途中で恣意的に計画を変更したのではないか？」や「結果を見た後でつじつまが合うように『予測』を立てたのではないか？」等の疑念をもたれる恐れがないといったメリットがある。たとえば，AsPredicted というウェブサイト（https://aspredicted.org/）で研究を事前登録する際に回答が求められるおもな質問は以下のようなものである。

① この研究で検討する「疑問」や「仮説」は何だろうか。具体的に説明してください。
② この研究で扱うおもな「従属変数」とその「測定方法」は何だろうか。具体的に述べてください。
③ この研究では，いくつの，どのような「条件」に参加者を「割り当てる」かを明らかにしてください。
④ ①の疑問や仮説を検討するためにどのような「分析」を行うかを具体的に述べてください。

　これらの質問の意味を理解し，実験を適切に計画できるようになってもらうことが本章の大きなねらいである。あらかじめ簡潔に述べておくと，心理学の実験を計画する際には，「疑問・仮説」（上記の①），データを収集する方法（上記の②，③），データを分析する方法（上記の④）をよく吟味し，明確にしておくことが典型的だといえる（Nosek et al., 2018）。そこで，本章では，実験計画を「疑問・仮説」「データ収集法」「データ分析法」からおもに構成されるものとして捉え，各項目を順に解説する。解説においては，理解を助けるための具体例として，冒頭で取り上げた睡眠が記憶に与える影響を調べる実験を適宜参照する。

II　疑問・仮説

　冒頭で指摘したように，睡眠が記憶に与える影響には，睡眠をとると覚えたことが定着するという「促進的効果」，睡眠をとると覚えたことを忘れるという「抑制的効果」，睡眠と記憶には関係がないという「効果なし」の少なくとも3通りの可能性が考えうる。実験を計画する際には，過去の研究のレビュー等を通じて各々の可能性を慎重に比較検討したうえで，自分の立場を明らかにすることが求められる。たとえば，睡眠は記憶を促進する効果をもつという可能性が最も有力だという判断に至った場合は，これを「仮説」としてその真偽を実験で確かめることになる。あるいは，過去の知見が錯綜しており，いずれの可能性が正しいかについて活発な論争がある場合は，睡眠は記憶に対してどのような影響をもつのかという「疑問」を掲げ，その答えを実験で探ることになる。

III　データ収集法

1．独立変数と従属変数

　以下では「睡眠をとると覚えたことが定着する」という仮説を立てたとして話を進めよう[注1]。つまり，睡眠が原因となり結果として記憶の定着が促されるという仮説である。この仮説を検証するための実験としては，たとえば，最初に参加者に何かを記憶してもらった後で，しばらく睡眠をとってもらうか（睡眠あり条件），あるいは，しばらく起きていてもらい（睡眠なし条件），最終的に記憶がどれくらい残っているかを2条件間で比較するといったことが考えられる（図1A）。このとき，原因として想定されている「睡眠」は「あり」と「なし」という2つの値のいずれかをとる。また，結果として想定されている「記憶」も「どれくらい残っているか」を表す値（たとえば，最初に30個の単語を記憶してもらった場合には，そのうちいくつを覚えているかという値。つまり，0～30）をとる。この例における睡眠や記憶のように，複数の値をとりうる対象は変数と呼ばれる。そして，心理学の実験では，原因にあたる変数は独立変数，結果にあたる変数は従属変数と呼ばれる。睡眠が記憶に与える影響を調べる実験では，睡眠が独立変数であり，記憶が従属変数である。

　まとめると，一般に実験は，独立変数が従属変数に与える影響，つまり2つの変数間の因果関係を明らかにすることを目的とする。この目的を達成するため，独立変数の値が異なる複数の条件を人為的に作り出し（独立変数の操作），各条件における従属変数の値を測り（従属変数の測定），条件間で従属変数の値に違いが見られるかを調べるという手続きがとられる。つまり，睡眠が記憶に与える影響を明らかにするための実験の計画では，記憶をどのように測定するか，また，睡眠をどのように操作するか等を具体化しておく必要がある。

2．従属変数の測定

　「記憶」や「感情」といった心理学の研究対象は，心理学的構成概念またはたんに構成概念と呼ばれる。これは，表面上は異なる種々の心理現象・過程を関連づけ，それらをまとめて理解・説明するために用いられる概念である。たとえば，暗証番号を入力できたり，英単語を和訳できたり，人の顔を見て知り合いだとわかっ

注1）　実際，心理学や神経科学の研究では，睡眠が記憶の定着を促進するという知見が数多く報告されている（田村，2013）。

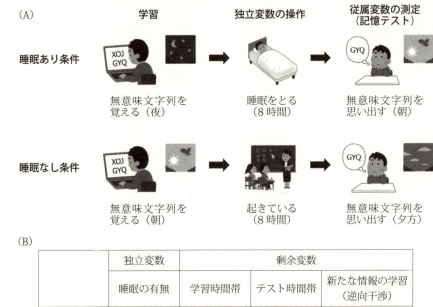

図1　睡眠による記憶促進効果を検証するための実験
注）（A）実験の例。（B）「睡眠あり条件」と「睡眠なし条件」の間の違い。

たりといったさまざまな現象を，私たちはすべて「覚えているから」つまり「『記憶』のおかげ」だと説明するだろう。このように構成概念は複合的な性質をもつため，それを測定する唯一の絶対的な方法はない。「記憶」を例にとれば，無意味文字列をいくつも覚えた後でそれらを自由に思い出すこと（Idzikowski, 1984），母語単語と外国語単語のペア（連合）を多数覚えた後で母語単語を手がかりに外国語単語を思い出すこと（Gais et al., 2006），多くの写真を見た後で見た写真と見ていない写真を区別すること（Hu et al., 2006）等，覚える刺激にも思い出す手続きにもさまざまなものが使用されてきた。そのため，構成概念妥当性や研究目的等を考慮して，用いる測定方法を選択・考案する必要がある。

　構成概念妥当性とは，疑問・仮説で想定されている構成概念が実験手続きによって正しく操作・測定できていること，または，その程度を指す（Kirk, 2013; 高野ら，2017）。たとえば，研究目的が試験勉強への示唆を得るという応用的なものであり，母語単語と外国語単語の連合学習を記憶の測定方法に使うことに決め

たとしよう。この場合，英語教育が行われている日本では，日本語単語と英語単語の連合学習は実験以前の既有知識に大きく影響される可能性が高く，その学習成績を実験時に形成された記憶の指標と見なすことは難しいだろう。したがって，学習人口の少ない外国語を用い，かつ，その外国語の既習者を実験参加者から排除する等の工夫を通じて，記憶測定の構成概念妥当性を高めることが求められる。

3．独立変数の操作

①構成概念妥当性の確保

　心理学の実験では独立変数も構成概念であることが多く，想定している構成概念が正しく操作できているかについて慎重な検討が必要である。たとえば，「ポジティブな気分はポジティブな出来事を思い出しやすくさせる」という仮説を検証する実験で，参加者に心地よい音楽を聞かせてポジティブな気分の誘導を試みたとする。表面上はもっともらしく感じられる方法だが，音楽を聞くだけで本当に気分が変わるのかは定かではない。そうした懸念・批判に応えるには，音楽を聞かせた参加者に気分に関する質問紙に回答してもらい，実際にポジティブな気分になっていたかを確かめられるようにしておくとよいだろう。この例における気分質問紙のように，補助的な指標を用いて，実験手続きが独立変数として想定する構成概念を実際に操作できていたかを確認することを操作チェックという。

②内的妥当性の確保

　独立変数の操作方法を選択・考案するうえで，構成概念妥当性に並んで慎重な検討が求められるのは内的妥当性である。内的妥当性とは，独立変数の操作によって従属変数の違いが生じたときに，従属変数の違いを生み出したのは独立変数の操作であると結論できること，または，その程度を指す (Kirk, 2013; 高野ら, 2017)。そもそも実験は独立変数と従属変数の間の因果関係についての推論を目的とするので，そうした推論が行えることを保証する内的妥当性は実験が備えるべききわめて重要な性質である。

　実験の内的妥当性を確保するためには，独立変数の操作が独立変数以外の変数に影響を与える可能性を極力排除しなければならない。たとえば，睡眠による記憶促進効果の検証として，次のような2条件を設けた実験を行ったとする（図1A）。まず，「睡眠あり条件」では，夜に参加者に無意味文字列のリストを学習してもらい，睡眠をとってもらったうえで，学習から8時間後に記憶をテストした。一方，「睡眠なし条件」では，朝に参加者に同リストを学習してもらい，昼寝等を

せずに日中の生活を送ってもらったうえで，学習から8時間後に記憶をテストした。これら2条件の間で睡眠の有無は操作できていると考えて差し支えないだろう。しかし，同時に，2つの条件間ではリスト学習と記憶テストを実施した時間帯も異なっている。そして，認知課題の成績は実施時間帯（朝か夜か等）によって変わりうる（May et al., 1993）。また，睡眠なし条件では，参加者は日中の活動の間にさまざまな情報を学ぶだろう。そして，新たに学習した情報は過去に学習した情報の想起を妨害しうる（逆向干渉）。したがって，仮に記憶テストの成績が睡眠なし条件よりも睡眠あり条件で高かったとしても，条件間差の原因が睡眠の有無にあるのか，学習やテストの実施時間帯の違いにあるのか，または逆向干渉にあるのかを判定することは難しい（図1B）。

　上の例における実施時間帯や逆向干渉のように，従属変数に影響を及ぼしうる独立変数以外の変数を剰余変数と呼ぶ。実験を内的妥当性の備わったものとするためには，剰余変数に違いを生み出さないような独立変数の操作方法を用いる必要がある。再び睡眠の実験を例にすると，過去の研究における工夫としては，リスト学習後の数時間は参加者を刺激の少ない（新たな情報の学習が生じにくい）環境にとめおいて逆向干渉の影響を弱めることや，どの条件でもリスト学習は夜に，記憶テストは朝に実施し，睡眠なし条件の参加者には一晩中起きていてもらうこと等が挙げられる（Idzikowski, 1984）。ただし，前者の手続きによって逆向干渉の影響が完全になくなるわけではなく，かつ，実施時間帯の違いも残る。一方，後者の手続きでは，実施時間帯は条件間で揃えられているが，逆向干渉の影響はやはり排除できず，さらに，睡眠剥奪による疲労という別の剰余変数も生じる（Gais et al., 2006）。このように，心理学の実験では，関心のある独立変数だけに影響を与える操作を考え出すことは容易ではない。そのため，独立変数と従属変数の間の因果関係を実証するためには，過去の実験の問題・限界を部分的に克服する新たな実験を行うことを繰り返す地道な検証の積み重ねが必要である。

3．参加者の条件割り当て

　上記の「睡眠あり」と「睡眠なし」のように，実験では独立変数の値に違いを生じさせた複数の条件を設定する。それらの各条件に参加者を割り当てる計画とその割り当て方法に応じた統計分析が，狭義の実験計画（実験デザイン）である（Kirk, 2013）。つまり，参加者をどのように条件に割り当てるかは実験計画の要となる部分であり，本項ではその基本について解説する。

①要因と水準

　実験では，独立変数を要因と呼び，要因がとりうる値（条件）を水準と呼ぶことが一般的である。各水準に異なる参加者が割り当てられている要因は参加者間要因，同じ参加者が割り当てられている要因は参加者内要因と呼ばれる。睡眠の実験を例にすると，ある参加者たちには学習後に睡眠をとってもらい，別の参加者たちには睡眠をとらないようにしてもらったうえで，両群の間で記憶成績を比較した場合，睡眠は参加者間要因ということになる。一方，同じ参加者が睡眠をとったときと睡眠をとらなかったときとの間で記憶成績を比較する場合，睡眠は参加者内要因ということになる。

②無作為割り当て

　参加者間要因については，各参加者をどの水準に割り当てるかを無作為（ランダム）に決めることが実験の原則である。たとえば，1番目の参加者はサイコロを振って出た目が奇数なら「睡眠あり条件」，偶数なら「睡眠なし条件」に割り当て，2番目の参加者は1番目の参加者と異なる条件に割り当てる。次に，3番目の参加者はサイコロを振って出た目が奇数なら「睡眠あり条件」，偶数なら「睡眠なし条件」に割り当て，4番目の参加者は3番目の参加者と異なる条件に割り当てる。以下同様のことを繰り返すと，参加者を2つの条件に無作為に割り当てられるだろう（図2A）[注2]。こうした無作為割り当て（無作為配分や無作為配置とも呼ばれる）が行われていることは，統計分析の結果を根拠として独立変数と従属変数の間の因果関係を主張する際の前提となる（高野，2000）。

　たとえば，睡眠あり条件の参加者群と睡眠なし条件の参加者群のそれぞれにおいて記憶テストの平均正答問題数を計算した結果，前者では18問，後者では15問だったとしよう。このデータは，睡眠は記憶を促進するという仮説と整合的である。しかし，睡眠と記憶の間に何ら関係がなくても3問程度の差であれば偶然観測されてもおかしくないという批判もありうるだろう。つまり，実験に意欲的に取り組んだ人や記憶力の高い人が睡眠あり条件に偶然多かった等，剰余変数の偶発的な群間差が原因で生じた差にすぎないかもしれない。こうした懸念に応え

　注2）　すべての参加者についてサイコロを振って条件を決めなければ，厳密な意味では無作為割り当てとはいえない。ただし，そうした厳密な無作為割り当てを行うと，条件間で参加者数に大きな差が生じやすい。そこで，実際の実験では，この例のように参加者を各条件にバランスよく割り当てるための制約を設けた無作為割り当て（準無作為割り当て）がしばしば用いられる。

(A)

参加順	サイコロの目	睡眠条件
1	3	あり
2	—	なし
3	2	なし
4	—	あり
5	1	あり
6	—	なし
7	4	なし
8	—	あり

(B)

参加順	前後半	睡眠条件
1	前半	あり
2	前半	あり
3	前半	あり
4	前半	あり
5	後半	なし
6	後半	なし
7	後半	なし
8	後半	なし

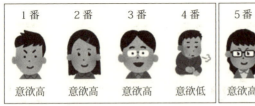

図2　睡眠実験における参加者の割り当て

注）（A）無作為割り当ての例。奇数番目の参加者は，サイコロを振って出た目が奇数なら「睡眠あり条件」，偶数なら「睡眠なし条件」に割り当てる。偶数番目の参加者は，直前の参加者と異なる条件に割り当てる。（B）無作為でない割り当ての例。前半の参加者はすべて「睡眠あり条件」に，後半の参加者はすべて「睡眠なし」条件に割り当てる。（C）無作為でない割り当てによって生じるバイアスの例。もし前半の参加者は意欲が高い傾向にあると，（B）のような割り当てでは「睡眠なし条件」よりも「睡眠あり条件」に意欲の高い参加者が多く含まれがちになる。

るために用いられるのが統計分析である。統計分析を行うと，どの程度の差がどの程度の確率で偶然生じうるかを推定できる。言い換えると，偶発的に生じる可能性は低いと考えられる差はどの程度の大きさの差かという範囲を見積もることができる。もしその範囲の中に3問という差が含まれていれば，2条件間の差が偶然生じたものだとは確率上考えにくいので，睡眠の有無によって生じたものだと考える方がもっともらしいと主張できるだろう。このように，独立変数と従属変数の間に因果関係があることを主張する際の論拠として統計分析を用いることができる。

ただし，以上の統計分析の計算やロジックは，異なる条件間での剰余変数の違いが偶発的（ランダム）なものであることを前提としている。参加者が要因の各水準に無作為に割り当てられていれば，この前提は妥当なものといえるだろう。しかし，無作為割り当てが行われていない場合，この前提を擁護するのは難しい。たとえば，睡眠実験の参加者を募集し，先に応募のあった参加者から順番に実験を実施したとする。そして，前半の参加者をすべて「睡眠あり条件」に，後半の参加者をすべて「睡眠なし条件」に割り当てたとしよう（図2B）。このとき，もし先に応募してきた前半の参加者の方が研究協力への意欲や関心が高い傾向にあると，「睡眠なし条件」よりも「睡眠あり条件」に意欲の高い参加者が多く含まれがちになる（図2C）。つまり，2つの条件間では学習後の睡眠の有無だけでなく，参加者の意欲にも違いが生まれ，意欲の差が記憶テストの成績に影響を与えるかもしれない。この例のように，条件間で剰余変数に偶発的ではない系統的な差（バイアス）が存在する場合，統計分析を行ったとしても，その前提がそもそも満たされていないため，独立変数と従属変数の間の因果関係を主張する根拠には使えない。したがって，実験においては，要因の各水準に参加者を無作為に割り当てることが原則とされる。

　ただし，参加者間要因の内容によっては，無作為割り当てが困難か不可能なこともある。たとえば，睡眠が記憶に与える影響が高齢者と若年者の間で異なるかを調べたいとする。そこで，70代の人たちと20代の人たちを参加者として募った場合，年齢（高齢者か若年者か）は参加者間要因である。そして，年齢は参加者がすでにもっている属性であり，参加者に無作為に割り当てることはできない。このように，無作為割り当てが行われていない参加者間要因を含む実験は準実験と呼ばれることがある。無作為割り当てをしていない要因については，その要因以外の変数（剰余変数）が水準間で系統的に異なっている可能性が十分に考えられる。たとえば，70代の人たちは20代の人たちに比べて記憶力が低いかもしれない。したがって，仮に「睡眠が記憶に与える影響は高齢参加者と若年参加者の間で異なる」という実験結果を得たとしても，その差の原因が年齢の違いにあるのか，記憶力の違いにあるのかを判別することはできない。そこで，準実験では，独立変数と従属変数の間の因果関係に関する推論の妨げとなる剰余変数（上の例では，記憶力）を実際に測定し，その影響を統計的に取り除く（統制する）分析がしばしば行われる。このように測定された剰余変数は共変量と呼ばれる。しかし，「記憶力」のような構成概念である剰余変数を測定する適切な方法を見つけることは容易ではない。また，ある剰余変数を共変量として測定し，統計分析によ

ってその影響を統制したとしても，他の剰余変数の関与を否定することはできない。たとえば，高齢者と若年者とでは「睡眠の質」が異なっていて，年齢の違いではなく，睡眠の質の違いが実験結果に影響していたという可能性もある。つまり，剰余変数をすべて特定したり，ましてやすべて測定したりすることは現実的に困難である。それに対して，剰余変数を特定・測定せずに実行できる無作為割り当ては，剰余変数の影響を排除するためのきわめて強力な手続きである（高野, 2000）。

③カウンターバランス

　参加者内要因については，全参加者が全水準に割り当てられるため，無作為割り当ては関係ないように思われる。しかし，剰余変数の影響を慎重に検討することは参加者間要因の場合と同様に重要である。

　たとえば，全参加者に睡眠あり条件と睡眠なし条件の合計2回，記憶実験に協力してもらうとする。このように睡眠を参加者内要因とした場合，どちらの条件を先に行うかが問題となる。もし全参加者について睡眠あり条件を先に実施したとすると，睡眠の効果と順序効果が交絡してしまう。すなわち，「睡眠あり条件」は「1番目に実施した条件」でもあり，「睡眠なし条件」は「2番目に実施した条件」でもあるので，睡眠の有無の影響と条件の実施順序の影響を分離することができない。最初に行った条件の方が参加者の意欲が高くて記憶成績が良いかもしれないし，逆に，後の条件の方が実験課題に慣れたことで記憶成績が良いかもしれない（練習効果）等，順序効果は無視できないものである。そこで，こうした実験では，半数の参加者については睡眠あり条件を先に行い，残り半数の参加者については睡眠なし条件を先に行うことにより，順序効果の相殺を試みることが普通である。さらに，練習効果を最小限にするためには，1番目の条件と2番目の条件とで学習する刺激のセットを変える必要もあるだろう。そこで，AとBの2種類の刺激セットを用意したとしよう。このとき，睡眠あり条件と睡眠なし条件のどちらを先に実施するか，各条件において刺激セットのAとBのどちらを使用するかによって，全部で4つの組み合わせ条件が考えられる（図3）。これらの条件にできるだけ均等に参加者を割り当てれば，睡眠あり条件と睡眠なし条件のそれぞれの中で順序効果と刺激セットの効果が打ち消されるので，2条件間の差は睡眠の効果を反映すると考えてよいだろう。このように，関心外の要因（上の例では順序効果と刺激セット）の影響が系統的に異なる複数の条件に参加者をバランスよく割り当てることで，データ全体ではそれらの要因の効果が相殺される

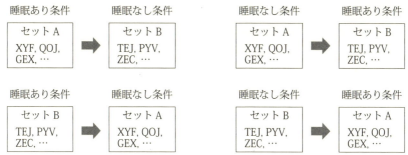

図3　カウンターバランスの例

注）　睡眠あり条件と睡眠なし条件のどちらを先に実施するか，各条件において刺激セットのAとBのどちらを使用するかによって，全部で4通りの組み合わせが考えられる。

ようにする手続きをカウンターバランスという。カウンターバランスの各条件への参加者の割り当ては，やはり無作為化する必要がある[注3]。

④二重盲検法

　心理学の実験では，実験の実施者（実験者）が参加者に教示を行い，それを踏まえて参加者が課題に取り組んだり，実験者に適宜質問をしたりすることが普通である。こうした社会的やりとりは自分の考えや相手の考えに関する推測によって明に暗に調節されるため，それが実験結果に影響を及ぼす可能性に十分注意しなければならない。

　たとえば，睡眠は記憶を促進するという仮説を立てた研究者当人が実験者も務めたとする。この場合，実験者は仮説を当然知っており，それを実証したいと望んでいる。そうした構えのある実験者は，睡眠あり条件の参加者を丁重に扱い，睡眠なし条件の参加者をぞんざいに扱うといった区別を自覚なしにしてしまうかもしれない。その結果，睡眠あり条件の参加者の方が協力的になり，課題に真剣に取り組むことで高い記憶成績を示すといった事態が起こりうる。このように，実験者の期待が実験結果に影響を与えてしまうことは，実験者効果や実験者期待効果と呼ばれる。

　実験の目的や仮説について思いを巡らすのは参加者も同じである。たとえば，

注3）　脚注2と同様に，厳密な無作為割り当てを行うと，とくに参加者数が少ないときやカウンターバランスの条件数が多いとき，条件間で参加者数に大きな差が生じうる。こうした場合，関心外の要因が相殺されているとは見なしにくい。そこで，各条件に割り当てられる参加者数をできるだけ等しくするという制約を設けた準無作為割り当てが用いられることが多い。

大学の授業の場等を借りて参加者を募集すると，友達が誘い合って参加することは珍しくないだろう。もし睡眠なし条件の参加者が事前に友人から睡眠あり条件について聞いていたら，その参加者は睡眠の効果を調べる実験なのだと当然気がつく。そして，その参加者が睡眠は記憶を促進すると信じていた場合，自分は不利な条件に割り当てられたと判断して記憶課題におざなりに取り組んだり，逆に，奮起して真剣に取り組んだりするかもしれない。このように，実験の目的に関する推論を参加者に促し，結果として，その目的に沿った（時には反した）行動を参加者がとるように仕向ける作用をもつ実験の諸側面を総称して要求特性と呼ぶ（Kirk, 2013）。

　以上のような問題の簡便な対策は，実験目的を知らない第三者を実験者にしたり，実験内容をけっして口外しないように参加者に念を押したりすることである。また，さらに強力な方法として二重盲検法がある。これは，実験者にも参加者にも実験の目的や割り当てられた条件の性質をわからないようにすることを指す。睡眠あり条件と睡眠なし条件の違いは明白なので，睡眠実験を二重盲検法で行うことは難しいが，薬の治療効果を調べる研究等ではしばしば用いられる。つまり，参加者に投与されているのが本当の薬なのか偽薬（プラセボ）なのかを，参加者にも実験者にもわからないようにするという手続きである。人は，投与されている薬に効果があると認識するだけで，実際にはそれが何の薬理作用をもたないとしても，病気等から回復することがある（プラセボ効果）。二重盲検法を用いることで，研究対象の薬が何らかの薬理作用に基づく（プラセボ効果ではない）真の効果をもつか否かを検証できる。

4．データ収集の終了基準

　上述したように，剰余変数の影響が無作為化されたデータに統計分析を適用すると，条件間での従属変数の観測値の違いが偶然生じたものではなく，独立変数の影響に由来するものと考えられるかを判定することができる。しかし，この判定は確率論に基づくため，結論を誤ることもある。独立変数から従属変数への影響が実際には存在しないのにそれが存在すると判定する誤りは第一種の過誤と呼ばれ，逆に，独立変数の影響が存在するのにそれがないと判定する誤りは第二種の過誤と呼ばれる。

　統計分析にはいくつかの「流派」があるが，心理学の研究で従来よく用いられてきたのは統計的有意性検定（帰無仮説検定）である。統計的有意性検定では，無作為割り当てを所与としたうえで，独立変数は従属変数に影響を与えないという

仮説（帰無仮説）が最初に暫定的に立てられる。言い換えると，独立変数の値が異なる条件間で従属変数の平均値に違いはないという仮説である。そして，データで観測された程度かそれ以上に極端な従属変数の条件間平均値差が，帰無仮説が正しい場合に偶然生じる確率（p 値）を計算する。p 値が事前に設定した閾値（有意水準）以下であれば，観測された条件間差が偶然生じたとは考えにくいと見なして帰無仮説を棄却し，独立変数から従属変数への影響はあるという仮説（対立仮説）を採択する。一方，p 値が有意水準よりも大きかった場合には確たる結論を下せない（帰無仮説を積極的に採択することはできない）ことが多いのだが，その理由については後述する。

心理学では 5％という有意水準が慣習的に多く使われてきた。有意水準を 5％とした場合，検定を 1 回行ったときに第一種の過誤を犯す確率は理論上 5％に抑えられる。しかし，データをある程度集めた時点で検定を行い，p 値が 5％を下まわらなかったときにデータを追加して再び検定を行うということを繰り返すと，その過程で第一種の過誤を犯す確率は 5％を優に上まわる（池田ら, 2016; Simmons et al., 2011）。他方で，データが少ないと，第二種の過誤を犯しやすいという問題が生じる。そのため，データの大きさ（参加者数）がどれくらいになったらデータ収集を止めるかを事前に決めておくこと（ストッピング・ルールの設定）や，第二種の過誤を犯す確率を低く抑えるのに必要なデータの大きさを事前に推計すること（検定力分析[注4]）が推奨されている（van't Veer et al., 2016）。

IV　データ分析法

1．典型的な方法

心理学の実験で収集されたデータに適用できる統計分析の方法にはさまざまなものがある。中でも心理学の実験で従来よく用いられてきたのは，要因の水準やその組み合わせによって定義される各条件内で従属変数の平均値を計算し，条件間で平均値に差があると考えられるかを判定するタイプの統計分析である（Kirk, 2013; 橋本ら, 2016; 山田ら, 2004）。その最も単純なものが t 検定といえよう。これは，睡眠あり条件と睡眠なし条件の比較のように，1 要因 2 水準の実験から得られたデータの分析に使用される。よりくわしくは，当該要因が参加者間要因

注4）　第二種の過誤を犯す確率を 1 から引いたものを検定力と呼ぶ。つまり，検定力とは，独立変数から従属変数への影響が存在するときにそれが存在するという判定を正しく下せる確率である。

の場合には「対応のない t 検定」を，参加者内要因の場合には「対応のある t 検定」を用いるという区別がある。

　一方，3つ以上の水準から成る要因や複数の要因を含む実験のデータを分析するために用いられる代表的な方法は分散分析である。この分析の英語名称は Analysis of Variance であるため，略して ANOVA（「アノーバ」と読む）と表記されることも多い。t 検定と同様に，実験に含まれるのがすべて参加者間要因か，すべて参加者内要因か，あるいは参加者間要因と参加者内要因の混合かに応じて，分散分析のやり方は異なる。また，剰余変数（共変量）が測定されている実験において，その影響を取り除いたうえで従属変数の平均値の条件間差を検討したい場合には，共分散分析が用いられる。以上の統計分析の方法は，いずれも従属変数ないしその平均が正規分布[注5]することを前提としている。この前提が妥当ではない場合には，別の方法を用いる必要がある（久保，2012）。

2．統計分析による仮説の判定

　上に挙げた統計分析で最終的に行われるのは，条件間で観測された従属変数の平均値差が独立変数の影響に由来すると考えられるかの判定である。先述したように，心理学では伝統的に p 値に基づいた判定（統計的有意性検定）が使用されてきた。たとえば，記憶テストの平均正答問題数が睡眠あり条件の参加者では 18 問，睡眠なし条件の参加者では 15 問だったというデータに対応のない t 検定を適用したとする。そして，有意水準 5％ よりも小さい p 値が得られたとしよう。この分析結果は，睡眠の影響がないと仮定した場合に 3 問またはそれよりも極端な平均値差が生じる確率が 5％ よりも小さいことを意味する。そこで，生起確率 5％ というまれな事態が偶然観測されたと考えるよりも，睡眠の影響がないという仮説が誤っていたと考える方が穏当だと見なし，睡眠の影響はあるという判定が下される。

　端的にいうと，p 値が有意水準以下であれば，独立変数が従属変数に影響を与えるという対立仮説が採択される。先述のように，1回の検定では，この判定が誤りである確率（第一種の過誤を犯す確率）は有意水準に抑えられている。つまり，誤りである確率は低いと主張できる。ただし，データ分析を実践する際には，細部の異なるさまざまなやり方を試すことが少なくない。たとえば，一部の参加者や試行を「外れ値である」として除いたり，一部の要因や水準を「関心外である」として除いたり，一部の共変量を加えたり除いたりといった具合である。こ

注5）　左右対称の釣り鐘状の形をした分布。

うした探索的分析は，事前に予想していなかった新たな発見につながりうる有用なものである。ただし，何度も検定を繰り返すなかで一度でも第一種の過誤を犯す確率は，1回の検定で設定した有意水準よりも大きいということに留意しなければならない（池田ら，2016; Simmons et al., 2011）。つまり，少しずつやり方を変えて何度も検定を行い，その一部で有意水準を下まわる p 値が得られたとしても，対立仮説が正しいと自信をもって採択することはできない（その判定が誤りである確率はけっして低くない）。さらに，有意水準以下の p 値が得られるまで分析の微修正を繰り返すという粉飾的行為（p ハッキング）すら可能である。I節で述べたように，仮説を検証するために行う分析のやり方を実験の計画段階で事前登録しておくことが推奨されているのは，このような問題を防ぐためである。ただし，事前登録は仮説判定のためにあらかじめ計画されていた分析（確認的分析）と探索的分析の区別を明確にするためのものであり，探索的分析を妨げるものでも貶めるものでもないことに注意されたい（Lindsay et al., 2016）。

では，p 値が有意水準よりも大きかったときはどうなるのだろうか。独立変数の効果はないという帰無仮説を採択してよいのだろうか。仮にそのような判定をした場合，それが誤りである確率（第二種の過誤を犯す確率）は，実験の参加者数や独立変数の効果の真の大きさ等によって異なる。少ない参加者数で弱い効果を検討しがちだった従来の心理学の研究では，この確率は平均的に50％を上まわるとも指摘されている（Sedlmeier et al., 1989）。そのため，p 値が有意水準よりも大きかったからといって，帰無仮説を積極的に採択することは往々にして適切ではない。つまり，その判定が誤りである確率は一般に低くない。この制約のため，心理学の研究では，独立変数の影響はないという仮説の実証を目指す実験はこれまで避けられてきた。

p 値を用いた統計的有意性検定には，上で挙げた以外にも数々の問題点が指摘されており（大久保ら，2012），それに代わりベイズ統計に基づいた分析方法の使用が近年推奨されてきている（Kruschke, 2015; 繁桝，1985）。ベイズ統計では，帰無仮説と対立仮説の採否の判定にベイズファクターという統計量が用いられる（岡田，2018; Rouder et al., 2009）。これは，帰無仮説が正しいと信じられる確率と対立仮説が正しいと信じられる確率の比が，観測されたデータによってどれくらい（何倍）変化したかを表したものである[注6]。この統計量が1よりも十分に小さければ，データは対立仮説を支持すると判定され，逆に1よりも十分に

注6) なお，ベイズファクターは一般に2つの仮説の比較に利用できるものであり，帰無仮説と対立仮説の比較に用途が限定されているわけではない。

大きければ，データは帰無仮説を支持すると判定される。つまり，p値とは異なり，ベイズファクターは対立仮説を正しいとする判定にも，帰無仮説を正しいとする判定にも，同じように利用できる。

V まとめ

心理学の実験は，独立変数と従属変数の間の因果関係に関する疑問や仮説の検討を目的とする。言い換えると，検討を目指す疑問・仮説の設定が実験計画の第一歩である。実験の一般的な手続きは，独立変数が異なる値となるように操作した複数の条件に参加者を割り当て，各条件で従属変数の測定を行うことである。そして，得られたデータを統計分析し，条件間で観測された従属変数の平均値差が偶然生じる程度のものか独立変数の影響に由来するものかを判定する。このとき，従属変数として想定されている構成概念が正しく測定できていなかったり，独立変数の操作が別の変数（剰余変数）の違いも生み出していたり，各条件への参加者の割り当てが無作為に行われていなかったり，適切な分析方法が用いられていなかったりすると，独立変数と従属変数の間の因果関係について誤った結論が導き出されてしまう。したがって，実験計画に際しては，従属変数をどのように測定するか，独立変数をどのように操作するか，参加者の条件割り当てをどのように行うか，どのような統計分析の方法を用いるかを入念に吟味しておく必要がある。

◆学習チェック
☐ 独立変数，従属変数，剰余変数について理解をした。
☐ 従属変数の測定において気をつけるべきことを理解した。
☐ 独立変数の操作において気をつけるべきことを理解した。
☐ 無作為割り当てについて理解をした。
☐ 統計分析による仮説判定の基本的な考え方と注意点について理解をした。

より深めるための推薦図書
　三浦麻子（2017）なるほど！ 心理学研究法．北大路書房．
　大久保街亜・岡田謙介（2012）伝えるための心理統計―効果量・信頼区間・検定力．勁草書房．
　高野陽太郎・岡隆編（2017）心理学研究法―心を見つめる科学のまなざし 補訂版．有斐閣．

文　献

Gais, S., Lucas, B. & Born, J.（2006）Sleep after learning aids memory recall. *Learning & Memory*, 13; 259-262.

橋本貴充・荘島宏二郎（2016）心理学のための統計学2 実験心理学のための統計学―t 検定と分散分析．誠信書房．

Hu, P., Stylos-Allan, M. & Walker, M. P.（2006）Sleep facilitates consolidation of emotional declarative memory. *Psychological Science*, 17; 891-898.

Idzikowski, C.（1984）Sleep and memory. *British Journal of Psychology*, 75; 439-449.

池田功毅・平石界（2016）心理学における再現可能性危機―問題の構造と解決策．心理学評論, 59; 3-14.

Kirk, R. E.（2013）*Experimental Design: Procedures for the Behavioral Sciences*, 4th Edition. Sage Publications.

Kruschke, J. K.（2015）*Doing Bayesian Data Analysis: A Tutorial with R, JAGS, and Stan*, 2nd Edition. Academic Press.（前田和寛・小杉考司監訳（2017）ベイズ統計モデリング―R, JAGS, Stan によるチュートリアル 原著第2版．共立出版．）

久保拓弥（2012）確率と情報の科学 データ解析のための統計モデリング入門――一般化線形モデル・階層ベイズモデル・MCMC．岩波書店．

Lindsay, D. S., Simons, D. J. & Lilienfeld, S. O.（2016）Research preregistration 101. *Observer*, 29, December.

May, C. P., Hasher, L. & Stoltzfus, E. R.（1993）Optimal time of day and the magnitude of age differences in memory. *Psychological Science*, 4; 326-330.

三浦麻子（2017）研究倫理―モラル違反を抑止するシステム．In：三浦麻子：なるほど！心理学研究法．北大路書房，pp. 135-148.

Nosek, B. A. & Lindsay, D. S.（2018）Preregistration becoming the norm in psychological science. *Observer*, 31, March.

岡田謙介（2018）ベイズファクターによる心理学的仮説・モデルの評価．心理学評論, 61; 101-115.

大久保街亜・岡田謙介（2012）伝えるための心理統計―効果量・信頼区間・検定力．勁草書房．

Rouder, J. N., Speckman, P. L., Sun, D. et al.（2009）Bayesian t tests for accepting and rejecting the null hypothesis. *Psychonomic Bulletin & Review*, 16; 225-237.

Sedlmeier, P. & Gigerenzer, G.（1989）Do studies of statistical power have an effect on the power of studies? *Psychological Bulletin*, 105; 309-316.

繁桝算男（1985）ベイズ統計入門．東京大学出版会．

Simmons, J. P., Nelson, L. D. & Simonsohn, U.（2011）False-positive psychology. *Psychological Science*, 22; 1359-1366.

高野陽太郎（2000）因果関係を推定する―無作為配分と統計的検定．In：佐伯胖・松原望編：実践としての統計学．東京大学出版会, pp. 109-146.

高野陽太郎・岡隆編（2017）心理学研究法―心を見つめる科学のまなざし 補訂版．有斐閣．

田村了以（2013）睡眠と記憶固定―海馬と皮質のダイアログ．心理学評論, 56; 216-236.

van't Veer, A. E. & Giner-Sorolla, R.（2016）Pre-registration in social psychology: A discussion and suggested template. *Journal of Experimental Social Psychology*, 67; 2-12.

山田剛史・村井潤一郎（2004）よくわかる心理統計．ミネルヴァ書房．

第3章

論文・レポートの作成

渋井　進

🔑 *Keywords*　論文，論理構成，形式，プレゼンテーション，学問的誠実性

I　はじめに

　ここでは，論文・レポートの書き方についての解説を行う。一般的な論文の書き方については，多くの文献があり，心理学論文だけでも日本心理学会が出版している『執筆・投稿の手引き』（日本心理学会，2015）をはじめとして，多くのものがある。論文・レポートの作成について解説する際に言及が必要であると思われる，基本的な書き方や構成という点に関しては，それらの内容と本書で説明する内容が大きく違うということはない。ここではその重要性を鑑み，基本的な書き方や構成について解説は行うが，紙面の関係もあり比較的簡潔に行う。一方で，本書に特徴的な点として，執筆のための手続き論だけではなく，その背景にある，なぜ論文・レポートを書くかという基本的なモチベーションに関する点や，近年重要視されている学問的誠実性（アカデミック・インテグリティ），研究不正の防止に関わる問題について言及を行う。本書の主たる読者である論文・レポートを執筆する学生向けとしてはもちろんだが，学生等を指導する教員をはじめとする，初学者以外の読者にも有益と思われる情報として提供する。

II　論文・レポートを書く動機や目的

　本書を手にとっている読者にとって，論文・レポートを書くことはどのような動機に基づいており，どのような意味をもっているだろうか。多くの読者にとっては，大学での実験演習のレポート課題の作成という必要に迫られてやむをえず書くことになっていたり，卒業論文や修士論文等の学位論文を作成したりするな

第 3 章　論文・レポートの作成

どの理由があるだろう。

　論文・レポートを書き始めるきっかけとして，上記の理由が考えられるかもしれないが，本来，論文・レポートを書くことは，研究成果を研究者コミュニティや世間に公表することで，オリジナリティ溢れるみずからの研究成果を，幅広く世界へ発信して理解を求めるという，研究をしているうえで最も重要で喜ばしい機会であることを，我々は忘れがちであると思われる。適度な競争と評価は研究の質を高めるのに必要ではあるが，それが目的化して本来の論文・レポートの執筆の意義や楽しさを忘れてしまっては，結果として論文の質の低下や研究不正へとつながってしまうといえるだろう。後述する学問的誠実性とも関わってくるが，科学者としての基本的な態度を忘れないことが，良い論文を書くことにつながってくると思われる。研究成果に対して興味をもってくれる読者に対して敬意を払うことを考えれば，おのずと論理構成が明快で，記載も正確でわかりやすい論文・レポートが書けるのではないだろうか。

　論文・レポートの執筆と類似した例として，プレゼンテーションを考えてみる。実験演習や卒業論文などの発表会や，学会での口頭発表などのプレゼンテーションで，緊張してうまく発表できなかったことはないだろうか。このような際には，うまく発表しなければいけないプレッシャーや義務感が，本来あるべき，聴衆が時間を割いて研究成果を聞いていることに応えることに勝ってしまい，結果として失敗してしまったということが，原因の 1 つとして考えられる。「プレゼンテーションの語源はプレゼントで，ゆえに相手に喜んでもらえるような発表を」というのは，ありがちなフレーズではあるが，論文・レポートでも同じことがいえるだろう。

　論文・レポートの場合に想定すべき相手としての読者は，採点する大学教員や査読者，臨床場面の報告書なら医師やカウンセラー，さらには幅広い社会の読者一般ということになる。わかりやすい論文・レポートを書くということを，投稿論文の評価を行う査読者側から考えるものとして，学会誌の査読要領が参考となる。明確に査読の詳細な項目での評価基準を公開している雑誌は心理の分野では少ないことから，ここでは，大規模な学会であり，心理学実験に関連する論文も掲載される，電子情報通信学会の論文誌の査読の基準（電子情報通信学会, 2004）を引用して考えてみる（表 1）。

　各項目の詳細な内容については，ウェブ上で公開されている電子情報通信学会（2004）において解説されているので，そちらを参照してもらいたいが，いずれの項目も，次節にて解説する個別の記載項目を執筆する際に，常に意識すべき内

第1部　心理学実験の基礎

表1　電子情報通信学会誌和文論文誌（情報・システムソサイエティ）における査読の基準

① 新規性：投稿の内容に著者の新規性があること。
② 有効性：投稿の内容が学術や産業の発展に役立つものであること。
③ 信頼性：投稿の内容が読者から見て信用できるものであること。
④ 了解性：投稿の内容が明確に記述されていて読者が誤解なく理解できるものであること。

容といえるだろう。端的にいえば，独自の内容であり，意味があり，役に立つことをわかりやすく書くということになる。分野や学会誌により査読の方針や評価基準は異なるだろうが，これらは普遍的な柱であると考えられる。なお，新規性については学術論文としては重要であるが，症例の事例報告書としては必ずしも重視されないこともある。

　視点を評価する側にすることは，読み手を考えることにもつながっていく。実験演習のレポート，学位論文などを読む教員が，教員として果たすべき他の業務として，研究，管理運営，社会貢献などに追われるなかで限られた時間を割いて，提出された論文・レポートを読んでいることを考えると，おのずと丁寧に読みやすい文章を，細部まで時間をかけて書くことになるだろう。読みやすい表の作成，ミスのない引用文献リスト，文章の平仄など，論文・レポートの内容そのものに関わる部分ではなく，著者の努力で解決できる内容でミスが見つかった場合に，審査する側の印象が悪くなることはいうまでもないだろう。

　レポート，学位論文においては，給与をもらっている教育業務という点で，読み手である教員が一定の負荷を担うのはやむをえない点もあるが，投稿論文の査読になると，さらに厳しいものとなる。学会誌等の査読はピア・レビューとして同一分野の研究者に依頼することが多いが，完全にボランティアで，基本的には謝礼が支払われることはない。また，査読を引き受けたことが，研究者としての業績として評価される機会はほとんどない。そのような中で形式的に不十分な論文に対して，査読者の研究時間を割いてケアレスミスの修正に費やさないように気を配るのは，論文を書く側のマナーといえるだろう。また，査読において修正を求められた場合には，そのことを含めて可能な限り査読者のコメントに答える対応をするべきであろう。たとえば，対応可能なコメントに対して，明確に対応を否定する根拠もなく「今後の課題といたします」などの返答を連発する回答書などは避けるべきである。

　その一方で，論文・レポートに対する査読・コメントや，学内での発表会，学会等で，行き過ぎた厳しさをもったコメントが見られてしまうこともある。査読者のコメントは担当編集委員や委員会に渡り，審議がなされる。よって，査読者も

第3章 論文・レポートの作成

また評価の対象となっていることを忘れてはならないだろう。いずれにせよ，レポートに対して指導をしたり，論文の査読をしたりすることは，研究の質を保つための，評価する側の献身的な作業なのである。そのことを考え，十分推敲した論文・レポートを作成するということが，書くうえでの基本的な姿勢として求められるといえる。

III 章立てごとの記載すべき内容および留意点

論文・レポートは，一般に「要旨」「問題・目的」「方法」「結果」「考察」「引用文献」「謝辞」から構成される。分量や書式などは，レポートや学位論文であれば各大学における教育プログラムの方針によるだろうし，投稿論文であれば各学会誌の投稿規定に沿った形で作成することが求められるが，基本的な考え方はそれほど異なることがない。以下に章立てごとに解説を行う。

1. 要 旨

「要旨」は，論文・レポートの内容を端的にまとめたものである。論文・レポートに興味をもった読者が最初に目に触れるものであるので，幅広い分野の読者にわかりやすいよう，専門用語を極力用いずに，行った研究を簡潔に記載する必要がある。また，要旨ではないが論文の標題（タイトル）についても，同様に気をつける必要がある。論文全体の構造が定まっており，著者がみずから書く内容が整理されている場合には，最初に要旨を書き始めることもあるが，全体を書いた後にバランスを考えながら問題・目的，方法，結果，考察の各項目から内容が端的にわかるように抽出し，整理して作成するのが一般的であり，作業としても容易になる。

近年，日本語雑誌でも，国際的なデータベースに掲載するため，要旨（Summary, Abstract）を英語で書くことが求められることも多い。そのような際には，ネイティブチェックを行い，英語としての文法や表現上でおかしなところがないように作成する必要があるだろう。国際会議では発表資格の審査のために，まず要旨の提出を求め，それに基づいて発表の可否を決め，後日，研究の詳細に関してプロシーディングスを提出することが多い。そのような際には，国際会議ごとに定められているフォーマットに沿って，限られた字数制限の中で慎重に研究をアピールする文章を作成することが求められる。このような英文要旨の作成については決められた英文の言いまわしや効果的な表現などがあり，いくつか参考書も出

第1部　心理学実験の基礎

ているので（島岡ら，2010など），これらをもとに練習を行うことは，若手研究者にとっては，国際会議発表のための最初のステップを乗り越えるために，有効であるといえる。

2．問題・目的

「問題・目的」は，「はじめに」や「序論」「緒言」などの用語も使われることがある。その内容は，なぜこの研究を行う必要があるかについて，先行研究を整理してみずからの研究の位置づけを明確にし，何を目的や仮説とし，それによってどのような結果が予想されるかを記載し，問題意識を明確にするものである。

「問題・目的」では，どこまでが先行研究においてわかっていて，みずからの研究と何が違うのか，何が新しいのかを意識して書く。後に「方法」で詳細に内容を書くが，論文・レポートで主張する新しいことを，どのような方法で明らかにするかについても当然触れることとなるので，実験や調査によっては，方法についても簡潔に触れることとなる。ここではとくに表1で挙げた新規性や有効性が読み取れるように書く必要がある。なお，学位論文等で長くなる場合や，複雑な問題意識に基づいた研究では，了解性を高めるため，概念の説明を先行研究の整理に合わせたり，この研究で設定する仮説，目的など，いくつかの小見出しを設けて説明することもある。

わりと目にする例として，気をつけなければいけないのが，みずからが著者の論文を多数引用するなどがあるだろう。「我々の研究では，……が得られている。」などが多数あると，査読の際に著者名を伏せて行っていたとしてもわかってしまうし，自著の引用数を高めるためではないかという疑惑を招く。これは，よほどの権威でない限り，傲慢な印象を与えてしまう可能性がある。よって，自著であっても，「渋井（2018）では」のような客観的な形で適切な文脈で引用するように気をつける必要がある。

「問題・目的」で述べた仮説は「考察」において議論をして，論文としての結論を出すことになることから，その間の整合性について，十分に留意しなければならない。したがって，執筆時には「考察」と照らし合わせながら書くことになることが通常である。読み手の論理的な流れとしては問題・目的から読み出すことになるが，書く側としては，とくに実験的研究では，「方法」「結果」を先に執筆し，それに合わせる形で「問題・目的」と「考察」を書くことも多い。

3. 方　　　法

　「方法」では，どのような手段で研究を行ったか，すなわち「やったこと」について記載する。実験的研究においては，科学的に追試や検証が行えるように，再現可能な形で十分な情報を示し，記載内容の信頼性を高くする必要がある。その一方で，くわしすぎる不必要な情報を記載しないように，気をつけないといけない。なお，「やったこと」は，すでに終わったことなので，時制は過去形で記載することが一般的なルールである。実験的研究においては，研究内容によって多少違いがあるが，小見出しをさらに作って整理するのが一般的である。たとえば知覚の実験では，「実験参加者」「装置」「刺激」「手続き」のような形で分けられる。実際に論文・レポートを書く場合には，先行研究として参考とした論文の見出しを参考とすることが有効だろう。以下，それぞれについて記載すべき点や留意すべき点について解説する。

①実験参加者（被験者）

　人間を対象とした実験で，対象者がみずからの意思で参加している場合には，「実験参加者」と記載することが多い。かつては「被験者」という呼び方が一般的であったが，英語圏では「被験者」という言葉に対応する"subjects"が，主従関係を暗示するという理由で，現在は"participants"と呼ぶことが多い傾向が見られる（日本心理学会，2009）。しかし，いずれの用語も一般的に用いられており，本書の各章でも「実験参加者」と「被験者」の両方の用語が用いられている。

　実験参加者（被験者）において記載すべき内容は，人数，性別，年齢，視力，報酬の有無，どのように抽出したか（例：授業での単位取得の一環として）などが考えられ，その他に実験結果に影響すると思われる内容（たとえば，文化差を扱った実験であれば人種）などを記載する必要がある。また，インフォームドコンセントの取得方法や倫理委員会の承認を得ているか，などの倫理面での配慮が必要となる実験の場合には，その旨を記載する必要がある。また，動物を用いた実験の場合には「被験体」という見出しになり，マウスであれば，被験体の数，マウスの種類，週齢，雌雄の別などを書くこととなる。

②装　　　置

　装置は，どのような機材を用いて，どのような実験環境を構築したかを書く。たとえば，どのような名称，形式，型番のものを用いたかなども，追試において必

要で結果に影響を及ぼす可能性があるものについては，詳細に記載を行う。心理学実験では独自の装置を組む場合もあるので，その際にはとくに注意して，どのように反応を測定したかなどを記載する必要がある。その一方で，たとえば視覚実験において，一般的な椅子を「××社製のOAチェアーCR1011（型番）」を用いた，などと書く必要はない。それが，椅子による課題成績の影響を調べたものであったら，「××社製のOAチェアーCR1011」「○×社製のソファーSA812」「○○社製の座椅子『富士』」のように，種類や型番に関して，詳細に記載する必要があるだろう。

また，どのような環境を構築したかについては，図によって説明すると明確になる場合がある。以下に説明する刺激，手続きも含め，全体的な実験の全体像について図を用いて説明することも有効であり，一般的になされる。

③刺　　激

心理学実験においては，独立変数を操作して，従属変数としての実験参加者の反応を測定することが一般的なことから，独立変数として実験参加者に提示した刺激がどのようなものであったかについて，詳細にその属性を記述することが求められる。多くの場合には，刺激を統制するために，何らかの操作が行われていることが多いので，どのような操作が行われたかについて記述する必要がある。

たとえば，顔の画像を刺激として使った実験であったら，まず，どのような刺激セットを使ったか，市販のスライドセットか，自分で撮影したものかについて記述する。自分で撮影した場合には，どのようなモデル（人種，性別，年齢など）を使い，どのような条件（照明，カメラ，解像度，顔の向きなど）で撮影したかについても記載する必要がある。その後，顔の大きさの統制のために標準化や，画像処理ソフトで加工をした場合には，どのような処理をしたかについて記載する（例：Adobe Photoshop CS2を用いて，顔幅を統一し，グレースケール256階調に変換した）。ディスプレイに刺激を提示して反応を測定する実験であれば，その条件（輝度，観察距離など）について，プリントして用いた場合にはその条件（プリンタ，紙，印刷の大きさ）などの情報を記載する。

ここまで刺激と反応の測定に基づく実験について考えたが，質問紙やウェブ上でのアンケートを用いて調査を行った研究では，「質問項目」なども書くことになる。その際には，どのような尺度を用いたか，何件法を用いたか，などを記載することとなる。

④手続き

　ここでは，実験の一連の流れについて読者が理解し，再現可能なように必要十分な情報を記載する。どのように参加者を群分けし，どのような教示を行ったか，実験条件はどう設定したか，試行数はどのくらいであったか，実験全体の時間がどの程度であったか，などについて述べる。ここでとくに気をつけるべきこととして，実験条件の用語については先行研究の用語や一般的なわかりやすさをもとに慎重に定義するようにし，いきなり略語やわかりづらい用語を使わないようにしなければならない。それは，結果や考察にも影響してきて，論文全体のわかりやすさに影響する可能性もある。

4．結　　果

　「結果」では，行った実験によってどのようなデータが得られたかを，客観的に記載する。時制は「方法」と同様に過去形で表す。ここでは，記載の信頼性，了解性が重要である。結果では，得られたデータを図や表で記載するとともに，統計的な検定などの分析結果も記載することが多い。近年では，統計的検定の適用の是非や，結果において統計量と有意水準だけではなく，効果量や信頼区間の記載を求めるなど，心理統計におけるさまざまな議論の結果を受け，記載に関するルールが変更されつつあるので，注意する必要がある。

　論文における図や表の書き方については，決められた形式があり，*Publication Manual of the American Psychological Association*（American Psychological Association, 2010）によるフォーマットは，心理学の分野の論文だけではなく，他分野でも汎用的に用いられ，文献引用のスタイル，図表の構成全体の書式などの詳細についての標準的なスタイルといえる。とくに，図表を表計算ソフトのデフォルトの設定のままで掲載してしまったり，有効数字を統一しなかったり，などが初学者において見られるミスであり，注意する必要がある。細かな書き方については，それぞれの大学の規定や，学会誌の投稿規定，執筆要領等によって示されているので，そちらに沿った形で形式を整える。

5．考　　察

　「考察」では，「結果」によって得られたデータの解釈を行い，この研究で得られた結果の意味づけを行う。学会抄録等の紙面が限られる場合には「結果と考察」のように一括りにされることもあるが，「結果」が客観的な立場からのデータの記載であったのに対し，「考察」では，それがどのような意味をもっていると考えら

れるかについて，先行研究等も踏まえながら論じる。「問題・目的」で掲げた目的や仮説が，「結果」のデータを踏まえて，どのように判断されるかについて書くことが求められる。

　場合によっては思ったような仮説が支持されないこともあるし，全体的には支持されても，一部は矛盾する結果となる場合もあるだろう。そのような場合には，実験に問題があったかもしれないし，仮説の立て方に問題があったかもしれない。言い訳のような書き方になってはいけないが，研究の限界（limitation）について書いておくことも必要である。

6．引用文献

　「引用文献」では，論文中で用いた文献の書誌情報を記載する。本文中で引用した場合には内容を引用した部分の後に出典を示す必要があり，それらの書誌情報の詳細を示すものとして，考察の後には引用文献リストを載せる必要がある。図表の書き方と同じく，それぞれの大学の規定や，学会誌の投稿規定，執筆要領等により，いくつかのバリエーションはあるものの，形式として定まっている。これらは，たとえば，コンマを入れるか，セミコロンか，文字をイタリックにするか，複数の文献を引用する場合にどうするか，などの非常に細かな作業で論文の内容という本質的な点とは関係がない。しかし，これは著者の努力によって改善でき，とくにレポートや学位論文においては，採点，審査する側から見ると目につきやすい点であり，減点の対象となりやすいので注意する必要がある。査読論文の場合も同様である。また，本質的な話としては，この部分が間違っていると引用元が参照できるものではなくなり，論文の信頼性が下がる，という問題がある。

7．謝　　辞

　「謝辞」は最後に示し，投稿論文であれば投稿時では著者に関する情報がわかることもあり，採択後に記載する。科研費などの外部資金を用いた研究の場合には，記載することが求められている場合がある。学位論文等では，数ページにわたる長い個人的な謝辞，たとえば家族やペットに対する感謝などが書いてある場合もあるが，感謝の意を示すことが著者の個人的な満足の場となっているように見受けられ，あまり印象が良いものではないので，慎むべきであろう。研究遂行上での協力や指導を受けた人や組織に対して示すものであり，映画のエンドロールではないのである。

Ⅳ　学問的誠実性と不正行為の防止について

　ここまで，論文・レポートの書き方について解説した。論文・レポートを書いて研究成果を公表するということはたんに書類を作成するという手続き論ではなく，研究の最終的で最も重要なステップである成果発信のプロセスであると位置づけられる。それゆえ，ここでは研究倫理と関連して近年着目されている，学問的誠実性について解説を行い，その一環として捉えられる論文・レポートの作成における不正行為の防止について解説を行う。また，論文投稿や引用と関連して，近年問題となっているハゲタカ・ジャーナル（Predatory Journals）についても言及する。

1．学問的誠実性（アカデミック・インテグリティ）

　学問的誠実性の定義には，「個人の誠実さ，および指導，学習，評価の優れた実践を推進するための一定の価値観とスキルである」（国際バカロレア機構，2014）がある。アカデミック・インテグリティの訳についてのアンケート調査では，学問的良識，作法，品格・品位，誠実，高潔などさまざまなものがあるが（大学評価・学位授与機構，2015），ここでは比較的よく用いられており，包括的に概念を表す用語として，学問的誠実性の語を用いる。

　学問的誠実性の精神として，6つの基本的な価値があるといわれている（The International Center for Academic Integrity, 2014; 東北大学学務審議会，2017）。それらは，Honesty（正直），Trust（信頼），Fairness（公正），Respect（敬意），Responsibility（責任），Courage（勇気）である。これらは学問だけではなく，他の仕事を社会人として行っていく場合にもあてはまるといえるが，とくに学問に携わる場合にはその重要性と責任から誠実さが求められているといえる。たとえば，実際には出席していないのに他の学生に出席カードを書いてもらったりすることで，代わりに返事を依頼する，いわゆる「代返」は，6つの価値の「正直」に抵触し，成績評価の「公正」に悪影響を及ぼし，代返をした学生は不正行為を防ぐ「責任」を果たしていないということになる（東北大学学務審議会，2017）。

2．不正行為の具体例

　研究不正行為は，数年前に起きた STAP 細胞騒動をきっかけとして社会問題化したことをもち出すまでもなく，ここ数年注目も高く，政府も対策を入れており，

表2 「研究活動における不正行為への対応等に関するガイドライン」に示されている特定不正行為（文部科学省，2014）

> （1）捏造：存在しないデータ，研究結果等を作成すること。
> （2）改ざん：研究資料・機器・過程を変更する操作を行い，データ，研究活動によって得られた結果等を真正でないものに加工すること。
> （3）盗用：他の研究者のアイディア，分析・解析方法，データ，研究結果，論文又は用語を，当該研究者の了解もしくは適切な表示なく流用すること。

大学においては研究倫理教育が広く行われるようになっている。ここでは，代表的な不正行為として，「研究活動における不正行為への対応等に関するガイドライン」（文部科学省，2014）において「故意又は研究者としてわきまえるべき基本的な注意義務を著しく怠ったことによる行為」として挙げられている，捏造，改ざん，盗用について解説する。また，複数著者での論文作成時に悩みやすいオーサーシップの問題についても取り上げる。

① 捏造，改ざん，盗用

これらの前者2つは，表2に示したように，レベルは違うものの比較的単純な不正行為といえる。捏造はないものを作ってしまう，改ざんは都合のよいように変えてしまうという点で，単純で意図的なものとなることが多いと思われる。一方，盗用は人のものを断りもなく自分のものように用いてしまうというものである。こちらは，悪意をもたず勘違いなどで表示を忘れる可能性もあり，とくに初学者においては十分な注意が必要であろう。先行研究のアイディアや，方法などについて十分な敬意を払い，引用文献を示すことを日頃から行っていれば，このようなことは起こらないと思われる。レポートなどでは，信頼性が担保されないウェブサイトからの情報をコピーして用いてしまう，などのないようにしなければならない。

また，大学のレポートでは，直接的な被害者が存在する盗用ではなく，コピーさせた側も共犯と思えるような，同一の内容のレポートが出てくる場合がある。たまたま同じというのではなく，文章表現までほぼ同じものが出てきた場合には，コピーをさせた側にも責任が生じることはいうまでもない。近年はコピペの判定ソフトがフリーのものから商用のものまで幅広く出まわるようになったこともあり，チェックも容易に行われるようになった。このような抑止力がなくても，倫理的な観点から考えて，当然不正行為を行わないようなプライドやモラルという，倫理観を育てる教育が求められているだろう。

②オーサーシップ

　論文, とくに共著で書いた場合において誰を著者に入れるか, どのような順番で並べるかは難しい問題といえる。一般的には心理学の分野では, 第一著者が責任著者（コレスポンディングオーサー）として, 論文の全体を統括し, 最も大きな貢献を行った著者であることが多い。しかし, 分野によってそれは異なり, たとえば大規模な装置を使った素粒子物理学の分野などでは, abc 順に名前を並べたりする場合もあるので, 注意が必要である。

　また, ゲストオーサーシップや, ゴーストオーサーシップという言葉がある。これは, 実際には貢献が不十分であったり, 論文完成後に通読しただけだったり, あるいは貢献がまったくなかったりするにもかかわらず, 指導教授であったり, 実験装置を使わせてもらった, 研究費を出してもらったなどというだけで, 共著に名前を載せることであり, 学問的誠実性の点から見て問題になる（山崎, 2013 など）。論文を執筆する側が注意することも大切だが, 教員が学生に要求するとアカデミックハラスメントと捉えられることもあるので, 注意が必要である。

　共同で研究を進めて論文を書くということは, メンバーの十分な信頼関係と学問的誠実性に基づいた倫理観が求められる。とくに, 若手研究者の間での競争が激化する今日, ポジションや研究費の獲得へ結びつくように, 名前の入った業績を少しでも多く出すことが有利のように思われるが, 論文に名前が入るということは, 責任も同時に負うということも, 認識しておく必要があるだろう。

③ハゲタカ・ジャーナル

　ハゲタカ・ジャーナル（Predatory Journals）が最近問題になっている。「著者を欺いて搾取する」という点で, 捕食鳥を意味する「ハゲタカ・ジャーナル」という言葉が用いられている（栗山, 2015）。ハゲタカ・ジャーナルは, 学術雑誌のインターネットを通じて誰もが無料で閲覧可能なオープンアクセス化が進むなかで, 以前と比べ論文を印刷する必要はなくなり, 体裁を整えて公表するための費用が安くなったにもかかわらず, 高額な論文掲載料（APC：Article Processing Charge）を請求するものである。また, これらは偽のインパクトファクターを提供したり, 著名なジャーナルと酷似したサイトを掲げたりもする傾向がある。査読による審査を経ずに, お金さえ払えば一見きちんとした論文のようにした体裁で掲載されるという点で, 積極的にそのような出版社を利用する研究者がいたり, 逆に, それと知らずに投稿して騙されてしまう問題がある。なお, 近年ではハゲタカ・ジャーナルが APC を通常のジャーナルより下げている傾向も見られ, 見抜

くのがさらに難しくなっている。

　ハゲタカ・ジャーナルという用語は，コロラド大学デンバー校の准教授で図書館員のジェフリー・ビール Beall, Jeffrey がみずからの個人のブログで 2011 年からハゲタカ出版社（Predatory Publishers），ハゲタカ・ジャーナルなどをリストアップして公開したことから始まっている。これは，ビールズ・リスト（Beall's List）として知られ，ビールがブログに掲載を始めた頃の 2011 年ではリストされたハゲタカ出版社の数は 18 件だったが，年々増え続け，2016 年の年末には 923 件となった（New York Times, 2016）。その後，2017 年に閉鎖，公開を繰り返し（Silver, 2017），現在では閉鎖されているが，2017 年の 1 月時点での情報をアーカイブしたものが匿名で公開されており，心理学のジャーナルもいくつか載っている（Beall's List : contact.html）。ハゲタカ・ジャーナルを「悪」とするかについては，出版の自由との関係で議論もあるところだが，きちんとした審査を経ておらず，内容のない論文を，あたかもきちんとした査読を経たように欺くような形で発表することは，倫理的な点から見て問題があるだろう。

V　まとめ

　論文・レポートには定められた書き方の形式がある。とくに，心理学実験においては科学論文として，正確な記載が求められる。それらは，読み手のことを考えて明確でわかりやすい形で作成する必要がある。

　また，研究不正行為についても気をつけなければならない。捏造，改ざん，盗用などが代表的なものであるが，気づかないうちに不正行為を行ってしまうこともある。グローバリズムの流れによる研究のオープン化や，領域横断的な共同研究が増えるにつれ，ハゲタカ・ジャーナルや，オーサーシップの問題にも気をつかわなければいけなくなった。このような中で，研究倫理に関する研修や，日頃の研究室での教育を通して，学問的誠実性をもった研究者の育成が望まれる。

◆学習チェック
☐　心理学実験に基づいた論文の章立ては，どのような構成が一般的かを理解した。
☐　論文を読む側は，どのような点に気をつけて審査しているかを理解した。
☐　研究不正行為には，どのようなものがあり，何に気をつければよいかを理解した。
☐　複数の著者で共著の論文を書くときに，どのようなことに気をつければよいかを理解した。

第3章 論文・レポートの作成

より深めるための推薦図書

松井豊（2010）心理学論文の書き方—卒業論文や修士論文を書くために 改訂新版．河出書房新社．

板口典弘・山本健太郎（2017）ステップアップ心理学シリーズ 心理学レポート・論文の書き方—演習課題から卒論まで．講談社．

都筑学（2006）心理学論文の書き方—おいしい論文のレシピ．有斐閣．

佐藤雅昭（2016）なぜあなたは論文が書けないのか？—理由がわかれば見えてくる，論文を書ききるための処方箋．メディカルレビュー社．

米国科学アカデミー編，池内了訳（2010）科学者を目指す君たちへ—研究者の責任ある行動とは 第3版．化学同人．

文　　献

American Psychological Association（2010）*Publication Manual of the American Psychological Association*, 6th Edition. American Psychological Association.

Beall's list of predatory journals and publishers. https://beallslist.weebly.com/contact.html

大学評価・学位授与機構（2015）平成27年度大学質保証フォーラム 知の質とは—アカデミック・インテグリティの視点から 報告書．

電子情報通信学会（2004）電子情報通信学会誌和文論文誌 投稿のしおり（情報・システムソサイエティ）．https://www.ieice.org/jpn/shiori/iss_5_1.html

国際バカロレア機構（2014）ディプロマプログラム（DP）学問的誠実性．非営利教育財団国際バカロレア機構．https://www.ibo.org/globalassets/publications/academic-honesty-jp.pdf

栗山正光（2015）ハゲタカオープンアクセス出版社への警戒．情報管理，58(2); 92-99.

文部科学省（2014）研究活動における不正行為への対応等に関するガイドライン．http://www.mext.go.jp/b_menu/houdou/26/08/__icsFiles/afieldfile/2014/08/26/1351568_02_1.pdf

New York Times（2016）A Peek Inside the Strange World of Fake Academia. Dec, 29. https://www.nytimes.com/2016/12/29/upshot/fake-academe-looking-much-like-the-real-thing.html

日本心理学会（2009）倫理規程．https://psych.or.jp/wp-content/uploads/2017/09/rinri_kitei.pdf

日本心理学会（2015）執筆・投稿の手引き 2015年改訂版．https://psych.or.jp/manual/

島岡要・Moore, J. A.（2010）ハーバードでも通用した研究者の英語術，ひとりで学べる英文ライティング・スキル．羊土社．

Silver, A.（2017）Pay-to-view blacklist of predatory journals set to launch. *Nature News*, May, 31. https://www.nature.com/news/pay-to-view-blacklist-of-predatory-journals-set-to-launch-1.22090

The International Center for Academic Integrity（2014）*The Fundamental Values of Academic Integrity*, 2nd Edition. https://academicintegrity.org/wp-content/uploads/2017/12/Fundamental-Values-2014.pdf

東北大学学務審議会（2017）東北大学 学習・研究倫理教材 Part1 あなたならどうする？—誠実な学びと研究を考えるための事例集 第2版．http://sla.cls.ihe.tohoku.ac.jp/wpsys/wp-content/uploads/2018/03/academic_integrity_ver2_20180309.pdf

山崎茂明（2013）オーサーシップの考えを変える時だ．情報管理，56(9); 636-639.

第2部
さまざまな心理学実験

第4章

心理量と物理量

錯覚の定量的な測定

丸谷和史

Keywords 心理量，心理物理学的測定法，調整法，極限法，恒常法，階段法，主観的等価点，錯覚，残効現象

1 はじめに

　心理学にとって，私たちの心の中で起こる出来事をどのように測定するかという問題は避けて通ることができない。それは，「見る」「聞く」「触る」などのいわゆる五感を司るごく基本的な機能を調べるときにも同じことである。この問題の解決に大きな役割を果たしたのがフェヒナー Fechner, G. T. によって提唱された心理物理学（Psychophysics; Fechner, 1860）である。フェヒナーは，私たちの外側に存在する世界（物理世界）で生じる刺激と私たちの心の中で生じる知覚（心的あるいは知覚世界）の間には数量的な関係があることを示そうとした。フェヒナーは，すでに知られていたウェーバー Weber, E. H. の重さの知覚に関する実験結果をもとに，ある刺激によって私たちの心の中に生じる感覚の量は，その刺激の物理世界における強度の対数に比例するというウェーバー・フェヒナーの法則を見出した（Fechner, 1860）。この法則は，非常に小さい刺激量や大きい刺激量を除いて，さまざまな感覚について成り立つことが知られている。この法則を基礎に，フェヒナーやそれに続く心理学者たちは，物理世界と心理世界の関係性についての議論をさらに発展させていった。

1．錯　　覚

　物理世界と知覚世界の間の法則とそれを確かめる方法を学ぶときに，錯覚はわかりやすい題材である。私たちは，あるものや事柄を捉えようとしたときに，物理的な現実とは異なる理解，認識を行ってしまうことがある。このような日常的な錯覚の経験から，心の中に生じる「心理的現実」が，物理的な現実とは必ずし

も一致しないことを，私たちは学び，知っている。このような食い違いがどうして起こるのかについては，私たちはそれほどよくわかっているわけではない。しかし，一見場当たり的にも思える心理過程の中に一定の法則が見つかることもある。たとえば，多くの人に必ず生じ，また，それが起こることをあらかじめ知っていても生じてしまう錯覚がいくつも知られている。このような強い錯覚現象は，私たちの心理過程，情報処理のメカニズムを理解するうえで大きな手がかりとなる。以下では，錯覚をテーマに，私たちの個人的な体験である知覚を定量的に測定する心理物理学実験の例を考えてみる。

2．錯覚を測るには？——心理量と主観的等価点

　錯覚が多くの人に生じ，またそこに一定の法則があることをどのように発見し，証明すればよいだろうか？　1つの方法として，実験や観測に基づく客観的，定量的（数値化された）なデータを収集するやり方がある。体験した現象を量的に測定して得られる数値データに基づいて個人差を超える規則性を示せばよい。主観的な体験（心理的現実）に対して測定された量のことを心理量と呼び，物理的な世界に対して測定された量を心理量と区別するために物理量と呼ぶことにしよう。心理量と物理量の間に大きな食い違いが見られれば，錯覚が起こっていることになる。

　心理量は個人の体験中にのみ生じるために，それを直接測定することは難しい。また，私たちにとって心理量と物理量を直接比較し，自分の体験を正確に言い表すことも難しい。心理量を適切に測定するための有力な方法として，2つの対象がもつ心理量を個人的な体験の中で比較し，その大小や異同を報告してもらうやり方がある。たとえば，私たちが定規を使ってある物の物理的な大きさを測定するとき，私たちは定規上の目盛間の距離と知りたい対象の大きさを比較し，それが等しくなる点の目盛を読み取る。これと同じように，私たちは2つの対象がもつある属性，たとえば長さを比較して，その2つが主観的に同じ長さであるかどうかを判断できる。2つの対象がもつ属性が主観的に同じと認められることを主観的等価（subjectively equal）であるという。また，このとき，対象がもつ物理量のことを主観的等価点（point of subjective equality：PSE）と呼ぶ。

　主観的等価点は，知覚における心理量を測定するときにはよく用いられる。たとえば，錯覚を起こさない単純な刺激を用意し，錯覚を起こしている刺激との間で主観的等価点を求める。その主観的等価点と刺激の物理量の差は，錯覚の強度を示している。ある刺激の主観的等価点がその物理量と大きく食い違っていれば，

第4章 心理量と物理量

強い錯覚が起こっていると考えられる。あるいは，いくつかの錯覚を引き起こす図形について，刺激条件を固定した1つの刺激（標準刺激）と，刺激条件を操作できるほかの図形（比較刺激）の錯覚の強さを比較して，主観的等価点を測定することもできる。これらの方法で測定した錯覚の量的データに基づけば，錯覚の性質を定量的に議論できる。

3．心理物理学的測定法

主観的等価点や，それと並んで心理物理学で重要な概念である閾値を測定する方法は，心理物理学的測定法と呼ばれている。心理物理学的測定法は，工学，医学や，広範な科学分野に応用でき，心理物理学がもたらした重要な成果の1つと考えられている。その基本はフェヒナーによって開発された，調整法，極限法，恒常法の3つの方法である。これらの方法については，第5章でより詳細に説明されているので，ここでは，ごく簡単に3つの方法についてまとめておこう。調整法は，実験の参加者自身が求められた課題に沿って刺激パラメータ（多くは独立変数）を調整する方法である。簡便だが，測定の厳密さについてはほかの方法より低いと言われることが多い。極限法では，実験者が連続的に独立変数を含む刺激パラメータを変化させ，参加者が課題を行う。恒常法では実験者が試行ごとにランダムに刺激パラメータを変化させる。参加者の知識や期待による測定ノイズをよく排除できる方法であるが，測定には膨大な試行数を要する。また，これらの3つの方法に加えて，極限法を発展させた階段法，そこからさらに改良が加えられたPEST，QUESTなどの方法もよく使われる。以下では心理物理学的測定法を用いた錯覚量の測定実験を「ミュラー・リヤー錯視」と「残効現象」の2種の錯覚を題材として説明する。

II　実験1　心理量測定の基本——幾何学的錯視の測定

1．問題・目的

II節では有名な幾何学的錯視を例として，錯視現象の強さを客観的データとして表す実験を考えてみることにする。目の錯覚である錯視にはさまざまなものが知られている（後藤ら，2005）。その中でも本実験では幾何学図形によって引き起こされる有名な錯視であるミュラー・リヤー錯視を取り上げる（図1）。この錯視は物理的には同じ長さの線分が，その端点に斜めの線分を付加されたときに，斜めの線分の角度によって違った長さに感じられる錯視である（Müller-Lyer, 1889）。

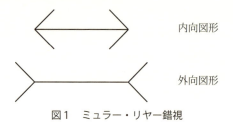

図1　ミュラー・リヤー錯視

　ミュラー・リヤー錯視において錯視を引き起こす直接の要因は斜めの線分（その形状から矢羽と呼ばれることが多い）と考えられる。この矢羽の物理条件（たとえば角度）を変化させたときに，錯視の強さがどのように変化するかを調べることは，この錯視がどのようなメカニズムで生じているか，あるいはこの錯視がどのような視覚機能と関連しているかといったさまざまな問題を考える基本的な手がかりとなる。本実験では，矢羽の物理条件を独立変数として操作し，それぞれの条件下での主観的等価点を調整法によって測定することで，錯視量の変化を客観的，定量的データとして表すことを目的とする。

2．方　　法

①装　　置

　実験には原則としてコンピュータを利用する。以下のウェブサイト（http://tomishobo.com/catalog/ca056.html）を利用して，オンライン上，あるいはダウンロードしたウェブアプリケーションをウェブブラウザで動作させて実験を開始する（使用ブラウザと環境の組み合わせによっては動作しない場合がある。サイト上の案内を参考にしていただきたい）。

　画面解像度は短い辺が 300 ピクセル以上のものを用い，横長の画面上で実施する。

②刺　　激

　刺激は水平な主線と，上下対称な 2 本の斜線を組み合わせた複数の矢羽から構成される（図 2）。主線に対して矢羽が内向きに配置された内向図形と外向きに配置された外向図形が組み合わされた図形が表示され（図 2A），左側に位置する図形の主線長（L_{left}）は 240 ピクセルに固定されている。この図形を基準図形と呼ぶ。右側に位置する図形の主線長（L_{right}）は，観察者の画面上のボタン操作によって 120 ピクセルから 360 ピクセルまで変化させることができる。この図形

第4章 心理量と物理量

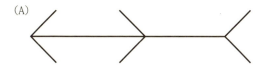

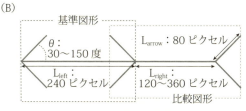

図2 実験刺激の概要

を比較図形と呼ぶ。矢羽を構成する斜線（以下，たんに矢羽と表記する）の長さ（L_{arrow}）は，80ピクセルとする。刺激図形は黒色で，白色の一様背景上に表示される。比較図形の主線長を変化させるためのボタンは刺激背景の下部に表示される。

③要因計画

この実験は被験者内1要因計画とする。独立変数は矢羽と主線の角度差（θ：30度，60度，90度，120度，150度）である。従属変数は，実験参加者により調整法を用いて測定される主観的等価点である。

④手続き

実験は，試行ごとに実施する。各試行が開始されると，画面の中央に刺激図形と図形操作のためのボタンが表示される。実験参加者は，ボタンを使って比較図形の主線長L_{right}を操作し，基準図形の主線長L_{left}と等しく感じられるように調整する。試行開始時の主線長L_{right}はランダムに決定されるが，試行の半分で基準図形よりも明らかに短く見える条件とし，観察者は主線長を徐々に長くしながら調整を行う。（上昇系列），残りの半分ではあるいは明らかに長く見える条件とし，観察者は徐々に短くしながら調整を行う（下降系列）。この際の時間制限は設けない。調整が終了したら，画面上のボタンを使って，試行を終了する。

調整に際して，観察者によっては，物理的に等しい長さを求めることが課題ではなく，見えたままの長さを比較することが重要であること，主線と矢羽の全体を見て課題を遂行することなどの注意事項を事前に伝えてもよい。また，数回の

練習試行を事前に行ってもよい。

各試行で提示される矢羽と主線の角度差は，ランダム順に4回繰り返す。総試行数は角度差5条件×4（繰り返し）＝20試行である。

3．結　　果

①データ分析

それぞれの条件について，4回の繰り返しで得られた，内向図形の主線長 L_{left} と主観的に等価になる外向図形の主線長（主観的等価点）のデータの平均と標準偏差を計算して，プロットする。このとき，上昇系列と下降系列の結果は，その間に大きな差がなければ，区別せずに計算してしまってよい。また，矢羽と主線の角度差を横軸にして，主観的等価点の平均値をプロットする。このとき，エラーバーも表示することが望ましい。エラーバーに使用する統計量としては，データのばらつきを示したいときには標準偏差，母集団の平均値の区間推定を示す標準誤差や95％信頼区間などがある。

十分な人数の実験参加者（目安として10名以上）がいた場合は，参加者間での主観的等価点の平均を求める。また，この場合は，繰り返しのある一元配置分散分析を使って，統計的検定を行える。角度差の主効果が得られた場合には，多重比較を行い，どの条件間で差が得られたかを確認する。この際，効果量（要因の効果が誤差の効果に対してどのくらい大きいかを示す量）も合わせて確認し，場合によっては実験の解釈に反映させることが強く推奨されている。

②鋏角と錯視量の関係

この実験では，独立変数として，ミュラー・リヤー錯視を引き起こす図2に示した図形における矢羽と主線の角度差を操作した。それぞれの条件における錯視量はどのように変化するだろうか。

矢羽と主線の角度差が90度のときには主線に直交する1本の線分となるから，錯視はほとんど起きず，比較図形の調整によって得られる主観的等価点は基準図形の主線長に等しい240ピクセルとなるはずである。主観的等価点がこの値よりも小さい場合，基準図形は比較図形よりも短く見えていることを意味している。逆に，主観的等価点がこの値よりも大きい場合には，基準図形は比較図形よりも長く見えていることになる。

典型的な測定結果の例を図3に示す。角度差が90度（矢羽の上下の角度差が180度）よりも小さい条件では，左側の基準図形が内向図形となり，右側の比較

第4章　心理量と物理量

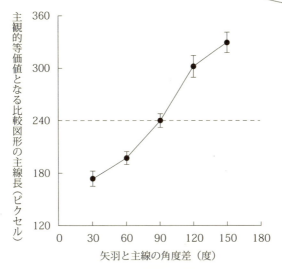

図3　ミュラー・リヤー錯視測定実験結果の典型例

注）エラーバーは4試行間の標準偏差。

図形が外向図形となる。このような場合には主観的等価点が240ピクセルよりも小さくなる。逆に角度差が90度よりも大きいときには左側が外向図形，右側が内向図形となる。このような場合には主観的等価点は240ピクセルよりも大きくなる。これらの場合の間で，錯視の方向は逆であるが，いずれも矢羽が主線と直交する90度の条件と差が大きくなるほど錯視の量は大きい。つまり，矢羽が主線，あるいはその延長線に近づくほど，錯視の効果は大きくなると考えられる。

4．考　　察

この実験では，矢羽と主線の角度差を操作すると，錯視の大きさと方向が変化することが示される。内向図形の主線の長さは過少視され，外向図形では過大視される。なぜこのようなことが起こるのであろうか？　実際のところ，ミュラー・リヤー錯視がどのようなメカニズムによって生じているかについては，現在も明らかではなく，いくつもの説が並立している状態である。また，この錯視は単一の要因というよりは，それぞれの説で主張された要因が複合して起こっているという考え方が有力である。本実験では矢羽と主線の角度差を操作したが，矢羽の長さなど，錯視の強さを変化させるパラメータは多く存在し（和田ら，1969），そのすべてを明確に説明できる単一の要因は見つけられていない。ただ，複数の説の中で，グレゴリー Gregory, R. による三次元物体のサイズ推定と関連づけて説

明する試みは広く受け入れられている。ここではくわしくは述べないが，この説は，ミュラー・リヤー錯視が，視覚の恒常性をもたらすプロセスの働きを示す点で魅力的である。私たちは錯視をたんなるエラーと考えることも多いが，この説は，むしろ視覚系の機能的な精巧さを示す現象であるととらえられることを示している（Gregory, 1997）。

III 実験2 時間的に安定しない錯覚（方位残効）の測定

1．問題・目的

前節では比較的安定した錯覚の心理量測定を行ったので，観察者が時間をかけて自身の主観的等価点を探索することができた。しかし，この方法はより不安定で時間とともに変化するような心理量の測定には適さない。それでは，そのような不安定な心理量をどのようにして測定すればよいだろうか？　本節では，知覚研究の中で重要な意味をもつ残効現象を取り上げ，時間とともに錯視量が変化する場合の測定実験を考える。

残効現象は，時間的に続けて提示される2つの刺激を見たときに，後続した刺激（テスト刺激）の見え方が，先行する刺激（順応刺激）を観察した影響により，物理的な状態から系統的に変化する現象である。残効現象には，さまざまなものが知られている。たとえば，先行して運動する物体を見続けた後には，静止した物体が逆方向へ動いて見える運動残効，ある色の物体を見続けた後に後続する物体の色が先行する物体の反対色に近づいて見える色残効などはよく知られている。残効は，これらの比較的単純な属性だけではなく，顔や物体の素材感などといった複雑な属性の見え，また，視覚だけでなく聴覚や触覚でも起こる。広範に起こる残効現象を適切に計測することで，知覚を生み出す心のメカニズムに迫ることができる。

残効現象は比較的不安定であり，テスト刺激を長時間見続けると消失することが多い。したがって，観察者自身が比較刺激を調整して主観的等価点を報告するやり方では測定しにくい。このような場合には，たとえば以下のような方法を使う。あらかじめ物理量を何段階かに変化させた複数のテスト刺激を準備する。テスト刺激を短く提示し，残効によって生じた錯視が，それぞれのテスト刺激に対してどの程度打ち消されたかを測定する。このときに，観察者には錯覚の生起の有無，あるいは現象に関連した物理量（たとえば，観察対象の長さや色，速度，など）についての報告をあらかじめ用意した選択肢から選んでもらう。実験終了後

に各物理量条件に対する観察者の反応データから，完全に打ち消しが起こる点を推定する。この打ち消しに必要な物理量を錯覚量とするのである。

　以降では，よく知られている残効の1つである方位残効を例として，その残効量を測定する実験について説明する。方位残効は，ある方向に傾いた縞や線分の刺激を一定時間観察した後に，後続する同様の刺激が反対方向に傾いて知覚される現象である（Gibson et al., 1937）。方位は視知覚の基本的な属性の1つであり，物体形状などをはじめとしたより複雑な知覚を生み出す際に重要な役割を果たす。方位残効は基本的な方位処理のメカニズムを調べる際の重要なツールとして最先端の研究でも利用されている。

2．方　　法

①装　　置

　実験には前節と同様に，コンピュータを利用する。Ⅱ節に挙げたウェブサイトを利用して，ウェブブラウザ上で実験を開始する。画面解像度は短い辺が300ピクセル以上のものを用い，横長の画面上で実施する。

②刺　　激

　刺激は幅10ピクセル，長さ240ピクセルの6本の線状の図形（以下，線分と表記する）を10ピクセルの隙間を開けて，横6列に並べて構成する。それぞれの線分の端点は同じ直径の半円を提示する。それぞれの線分は，垂直方向から同じ角度だけ時計まわり，あるいは反時計まわりに図形中心の周りで回転させる。垂直方向からの回転量は，順応時に提示する刺激（順応刺激）では0度，＋11.3度，＋22.5度，＋45度の4ステップ（正符号を時計回りに回転する条件とする）とし，テスト時に提示する刺激（テスト刺激）では－3度から＋3度の間の7ステップ（－3度，－2度，－1度，0度，1度，2度，3度）のものを準備する。線分の色は順応刺激では明るいグレーと暗いグレー，テスト刺激では黒とする（図4）。

③要因計画

　この実験は被験者内1要因計画とする。独立変数は順応刺激の回転量である。従属変数は，各回転角条件で測定された反応データから推定される，残効の打ち消しに必要なテスト刺激の回転量である。

第2部 さまざまな心理学実験

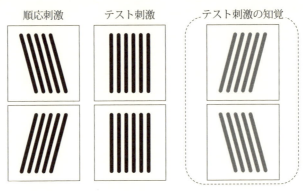

図4 方位残効の概要

④手続き

　実験はブロックごとに行う。各ブロックでは，順応刺激の回転量は固定する。ブロックは複数回の試行から構成する。最初の試行では順応刺激を45秒間，それ以外の試行では5秒間提示する。残像効果を小さくするために，順応刺激では灰色の背景上にそれよりも明るい灰色の線分群と暗い灰色の線分群を1秒ごとに入れ替えて表示する。その後0.25秒間の灰色の一様背景の表示を挟んで，テスト刺激を0.5秒間提示する（図5）。試行系列でのテスト刺激の提示順はランダムとし，ブロック間でも順序をランダムに振り直す。ブロック内では，各回転量のテスト刺激を8回ずつ提示する。

　観察者の課題は，順応刺激，およびテスト刺激をできるだけ目を動かさず観察し，テスト刺激の6本の線がどちら側（右または左）に傾いているかを判断することである。テスト刺激の提示が終了すると，報告のためのボタンが2つ表示され，観察者はこのボタンを押すことによって回答を行う（テスト刺激が傾いていると感じられる側のボタンを押す）。この際よくわからない場合でも，どちらかを選んでもらう。回答時間に制限は設けない。

　観察者ごとに，順応刺激4ステップに対して，1ブロックずつをランダムな順序で実施する。ブロックごとの試行数は7（テスト刺激の回転量のステップ数）×8（繰り返し）＝56試行である。総試行数は56×4ブロック＝224試行となる。本施行前に練習試行を数回行ったり，ブロック間に適宜5分程度の休憩をはさんだりしてもよい。これらを含め，実験に要する総時間数はおよそ45分である。

第4章　心理量と物理量

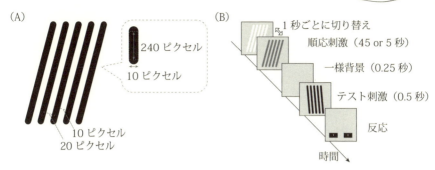

図5　方位残効測定実験の概要

3．結　　果

①各観察者に対する残効量の推定

はじめに，観察者ごとに，方位残効を打ち消すために必要な回転量を推定する。それぞれの観察者に対して，順応刺激の回転量条件ごとに，データを集計する。この集計データに対し，各条件で，8試行中右と答えた試行の割合（反応率）を算出する。プログラム中では右と答えた試行では1，左と答えた試行では−1と回答が記録されるように設定されている。表計算ソフトなどを用いて反応率を算出するとよい。それぞれのブロックで，テスト刺激の回転量を横軸，反応率を縦軸として図6Aのようにプロットする（図6Aでは，4ブロック分のデータが重ね書きされている）。グラフから反応率が0.5となる点を横軸上で読み取り，それぞれの順応条件における残効量の推定値とする。4条件分の残効量が推定できたら，順応刺激の回転量を横軸，推定された残効量を縦軸にとって，図6Bに示したようなグラフを作成する。

②順応刺激のパラメータの変化に対する残効量グラフの作成

実験のデータ例を図6に示した。典型的には，残効量ははじめ順応刺激の回転量とともに急激に大きくなり，ある点で極大値をとった後，緩やかに減少する（Gibson et al., 1937; Clifford et al., 2000）。図6Bのように順応刺激の回転量に対する残効量の関数は歪んだ逆U字カーブとなる。

4．考　　察

本実験では，順応刺激の回転量を独立変数として，方位残効の量がどのように

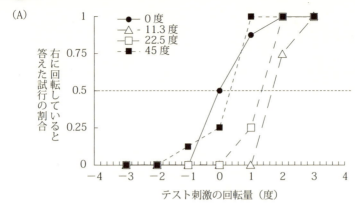

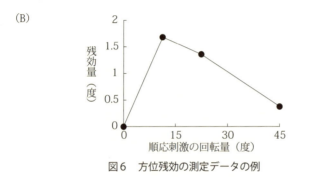

図6　方位残効の測定データの例

変化するかを測定した．その典型的な結果では，順応刺激の回転量に対して，残効量は図6Bに示すような歪んだ逆U字カーブを描く．このことは，何を意味しているのだろうか？

　方位残効が起こるメカニズムについては，現在でもさまざまな研究が行われているが，順応刺激を見続けることによって，その処理を担当するプロセスの出力が変化することがその主要なメカニズムであることは，研究者間での合意がおおむね得られている．図6Bに示したような関数は，順応刺激とテスト刺激の回転量の差が大きすぎると，順応刺激による処理プロセスの出力の変化がテスト刺激の方位の処理に影響を与えにくくなることを示している．すなわち，視覚系の方位処理は，360度すべての方位を1つのプロセスでまかなっているわけではなく，比較的狭い範囲の方位を担当するサブプロセスが集まって1つのプロセスを形作っていることを方位残効の振る舞いは示している．実際に，脳内の特定の領域で，ここで示されたな振る舞いと類似した活動が見られることが神経生理学の分野で報告されている（Schwartz et al., 2007）．ただし，サブプロセス間の相互作用は

あるか，あるとすればどのようなものか，また順応によってサブプロセスの出力が下がるだけなのか，それともサブプロセスの担当範囲そのものが順応によって変化しているのか，といったような問いについては現在も研究が続けられており，方位という単純な情報の処理メカニズムであってもその全容はいまだに明らかではない。

ここで見たように，残効量を測定することで，視覚系がどのような情報処理を行っているかを定量的に議論することができる。より精密な測定を行うことで，さらに詳細なメカニズムやその数式化が可能になる。そのような知見は心理学分野だけではなく，工学や医学に対しても，基礎データとして大きな役割を果たす。

IV　まとめ

本章では，錯覚をテーマに，心理量を測定する2つの心理物理学実験について述べた。実験1では調整法を用いた錯覚量の測定，実験2では恒常法を用いた方位残効の残効量測定について取り扱った。同じ心理物理学実験とはいっても，実験1と実験2では試行数やデータ解析の手続きの複雑さなどにかなりの差があることが感じられたのではないだろうか。実際の基礎心理学の研究では，これよりさらに複雑な実験計画を立てることもしばしばで，適切な実験計画を考えることは，研究者にとっても容易ではない。また，標準的な実験参加者の人数，データの統計的解釈の妥当性の基準などは，研究者の間で議論が重ねられ年々変化している。実際の実験実施にあたっては，自分が知りたいことに対して適切な計画を立てることが必要である。

◆学習チェック
□　心理量と物理量の関係について理解した。
□　主観的等価点の意味とその測定法について理解した。
□　心理物理学的測定法の基本について理解した。
□　錯覚を定量的に測定する方法について複数のケースで理解した。

より深めるための推薦図書
　村上郁也編，大山正監修（2011）心理学研究法1 感覚・知覚．誠信書房．
　北岡明佳（2010）錯視入門．朝倉書店．
　心理学実験指導研究会（1985）実験とテスト＝心理学の基礎 解説編．培風館．
　Gescheider, G. A., 宮岡徹監訳（2002-2003）心理物理学―方法・理論・応用 上巻・下巻．北大路書房．

文　献

Clifford, C. W. G., Wenderoth, P. & Spehar, B.（2000）A functional angle on some after-effects in cortical vision. *Proceedings of the Royal Society B: Biological Sciences*, 267; 1705-1710.

Fechner, G. T.（1860）*Elemente der Psychophysik*. Breitkopf und Härtel.

Gibson, J. J. & Radner, M.（1937）Adaptation, after-effect and contrast in the perception of tilted lines: I. Quantitative studies. *Journal of Experimental Psychology*, 20; 453-467.

後藤倬男・田中平八編（2005）錯視の科学ハンドブック．東京大学出版会．

Gregory, R. L.（1997）Knowledge in perception and illusion. *Philosophical Transactions of Royal Society: Biological Sciences*, 352; 1121-1128.

Müller-Lyer, F. C.（1889）Optische Urteilstäuschungen: Archiv für Anatomie und Physiologie. *Physiologische Abteilung*, **Supplement**; 263-270.

Schwartz, O., Hsu, A. & Dayan, P.（2007）Space and time in visual context. *Nature Reviews Neuroscience*, 8; 522-535.

和田陽平・大山正・今井省吾編（1969）感覚・知覚心理学ハンドブック．誠信書房．

第5章

閾　　値

繁桝博昭

Keywords　絶対閾（刺激閾），弁別閾，調整法，極限法，恒常法，階段法（上下法），適応法，Yes/No法，強制選択法

I　はじめに

1．閾値とは

　物理的に光や音などの刺激が存在していても，その強度が非常に小さければ，私たちはその刺激を検知することができない。また，ある刺激が変化した場合や，2つの刺激の間の強度の差についても，その違いがあまりに小さい場合には検知することができない。感覚・知覚の変化を生じさせるにはある程度の刺激強度が必要であり，このような感覚・知覚の変化の境目を「閾」，感覚・知覚の変化に必要な最小の刺激強度の値を「閾値」という。「閾」という字は家の内と外との境界である敷居を意味し，工学や物理学の分野では閾値を「しきい値」と呼ぶことも多い。

　検出することのできる最小の刺激強度は絶対閾（absolute threshold），あるいは刺激閾（stimulus threshold）という。ただし，ある刺激強度の値を境にはっきりと知覚できるような明確な境界があるわけではなく，絶対閾付近の刺激強度では同一の強度の刺激に対しても検出できる場合と検出できない場合がある。刺激の強度を増していくと検出できる確率が増大し，刺激強度を横軸に，検出したとする反応の出現率を縦軸としてプロットするとS字型の曲線の関数となる（II節「実験1」の図3参照）。このような刺激と反応の関係を示す関数を心理測定関数（psychometric function）という。一般に，刺激があると反応した割合が0.5の点を絶対閾とする。

　区別することのできる最小の刺激強度の差は弁別閾（difference threshold）という。弁別閾をDLと呼ぶこともあるが，これはドイツ語で弁別閾を意味する

Differentz Limen（英語では difference limen）に由来する。また，その知覚上の差のことを丁度可知差異（just noticeable difference: jnd）ともいう。弁別閾においてもある値を境に差が明確に知覚されるのではなく，弁別閾付近の刺激強度の差を増していくと，その差を知覚する確率が高くなる（Ⅲ節「実験2」の図4参照）。標準となる刺激に対して，もう一方の刺激の強度を大きくしていったときの弁別閾を上弁別閾といい，もう一方の刺激の強度を小さくしていったときの弁別閾を下弁別閾という（Ⅲ節「実験2」の図5参照）。

　ある刺激についての閾値が低いことは，その刺激への感度が高いことを示し，閾値が高いことは，その刺激への感度が低いことを示す。このように，閾値と感度の値は逆の関係にあり，感度の指標には閾値の逆数を用いる。

2．閾値の測定法

　最小の感覚・知覚に対応する絶対閾や，感覚・知覚の最小の変化に対応する弁別閾は，物理刺激と知覚の関係を数量的に扱うことを目指した精神物理学にとって重要な指標であり，精神物理学を創始したフェヒナー Fechner, G. T. は，調整法，極限法，恒常法と今日呼ばれる手法を用いて閾値を測定した。これらの方法は古典的精神物理学測定法と呼ばれている。近年では，より効率的に測定することを目指した適応的方法も開発されている。本節では，これらの手法について紹介する。なお，これらの測定法は閾値だけでなく，主観的等価点（point of subjective equality : PSE）を求める場合にも用いることができる。これらの測定法を用いた知覚の実験的手法を心理物理学と呼び，フェヒナーによる古典的な精神物理学と区別して使用することも多い。

①調整法

　調整法は，観察者自身が刺激の強度を連続的に変化させて，刺激を観察しながらぎりぎり検知できる値に調整する方法である。刺激調整を終了したときの値を絶対閾とする。弁別閾を測定する場合は，2つの刺激を観察し，一方の標準刺激に対して，もう一方の比較刺激をぎりぎり違いがわかる値に調整する。数回こうした調整を繰り返し，その平均値を閾値とすることが多い。また調整の初期値は明らかに閾値より小さな値から開始する試行と，明らかに閾値より大きい値から開始する試行を組み合わせ，調整の方向による偏りがないようにする。刺激の値の範囲は予備実験などであらかじめ決めておく。

　調整法は直感的な方法のため実験参加者にとって理解しやすく，また他の手法

と比べて短時間で測定できるという長所がある。しかし，実験参加者自身が自由に調整できるため，ぎりぎりと判断する基準が実験参加者によって異なっていたり，実験参加者間で調整にかける時間が大きく異なってしまったりするという問題がある。また，意図的な反応により結果が歪められてしまう可能性もある。

　調整法は検知できるかどうかの調整自体が難しいため，厳密に閾値を測定する目的には向いていない。そのため，簡便に閾値を求めることを目的とした予備実験に用いられることも多い。また，順応による効果など，短時間で知覚が変化するような現象の場合には調整中に知覚が変化してしまうため，この方法は適さない。実験参加者が刺激を連続的に変化させることができる場合に限られるという制約もある。

②極限法

　調整法と異なり，極限法は実験者側が刺激を一定の間隔で変化させて測定する方法である。絶対閾を測定する場合は，実験参加者は刺激が「存在する」「存在しない」などの2件法で反応する（Yes/No法）。刺激の初期値が明らかに閾値より小さい値から始め，一定の間隔で刺激強度を大きくしていく上昇系列と，明らかに閾値より大きい値から始め，同じ一定の間隔で刺激強度を小さくしていく下降系列を同数回ずつ行う。上昇系列と下降系列は交互に行うことが多い。上昇系列では実験参加者は最初の試行は刺激が「存在しない」という反応が続き，刺激強度が大きくなり刺激を検知し，「存在する」と反応が変わった時点でその系列を打ち切る。下降系列では「存在する」から「存在しない」に反応が変わった時点でその系列を打ち切る。この反応が変化した前後の刺激値の中間値を絶対閾とする。

　弁別閾を測定する場合は標準刺激と比較刺激の2つの刺激を呈示し，比較刺激が標準刺激よりも「大きい」か「小さい」かを判断する課題を行う。弁別閾の測定では「等しい」という反応を加えた3件法が用いられることが多い。3件法の場合，上昇系列では比較刺激の方が標準刺激よりも「小さい」から「等しい」に変化した点，下降系列では比較刺激の方が標準刺激よりも「大きい」から「等しい」に変化した点の前後の刺激値の中間値を算出し，それぞれ下限閾，上限閾とする。この手続きを同数回ずつ繰り返し，下限閾，上限閾の各平均値の差分を標準刺激と比較刺激の差を知覚できない範囲（不確定帯）として，その半分の値を弁別閾とする。

　極限法では同じ反応が繰り返されるため，慣れによって閾値に達しても同じ反応が繰り返されてしまうという誤差が生じることがある。また逆に，閾値に達す

ることを誤って予期してしまい，閾値に達していないのに感覚の変化を報告してしまうという誤差が生じることがある。これらの系列効果を防ぐためには，同じ反応が極端に長く続く系列とならないようにしたり，閾値に達するまでに必要な試行数を予期できないように各系列の開始点を変化させたりするなどの工夫が必要である。

③恒常法

　恒常法では極限法や後に述べる階段法と異なり，刺激値の増減の方向が一定ではなく，あらかじめ決めておいた7段階前後の刺激強度からランダムに呈示する。そのため，実験参加者の慣れや期待による誤差を取り除くことができる。その一方で，試行数が多くなり，測定に時間がかかる。

　絶対閾の測定では刺激が「存在する」か「存在しない」かの2件法（Yes/No法）で反応する。「存在する」と応答した割合（反応率）を算出し，各刺激強度でプロットすると心理測定関数が得られる。測定値から絶対閾を推定する方法はさまざまあるが，簡便な方法として直線補間法がある。絶対閾であれば反応率が0.5を超える前後の2つの刺激強度における反応率の点を直線で結び，0.5となる点の刺激強度を閾値とする。刺激と反応率の心理測定関数は累積正規関数のようなS字型の曲線（オージブ関数）の方があてはまりが良いため（Ⅱ節「実験1」の図3参照），反応率をZ値と呼ばれる標準化された値に変換して刺激強度に対して直線的に変化する関係にしたうえで，閾値前後の点から直線補間する正規補間法も用いられる。この方法は閾値前後の2点のみしか用いないが，各条件における反応率のZ値に対して残差が最小になるような直線をあてはめる最小二乗法を用いれば，すべての測定値を用いることができる。また，最近では統計解析用ソフトウェアによって複雑な計算による解析が簡単に行えるようになったため，モデルがデータを予測する確率を最大化するようにモデルのパラメーターを推定する最尤法を用いて心理測定関数のモデルを最適にあてはめる方法も使われるようになっている。

　恒常法は「大きい」「小さい」など2つの刺激間を比較する課題を用いることで弁別閾を測定することもできる。具体的な手続きや分析の方法についてはⅢ節で紹介する。

④適応法

　古典的な測定法においては，提示する刺激強度はあらかじめ決められているが，

第5章 閾　　値

適応法では実験参加者の過去の試行における反応に応じて提示する刺激強度を変更する。適応的に刺激強度を変更することで，閾値から離れた刺激強度に対する試行が少なくなり効率的であるが，逆に閾値付近の強度の刺激が多く呈示され，実験参加者の心理的負担が大きくなることに注意する必要がある。以下に挙げた方法の他にも，QUEST法（Watson et al., 1983）やΨ法（Kontsevich et al., 1999）など，試行ごとに心理測定関数を推定する高度な方法も開発されており，知覚実験のプログラミングのために用意されたツールにより利用することができるため，近年ではこうした適応的な測定法の使用が増えている。

(a) 階段法（上下法）

階段法は極限法を変形した方法の1つであり，上下法とも言う。極限法と同様に上昇系列と下降系列があるが，極限法と同程度の試行数で多くの系列を行うために，実験参加者による反応が変化したときに系列の方向を上昇から下降，または下降から上昇に反転させる。この系列の反転が6～8回程度のあらかじめ決めておいた回数に達するまで行う。閾値は反転した点の刺激強度を平均して求める。

(b) 変形上下法

階段法はYes/No法のために開発された方法であり，試行を続けていくと「存在する」と応答する確率が0.5に収束する。ある刺激の強度が別の刺激の強度よりも「大きい」か「小さい」かを判断するような強制選択法では，0.5に収束するとどちらかを判別できない偶然の確率に収束することになり適さない。そのため1回の反応ごとに刺激強度を上昇，下降させるのではなく，何回か連続して正反応をした場合に刺激強度を下げることによって，収束する値を操作する方法である変形上下法（Levitt, 1971）を用いる。

(c) PEST法

上下法では刺激強度を一定の値で変化させるが，閾値から大きく離れた値から始めると余計な試行が多くなってしまう。そのため，PEST法（Taylor et al., 1967）では反応により刺激強度が連続して上昇または下降した場合には刺激強度の変化の大きさを2倍にしたり，系列が反転した場合は刺激強度の変化の大きさを半分にしたりするなどのルールを与えて効率化する。事前に設定した刺激強度の変化よりも小さくなったときに系列を打ち切り，そのときの刺激強度を閾値とする。

表1に適応法の各手法の特徴，長所，短所についてまとめたものを示す。

表1 適応法の各手法の特徴，長所，短所

	特徴	長所	短所
階段法 （上下法）	反応が変化したときに上昇・下降系列を反転させる。反転数が一定値に達すると打ち切る。	閾値から離れた刺激強度の試行数を極限法よりも少なくすることができる。	Yes/No法のための方法であり強制選択法に適用できない。
変形上下法	正反応と誤反応の直前の数試行のパターンによって刺激強度を一定量変化させる。	直前の数回の反応を考慮することで，強制選択法にも用いることができる。	測定打ち切りの規則や閾値の推定方法が定まっていない。
PEST法	刺激強度変化の大きさを規則に基づいて変え，その大きさが一定値以下になると打ち切る。	初期値が閾値から離れていても効率的かつ精度良く測定することができる。	上下法などと同様に刺激の変化が実験参加者に予想されやすい。
QUEST法	すべての試行の成績から閾値をベイズ推定し，その値を次の刺激強度として呈示する。	すべての試行の成績が利用される。実験用のツールが容易に利用できる。	適応法全体の短所でもあるが，閾値付近の強度が連続して呈示される。
Ψ法	ベイズ理論に基づき，過去の試行成績から閾値と心理測定関数の傾きを同時に推定する。	閾値と心理測定関数の傾きを同時に求めるのに最適な手法（Klein, 2001）。	QUEST法よりは実装されている実験用のツールが少ない。

II 実験1 恒常法による光の絶対閾の測定

1．問題・目的

　ここでは検出することのできる光の限界値を検討する実験を例にとり，恒常法により絶対閾を測る方法について考える。光の知覚は光覚といい，光の絶対閾はとくに光覚閾という。

　光覚閾は常に一定ではなく，光の波長，呈示時間，サイズによる刺激の特性や，網膜上の呈示位置によって変化する。また，観察者側の生理的，心理的状態によっても変化する。そのため，閾値を測定するためにはこれらの要因を厳密に統制する必要がある。視覚刺激に限らず，絶対閾を測定するための刺激強度は小さいため，刺激の特性や，生体や環境のノイズの影響を受けやすく，知覚に影響を及ぼしうる変数（剰余変数）の統制はとくに気をつける必要がある。光覚が生じるための最小の光の強度を検討するため，実験は暗黒の環境で行う。

第5章 閾　　値

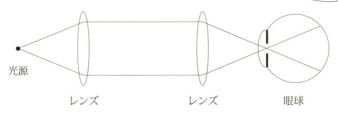

図1　単純化したマックスウェル視光学系の概略図

　網膜に照射される光の量（網膜照度）は瞳孔の大きさに依存するため，伝統的には図1のようなマックスウェル視光学系と呼ばれる光学装置によって瞳孔上に刺激光を収束させて，瞳孔の大きさの影響を受けないようにする方法が用いられてきた。しかし，この装置は大がかりで手間もかかるため，現在ではスクリーン上に呈示された刺激を観察するような，より自然な観察で実験を行うことも多い。このような観察法は自然視と呼ばれる。当然ながら自然視の実験においても実験条件の厳密な統制が必要であり，光覚閾を検討するような実験では瞳孔の大きさが最大になるまで暗順応するなど，できるだけ統制を行う。また，一般的なディスプレイ装置では階調が少なく細かい強度の調整ができないため，光学フィルターを用いて刺激強度を調整することもある。

2．方　　法

①刺　　激

　恒常法では通常7段階前後の刺激を用意し，ほぼ検出されない刺激強度から，ほぼ検出される刺激強度までの範囲を設定する。この刺激強度の範囲はあらかじめ予備的な実験によって決めておき，閾値付近の強度の刺激が呈示されるようにする。刺激光の波長成分，呈示時間，サイズもあらかじめ設定する。

　網膜には錐体と杆体と呼ばれる光を受容する2種類の細胞があり，暗い環境で強度の低い光を検出する場合に機能する感度の高い杆体は，網膜における中心部分から外れた位置に高密度で存在する（Pirenne, 1967）。そのため，光に対する感度も視野の周辺の方が高く，光を検知する限界を検討するには視野の中心から少しずれた位置に刺激を呈示する。

②手続き

　実験参加者は光を遮断した暗室内で椅子に座り，暗い環境に慣れるため，十分に順応するまで待機する。暗順応による感度が最大になるまでには30分程度か

第2部 さまざまな心理学実験

図2　刺激の模式図

かる。実験参加者が光の検出課題を行う際には，あご台や額あてで頭部の位置を固定する。なお，マックスウェル視光学系を用いた実験では光学系の結像位置に瞳孔の位置を合わせる必要があるため，歯科用コンパウンドで歯型を作成し，それをくわえて頭部位置を固定するなど，より厳密な統制を行う必要がある。スクリーン上には視野を固定するための小さな固視点を呈示し，実験参加者はその点を見つめながら少し外れた位置に刺激が呈示されたか，されなかったかを判断し（Yes/No 法），キー押しなどで反応する。その際，聴覚刺激などで視覚刺激呈示のタイミングがわかるような合図を与える。

　刺激は数段階の刺激強度からランダムな順番で呈示され，それぞれの強度の刺激を 100 回程度呈示する。このように多くの回数刺激を呈示するのは，閾値付近の刺激は必ずしもある閾値を境に Yes/No の反応がはっきりと分かれるわけではなく，刺激の強度を大きくしていくと刺激があると知覚できる割合が徐々に上がるためであり，その確率をより精度良く求めるために同じ刺激に対して多数の反応をとる試行を設定する。なお，閾値より十分に強度が低い刺激に対しても見えたと勘違いしてしまったり，刺激がある程度の割合で呈示されているはずだという予期から見えるという反応をしてしまったりということがありうる。Yes/No 法ではこうした当て推量による反応によって実際よりも閾値が小さく見積もられるという問題があるため，Yes/No 法では信号がまったくない試行（キャッチ試行という）を数十回程度まぜて，お手つきや当て推量の反応がどの程度の割合で生じるかを算出し，実験参加者が刺激検出課題に対して集中して臨んでいるかを確認することもある。

　恒常法では刺激の強度が過去の試行とは独立に決定されるため，実験参加者の慣れや期待による誤差を取り除くことができる。恒常法にはこのような長所があるが，閾値から離れた強度の刺激に対しても何度も判断を繰り返す必要があり，測

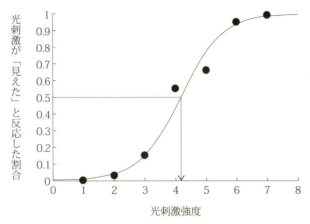

図3　Yes/No法による心理測定関数の例

定に時間がかかるという短所もある。閾値の測定では暗室内で見えるか見えないかという強度の刺激が多く呈示されるので，集中力が低下したり，眠気が生じたりしやすい。そのため，一定の試行数ごとに休憩時間を設定する。また，明らかに強度の強い刺激をダミー刺激として時折呈示し，実験参加者のやる気が低下しないようにすることもある。

3．結果・分析

　横軸を刺激強度，縦軸を光が知覚された割合としてプロットすると，典型的な測定結果は図3のようになる（ここではグラフの横軸は刺激の物理的値ではなく段階値を表す）。刺激強度が0に近いほど光が知覚された割合は0に近く，刺激強度が大きくなると光が知覚される割合は徐々に高くなり，その変化は急になる。さらに刺激強度が大きくなるとその割合は1に漸近し変化もなだらかになる。このようにYes/No法によって得られる心理測定関数は，前節でも説明したように0から1へS字状に変化する関数によって近似できる。心理測定関数がS字型の形となるのは，ある強度の刺激に対するYes/Noの判断が必ずしも一定ではなく，変動があるためである。古典的な閾の理論では，心理測定関数は閾値を境に検出率が0から1に変わる階段関数と仮定し，その閾値が時間的に変動することによって何度も検出の試行を繰り返した場合の心理測定関数がS字型になると考えられてきた。しかし，現在では観察者の内部の変動と刺激の変動によって心理測定関数がS字型を示すと考えられている。

　こうした変動が正規分布に従うという仮定から，この心理測定関数を累積正規

分布関数であてはめることが多い。また，あてはめた関数の縦軸が 0.5 となるときの刺激強度は見えたと判断する確率と見えないと判断する確率が等しい点であり，前述したようにこの値を見えるか見えないかの境目としての閾値と定義するのが一般的である（ただし，0.5 と 1 の中間値である 0.75 となる点や，0.5 から標準偏差分だけ見えた割合が上昇した 0.84 となる点を閾値とすることもある。他の測定法でもそれぞれ基準値は異なる）。

恒常法は試行数が多くなるという短所があるが，それはグラフの横軸に対応する刺激強度に対する反応をまんべんなく測定することによって心理測定関数の全体的な形状が測定結果として観察できるという長所にもなる。また，この心理測定関数のグラフの縦軸が 0.5 のときの傾きは，刺激強度の変化に対してどれほど敏感かという弁別感度の指標ともなる（Ⅲ節「実験 2」の図 5 参照）。

Ⅲ　実験 2　強制選択法による音の高さの弁別閾の測定

1．問題・目的

物体が振動すると空気の圧力が変化し，空気の密度が高い部分と低い部分からなる疎密波が発生する。これが音波であり，音波が耳に伝わり鼓膜を振動させると，聴覚系の働きによって私たちはそれを音として知覚する。音波の基本的な物理的属性は振幅（音圧レベル），振動数（周波数），波形であり，これらはそれぞれ音の大きさの知覚，音の高さ（ピッチ）の知覚，音色の知覚という心理属性に対応する。

音波による最も単純な波形は，横軸を時間，縦軸を音圧として表すと正弦関数に従い周期的に音圧が変化する波形であり，このような音を単一の周波数の波形による混じり気のない音という意味で純音と呼ぶ。周波数が高い純音は高い音として聞こえ，周波数が低い純音は低い音として聞こえる。音波の周波数は 1 秒間あたりの周波数の単位である Hz で表す。

この音の高さの違いはどれくらいの周波数の差で検知できるのだろうか。ここでは音の周波数の弁別閾（周波数弁別能）を測る実験を行うことを考える。また，この弁別閾は基準となる音の周波数によって異なるかについても検討する実験を考える。

2．方　　法

弁別閾を測定する場合も恒常法を用いることができる。ただし，刺激がある

かないかの Yes/No 法ではなく，2 つの刺激のうち，どちらの方が音が高く聞こえるかを 2 件法で判断する課題を行う。このような方法を二肢強制選択法（Two-Alternative Forced Choice：2AFC）という。一般に，m 個の刺激から 1 つの刺激を強制的に選択する場合は mAFC と呼ぶ。視覚の心理物理実験などでは空間的に隣り合う場所に同時に呈示し選択させる方法もよく用いられるが，音刺激を用いる場合は継時的に呈示する。二肢強制選択法による手続きでは，たとえば 1 つ目の刺激を必ず高いと判断したり，あてずっぽうに反応したりした場合の正答率は 0.5 になり，mAFC では 1/m となる。Yes/No 法では Yes と判断する反応を多くするなどの反応バイアスがあると推定される閾値が小さくなってしまうが，強制選択法ではこうした判断基準による影響を受けにくいという特徴（判断基準非依存）がある。

ここでは 2 つの音を比較する二肢強制選択法による実験手続きを設定するが，純音の周波数を 2 〜 4 Hz 程度の比較的ゆっくりとした周期で時間的に変調させて（FM 変調），その変調が検知できる最小の変調量を弁別閾として検討する方法もある。

① 刺　　激

　純音を刺激音として用いる。220，440，880，1,780，3,520 Hz の各基準となる純音（標準刺激）を用意し，そこから少しだけ周波数を増加させた純音刺激（比較刺激）を用意する。絶対閾の実験と同様に，この増加分の範囲はあらかじめ予備的な実験によって決定しておく。音刺激を呈示するときは数十 ms かけて音の振幅を大きくし，音刺激の呈示終了時には同じく数十 ms かけて音の振幅を小さくする。これは，音の振幅が急に増加したり減衰したりすると立ち上がりや立ち下がり時に他の周波数帯域を含むノイズ音が聞こえてしまうためである。標準刺激の振幅は音の高さの弁別閾を変化させる要因となりうるので，刺激音の物理的音圧レベルを測定して同じ振幅値になるようにする。

② 手続き

　実験参加者はヘッドホンによって継時的に呈示される 2 つの純音のうち，1 つ目と 2 つ目のどちらの音がより高い音かを判断する。どちらに高い音を呈示するかは実験プログラムなどによりランダムに決定する。どの周波数の標準刺激を呈示するかについてもランダムな順とする。各反応では「正解」「不正解」が判定できるが，実験参加者に対して「正解」「不正解」のフィードバックを与えるかどう

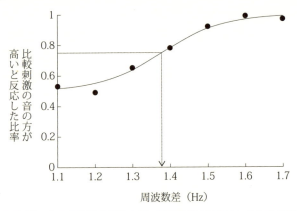

図4　二肢強制選択法による心理測定関数の例（標準刺激が 880 Hz のときの架空のデータ例）

かも決めておく。フィードバックを与えない場合も多い。

　さまざまな音の高さの音が呈示されるので練習試行などで実験参加者があらかじめどのような音が呈示されるかを把握しておくようにするとよい。条件数が多くない場合はすべての刺激条件において一連の試行の手続きを練習試行として行っておくことが多い。練習試行は実験手続きを正しく理解し，適切に反応できるようにするためにも重要である。

　キーボードやマウスによって試行開始の操作をする場合などは，キー押し音やマウスのクリック音が刺激音の判断に影響を及ぼさないように，たとえばキー押しの 2 秒後に刺激音を呈示する。音の厳密な統制は難しく，かつここで想定している実験はかなりの試行数を必要とするが，満足すべき程度まで統制でき，かつ適宜休憩をとるなどして適切なデータがとれるものとする。

3．結果・分析

　横軸を標準刺激と比較刺激の周波数の差（Hz），縦軸を音の高さを正しく判断できた確率とし，架空のデータを例にグラフにプロットすると，図4のようになる。標準刺激と比較刺激の差が十分小さい場合には実験参加者はその差を検知することができないため 0.5 付近になり，差が大きくなるに従って 1 に近づく。弁別閾は心理測定関数をあてはめ，0.75 と交わる点とする。この実験では周波数の増加分を検討したので上弁別閾（または増分閾という）を測定したことになる。

　各周波数条件において弁別閾を求めると，440，880，1,780 Hz ではだいたいもとの刺激強度と弁別閾との比が 0.15％から 0.25％と非常に小さく，またほと

第 5 章 閾 値

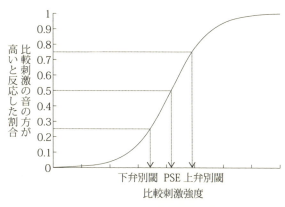

図5　Yes/No 法による弁別閾の推定

んど差がない。すなわちウェーバーの法則が成立している。なお，音の高さの弁別閾においては，弁別閾の対数ともとの刺激強度の平方根の比にするとさらに広い周波数範囲において一定となるという報告がある（Wier et al., 1977）。

　ここでは強制選択法により弁別閾を測定する実験を考えたが，標準刺激と比較刺激を明示し，標準刺激に対して比較刺激が高く知覚されるかどうかをYes/Noで判断してもらう方法でも弁別閾は算出できる。この場合は図5のように絶対閾のYes/No 法と同様に0付近から1付近まで単調増加する心理測定関数が得られる。このとき，0.5 の値となる刺激強度は標準刺激と比較刺激の主観的等価点（PSE）であり，PSE よりも周波数の高い刺激に対しては 0.5 より大きい反応率となり，PSE よりも周波数の低い刺激に対しては 0.5 よりも小さい反応率となる。この反応率が 0.75 となる点における刺激強度と PSE の刺激強度の差分を上弁別閾，0.25 となる点における刺激強度と PSE の刺激強度の差分を下弁別閾と定義することが多い。またこれらの平均値を弁別閾とする。

IV　まとめ

　本章では，感覚・知覚の心理物理学実験において重要な概念である閾値について解説し，調整法，階段法，恒常法，適応法などの閾値を測定するためのさまざまな方法について紹介した。また，恒常法を用いて絶対閾，弁別閾を測定する具体的な実験の例を紹介した。本章では恒常法を用いた実験例のみを紹介したが，他の測定法も心理物理学実験で一般的に用いられ，それぞれに長所，短所，および各測定法に特有の注意すべき点がある。そのため，各手法の特徴を理解し，実

験の目的に応じて最適な手法を選択できるようになっておくことが重要である。また，実際の閾値の測定において心理測定関数に影響を及ぼすのは刺激に対する観察者の検出力だけではないことに注意する必要がある。本節でも触れたが，恒常法における Yes/No 法の実験などでは実験参加者の期待やバイアスなどの判断基準が結果に大きく影響を及ぼす。古典的な測定法では純粋な感覚・知覚以外の変数の影響を考慮していないため，第 7 章において扱う信号検出理論を用いて感覚・知覚以外の要因による変動を分離して検討することが必要になる場合もある。

◆学習チェック
□ 絶対閾，弁別閾について理解した。
□ さまざまな閾値の測定法について理解した。
□ 閾値を測定する実験手続きについて理解した。
□ Yes/No 法，強制選択法について理解した。

より深めるための推薦図書
　市川伸一編（1991）新心理学ライブラリ 13 心理測定法への招待―測定からみた心理学入門．サイエンス社．
　ゲシャイダー Gescheider, G. A.（宮岡徹監訳）（2002）心理物理学―方法・理論・応用 上巻・下巻．北大路書房．
　内川惠二総編集，岡嶋克典編（2008）講座 感覚・知覚の科学 5 感覚・知覚実験法．朝倉書店．
　大山正監修，村上郁也編著（2011）心理学研究法 1 感覚・知覚．誠信書房．

文　献
Klein, S. A.（2001）Measuring, estimating, and understanding the psychometric function. psychometric function: A commentary. *Perception & Psychophysics*, 63; 1421-1455.
Kontsevich, L. & Tyler, C.（1999）Bayesian adaptive estimation of psychometric slope and threshold. *Vision Research*, 39; 2729-2737.
Levitt, H.（1971）Transformed up-down methods in psycho-acoustics. *The Journal of the Acoustical Society of America*, 49; 467-477.
Pirenne, M. H.（1967）*Vision and the Eye*. Chapman & Hall.
Taylor, M. M. & Creelman, C. D.（1967）PEST: Efficient estimates of probability functions. *The Journal of the Acoustical Society of America*, 41, 782-787.
Watson, A. & Pelli, D.（1983）QUEST: A Bayesian adaptive psychometric method. *Attention, Perception and Psychophysics*, 33; 113-120.
Wier, C. C., Jesteadt, W. & Green, D. M.（1977）Frequency discrimination as a function of frequency and sensation level. *The Journal of the Acoustical Society of America*, 61, 178-184.

第6章

反応時間

宮谷真人

Keywords 反応時間，記憶走査，プライミング，心的回転（メンタルローテーション）

1 はじめに

　赤信号を見てブレーキを踏む。日頃自動車を運転する人であれば，ほとんど自動的に生じる行動だと思われる。それでも，周りの景色や時間帯などの状況によって，あるいは考えごとをするなど運転者の状態によって，同じ赤信号でも気づきにくいことがあるだろう。また，赤信号や前を横切る人に気づいてからブレーキを踏むまでに要する時間は，通常加齢とともに長くなっていく。刺激が提示されてからそれに対する反応が生起するまでに要する時間の長さを反応時間（reaction time: RT）と呼ぶ。反応時間は，刺激の処理に要する時間，処理結果に基づき何らかの判断や選択を行う時間，反応に必要な運動を実行する時間などによって決定されることから，目に見えない心的過程について推測するための有力なツールとなる。

1．反応時間研究のルーツ

　「こころ」の測定法の源流の1つに，19世紀初頭にドイツの天文学者ベッセル Bessel, F. W. が提唱した個人方程式がある。当時の天文台では，星の子午線通過時刻を測定するのに，耳で時計の音を聞きながら，目で望遠鏡の中心線を通過する星を観察するという方法をとっていた（大山，1994）。グリニッジ天文台長のマスケライン Maskelyne, N. が助手の観測時刻に遅れがあることを理由にその助手を解雇した事件に注目したベッセルは，観測の遅れが助手の怠慢によるのではなく，反応時間の個人差によるものではないかと推測し，実験によって，個人間の観測値の違いは，個人定数の加減で修正可能であることを示した。これは，反

図1 記憶走査の過程

応時間およびその個人差に注目した最初の研究であるといえる。

オランダの眼科医でありユトレヒト大学の生理学の教授であったドンデルスDonders, F. C. は，減算法と呼ばれる方法で，人間の心的処理に係る時間を測定しようと考えた。刺激が1種類で，それが提示されたらできるだけ素早く反応する（単純反応あるいは簡単反応：simple reaction）課題と複数種類の刺激に対してそれぞれ異なる反応をする（選択反応：choice reaction）課題で反応時間を比べると，選択反応時間が単純反応時間よりも長い。それは，選択反応時間には，単純反応には必要ない刺激の弁別と反応の選択に要する時間が含まれるからであろう。複数種類の刺激のうち特定の刺激に対して反応する，あるいはすべて同じ反応をする（弁別反応：discrimination reaction）課題は刺激の弁別のみ必要な課題なので，弁別反応時間から単純反応時間を引けば刺激の弁別に必要な時間が，選択反応時間から弁別反応時間を引き算すれば反応の選択に必要な時間がわかるという理屈であった。しかし，弁別反応時間が選択反応時間より長くなる場合があるなど，この方法には限界があった。

2．反応時間研究の展開

反応時間は，刺激の性質や課題の複雑さ，実験参加者の特性や状態によって変動する。反応時間を指標として心的過程を推測しようとする場合，反応時間に影響する変数（独立変数）と従属変数としての反応時間を結びつける理論が必要となる。スタンバーグSternberg, S. の記憶走査実験（Sternberg, 1966）は，実験的な操作とそれに伴う反応時間の変動について，次のような仮説に基づいて実施され，その後の反応時間を指標とする研究の隆盛のきっかけの1つとなった。

スタンバーグは，実験参加者に1〜6個の数字や文字を覚えさせた後に検査項目を1つ提示し，それが覚えた数字や文字の中にあったか否かの判断を求めた。この課題の遂行に関わる過程として，刺激（検査項目）の符号化，短期記憶内での比較照合，反応決定，反応出力の4つが想定される（図1）。比較照合がどのように行われるかについては，①1つずつ順番に照合を行い，すべての照合を終えてから反応する（系列的悉皆走査），②該当項目を発見するとそこで照合を終えて反応する（系列的自己打切り型走査），③すべての照合を同時に行いどれかの項目

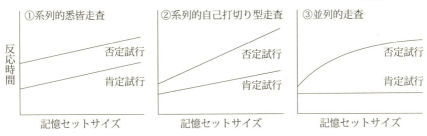

図2　3つの比較照合タイプによる結果の違い（Snodgrass et al., 1985, p. 94 を改変）

が該当した場合に反応する（並列的走査）の3つの可能性が考えられる（図2）。

　記憶項目の数（記憶セットサイズ）の増減は，比較照合過程のみに影響し，他の過程には影響しないとすると，系列的悉皆走査の場合，記憶項目を1項目ずつ順番に検査項目と比較していくため，記憶セットが大きくなるほど反応時間は直線的に遅くなる。また，テスト項目と記憶項目が一致した場合でも，最後の項目まで比較照合が行われるため，肯定試行（テスト項目が記憶セットに含まれる試行）であっても，否定試行（テスト項目が記憶セットに含まれない試行）であっても，直線の傾きは変わらない。系列的自己打切り型走査の場合，肯定試行では一致する項目が見つかると比較照合が打ち切られるので，実験全体で見れば走査は記憶セットサイズの半分の回数行われることになり，肯定試行の直線の傾きは，否定試行の半分になると予想される。並列的走査の場合には，すべての項目に対する比較照合が同時に行われるので，同時に処理できる範囲であれば，肯定試行では記憶セットサイズにかかわらず反応時間は一定になると考えられる。スタンバーグ（Sternberg, 1966）の実験では，図3に示すような結果が得られた。肯定試行と否定試行で反応時間の長さや記憶セットサイズに伴う変化量がほぼ同じとなり，1項目の走査に約40 msを必要とする系列的悉皆走査を支持する結果となった。

　その後のさまざまな研究で，短期記憶内の項目の検索に関して系列的悉皆走査モデルでは説明できない結果が示されている。しかし，反応時間を用いて目に見えず意識にも上らない心的過程をモデル化したスタンバーグの研究は，その後の認知研究に大きな影響を与えた。反応時間を指標として認知過程の特性を推測する手法は心理時間計測法（mental chronometry）と呼ばれ，実験心理学や認知心理学の主要なパラダイムの1つとなっている。本章で紹介する語彙判断課題や心的回転課題の他，文字照合課題（Posner et al., 1969），視覚探索課題（Treisman, 1980），長期記憶からの検索課題（Collins et al., 1969）など，おおむね1〜2秒

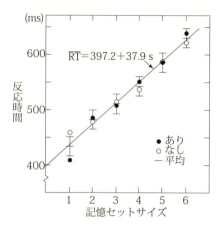

図3　スタンバーグ（Sternberg, 1966）の実験結果（岡，1993，p. 156 を改変）

以内の範囲で遂行可能な比較的簡単な課題に関与する心的過程を推測する指標として，反応時間が使用されている。

　ところで，刺激に対して素早く反応しようとすればするほど間違いが多くなり，逆に間違えないように慎重に反応すると反応時間は長くなる。このように反応時間と反応の正確さはトレードオフの関係（speed-accuracy tradeoff）にある。そのため，反応時間の測定に際しては，実験参加者に，できるだけ素早くかつ正確に反応するよう教示することが多い。また，通常考えられないくらい短い反応時間（尚早反応）や長い反応時間が得られた場合には，特異値として分析から除くことがある。特異値かどうかの判断基準は必ずしも決まっていないが，一定の基準，たとえば平均値から標準偏差の2倍離れた値を除くようなやり方もある。反応時間は，正規分布でなく右裾が長い（歪度が正の）分布をとる場合が多いので，代表値として算術平均ではなく中央値を採用したり，対数変換などにより分布を補正したりすることもある。

　なお，反応時間と類似した用語として潜時（latency）がある。反応時間が主として人間が何らかの判断に基づいて行う行動に関して用いられるのに対し，潜時は，動物の反応や，眼球運動などの生理的反応について用いられることが多い。

II　実験1　反応時間で意味記憶の構造を探る

1．問題・目的

　人間の記憶は，情報が保持される時間の長さ（感覚記憶，短期記憶，長期記憶），

保持される記憶の内容（宣言的記憶，手続き的記憶，自伝的記憶，展望記憶），想起時の意識の有無（潜在記憶と顕在記憶）など，さまざまな観点から分類される。その1つに，タルヴィング（Tulving, 1972）によるエピソード記憶と意味記憶の区別がある。エピソード記憶とは，時間的・空間的文脈に位置づけることのできる個人的経験に関する記憶であり，意味記憶は，言語や概念などの一般的知識としての記憶である。

　意味記憶の特性を調べる方法の1つに，プライミングパラダイムによる実験がある。プライミングとは，特定の刺激を体験することが後続する刺激の処理に影響することである。反応時間が短縮されるなど処理が促進されることが多いが，抑制的な影響がもたらされることもある。プライミングパラダイムによる代表的な研究として，語彙判断課題を用いたメイヤーら（Meyer et al., 1971）がある。語彙判断課題とは，提示された文字列が有意味語か無意味語かの判断を求める課題であり，反応時間が主要な指標となる。

　メイヤーら（Meyer et al., 1971）の実験では，たとえばまず「パン」という文字列を提示して語彙判断を求め，続けて「バター」を提示して語彙判断を求めるという手続きをとった。最初の刺激（以下，プライム）と次の刺激（以下，ターゲット）が意味的に関連する条件と「パン－医者」のように無関連な条件の反応時間を比較すると，語彙判断に要する時間は無関連条件よりも意味的関連条件で短かった。このような刺激間の意味的関連性に基づくプライミング効果を意味的プライミング（semantic priming）と呼ぶ。その他に，同じ刺激を反復することによる直接プライミング（direct priming；あるいは反復プライミング（repetition priming））などもある。

　意味的プライミング効果について説明する理論として，コリンズら（Collins et al., 1975）に代表される活性化拡散理論がある（図4）。この理論では，概念は意味的関連によってつながったネットワーク構造をしており，ネットワーク内の特定の概念が活性化されるとそれがリンクを伝わって他に拡散していくと考えられている。たとえば「乗り物」という単語が処理されると，その活性化が「バス」や「トラック」に拡散していく。その状態でターゲットとして「バス」が提示されると，それはすでにある程度活性化しているため，処理が促進されて判断に要する反応時間は短くなる。

　この実験では，語彙判断課題を用いて，プライムとターゲットの意味的関連性に基づくプライミング効果について調べてみよう。

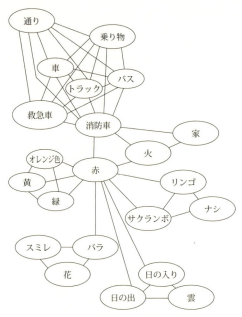

図4　記憶のネットワーク構造（Collins et al., 1975, p. 412 を改変）

2. 方　　法

①刺　　激

　プライムとターゲットには，日本語の単語を用いる。その単語で最もよく使用される表記形態（平仮名，片仮名，漢字）を使用する。文字数は，たとえば平仮名や片仮名では3文字（たとえば，「こたつ」「ベルト」），漢字（たとえば，「学校」）では2文字というように，統一する。プライムとターゲットは，同じ表記形態とする。意味的に関連する単語対を60対作成し，一方の単語をプライム，もう一方の単語をターゲットとする。60対を2つのセット（セットA，セットB）に分け，一方は意味的関連条件（SR条件）の刺激として用いる。もう一方のセットでは，対のどちらかの単語を意味的に無関連な単語に置き換え，意味的無関連条件（UR条件）の刺激とする。参加者の半数ではセットAをSR条件，セットBをUR条件で用い，残りの半数では逆に，セットAをUR条件，セットBをSR条件で使用する。これによって，実験者が気づかない刺激セットの性質の違いの影響を小さくすることができる。

　語彙判断を行うためには，ターゲットが無意味語の刺激（NO条件）が必要で

ある。そのため，SR条件，UR条件で用いる単語とは無関連な単語60語と，無意味語を組み合わせた刺激対を60対作成する。無意味語は，実験で使用されない単語の綴りのうち1文字を他の文字と置き換える（たとえば，「さいふ」を「さまふ」）ことにより，作成する。

　以上で作成したSR条件対30対，UR条件対30対，NO条件対60対から，実験で用いるリストを3つ作成する。どのリストにもSR条件対10対，UR条件対10対，NO条件対20対が含まれるようにする。各リスト内の刺激の提示順序はランダムになるようにする。実験用リストの他に，練習用の刺激リストも用意する。

② 要因計画

　プライムとターゲットの意味的関連性に関する参加者内1要因計画とする。プライムとターゲットが意味的に関連するSR条件と，無関連なUR条件を設ける。なお，語彙判断課題を行うために，ターゲットが無意味語であるNO条件も設ける。

③ 手続き

　まず，参加者に課題を理解し，慣れてもらうために，練習試行を20試行程度行う。プライムが提示されたら黙読すること，ターゲットが提示されたらそれが有意味語であるか否かをできるだけ速く，かつ正確に判断して，2つのスイッチを押し分けて回答することを教示する。参加者の半数は有意味語に対して右手のスイッチ，無意味語に対して左手のスイッチを押すように求める。他の参加者では反応する手を入れ替える。

　各試行では，まず凝視点（+の記号や，＊＊＊など）を1,500 ms提示し，100 msのブランクの後，プライムを200 ms提示する。さらに100 msのブランクをおいた後にターゲット刺激を提示する。ターゲットは参加者がスイッチを押して反応するまで提示するが，提示開始後2,000 ms経っても反応がない場合には誤答とし，次の試行に進む。1つの刺激リストが終了するごとに適宜休憩をはさみ，3リスト，計120試行を実施する。

3．結　　果

① 反応時間

　SR条件とUR条件で得られた反応時間を分析の対象とする。誤反応（無反応を

含む）は分析から除外する。まず参加者ごとに各条件の試行の反応時間のヒストグラムを描いてみる。他の試行に比べて極端に反応時間が長い試行については分析から除き，条件別の平均反応時間を計算する。分布が正規分布から大きく偏っている場合には，平均値の代わりに中央値を用いてもよい。すべての参加者について得られた値を平均し，SR条件とUR条件を比較して意味的プライミング効果が生じているか，すなわち，UR条件に比べてSR条件の反応時間が短いかどうかを確かめる。

②誤答率

参加者ごとに，すべての条件の誤答率を集計し，反応時間とのトレードオフが生じていないかどうかを確認する。次に，肯定的反応（SR条件とUR条件）と否定的反応（NO条件）の間で，誤答率に違いがないかを確かめる。さらに，すべての参加者について得られた値を平均し，SR条件とUR条件を比較して，反応の正確さという点で意味的プライミング効果が生じているか，すなわち，UR条件に比べてSR条件の誤答率が小さいかどうかを確かめる。

4．考　　察

反応の速さと正確さの観点から，意味的プライミング効果が生じているかどうかを判断する。生じている場合には，この結果から，意味記憶の構造や検索のメカニズムについてどのような推測ができるかを考察する。もしも意味的プライミングが生じていなければ，その原因について考えてみよう。刺激は適切であったか，教示は適切であったか，参加者は教示通りに課題に取り組んでいたか，他に統制すべき要因はなかったか，などについてデータに基づいて検討してみよう。

意味的プライミング効果は，プライムとターゲットの時間間隔，刺激リストの中のSR条件対の割合，課題などによって影響を受ける。具体的にどのような影響を受けるのかをニーリー（Neely, 1991）などを参考にして調べてみよう。

III　実験2　反応時間で心的イメージの性質を探る

1．問題・目的

絵画や音楽など，言語で表現できない対象が心の中でどのように表現され，処理されるのかは，心理学の重要なテーマの1つである。シェパードら（Shepard et al., 1971）は，図5に示すような一対の三次元図形を同時に提示し，2つの図

第 6 章　反応時間

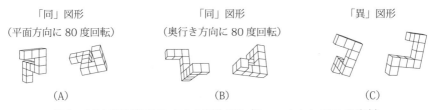

図 5　心的回転実験で用いられた刺激の例（Shepard et al., 1971 を改変）

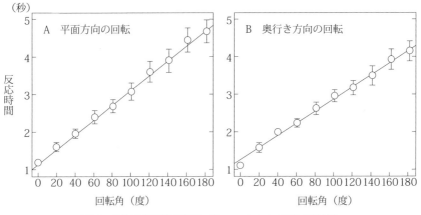

図 6　心的回転実験の結果（Shepard et al., 1971 を改変）

形が同じ（回転させると重なる）か，異なるかの判断を求めた。3 種類の図形対があり，同じ図形の一方を平面方向に回転させたもの（図 5A），同じ図形の一方を奥行き方向に回転させたもの（図 5B），および異なる図形の対（図 5C）であった。

　2 つの図形の角度のズレと反応時間の関係を調べたところ，反応時間はズレの角度が大きくなるほど直線的に増大した（図 6）。この結果から，2 つの刺激を比較する際に，一方の刺激のイメージを内的（心的）に回転させるような処理が行われていることが推測できる。また，この実験では，平面方向の回転でも奥行き方向の回転であっても，回転角度に伴う反応時間の増加率はほぼ同じであったことから，二次元の物体ではなく三次元の物体としてイメージの処理が行われていたと考えられる。

　シェパードら（Shepard et al., 1971）以降，二次元の無意味図形，文字，ドットパターン，手のイメージ，立方体の展開図などを刺激とした心的回転（メンタル・ローテーション）研究が報告されており，図形の異同判断が用いられる課題

第2部　さまざまな心理学実験

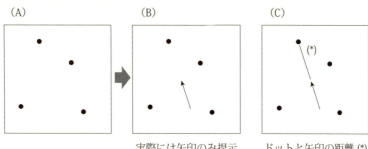

図7　フィンケのイメージ走査実験で使われた刺激の例（市川，1991，p.81 を改変）

では一貫して，反応時間が回転角の一次関数として増加している（下條，1981）。

また，フィンケ（市川，1991 による）は，図7のAに示すようなドットパターンを実験参加者に提示し，その後ドットパターンを消した後，矢印を提示した。課題は，矢印が消去された点のどれかにまっすぐ向かっているかどうかを判断することであった。参加者の内省報告によると，この課題を遂行するためには，ドットパターンのイメージを思い浮かべ（図7B），矢印が示す方向にイメージを走査して，ドットのどれかにぶつかるかどうかを判断する（図7C）ことが必要であった。その結果，ドットと矢印との距離が長くなるにつれて，判断に必要な時間も長くなった。フィンケは，この結果から，イメージの走査という処理過程の存在を主張している（市川，1991）。

この実験では，岩永（1993）に倣い，二次元の無意味図形を用いたクーパー（Cooper, 1975）の手続きに基づいて，心的回転の特性について調べてみよう。

2．方　　法

①刺　　激

二次元の無意味図形（図8）を用いる。アトニーヴら（Attneave et al., 1956）を参考にして，複雑さの異なる刺激（図8は，六角形と十二角形の例）を，それぞれの複雑さについて5種類程度作成する（標準刺激）。各図形について鏡映像となる刺激を準備し，さらに，すべての標準刺激と鏡映像を60度ずつ回転させた刺激を作成する。刺激の提示にはパソコンを用いる。刺激の大きさは一定とし，観察時に視角で2度程度になるようにする。実験で使用する刺激の他に，課題の説明のための刺激を準備する。

標準刺激　　　鏡映像　　　　標準刺激　　　鏡映像

六角形　十二角形

図8　実験で用いる刺激の例（Cooper, 1975 より作成）

② 要因計画

　刺激の複雑さ，反応の種類（標準刺激か鏡映像か），回転角度の3要因を扱う。すべて参加者内要因とする。実験時間の制約がある場合には，刺激の複雑さの要因を省く，刺激の種類を5個から減らす，回転角度を90度おきにするなど，実施時間を短くする工夫をしてもよい。

③ 手続き

　最初に，説明用の刺激を用いて，課題について説明する。実験参加者の課題は，テスト刺激が，角度に関係なく，標準刺激と同じか鏡映像であるかを2つのスイッチを押し分けて回答することである。

　練習試行を24試行程度行った後，実験試行を実施する。各試行では，まず回転していない標準刺激を 3,000 ms 提示し，1,000 ms のブランクの後，テスト刺激を提示する。テスト刺激は参加者がスイッチを押して反応するまで提示するが，提示開始後 3,000 ms 経っても反応がない場合には誤答とし，次の試行に進む。

　テスト刺激には，標準刺激（複雑さ（2）×5の10個）ごとに，反応の種類（2）×回転角度（6）の12種類があり，これらを等確率，かつランダムな順序で提示する。標準刺激×テスト刺激の120の組み合わせそれぞれについて，20試行を実施する。参加者の半数は標準刺激に対して右手のスイッチ，鏡映像に対して左手のスイッチを押して回答する。他の参加者では反応する手を入れ替える。試行の途中で，適宜休憩をはさむ。

3．結　　果

① 反応時間

　反応時間は，正反応試行のみを分析の対象とする。まず参加者，刺激ごとに，反応の種類，回転角度を組み合わせた条件別に反応時間のヒストグラムを描いてみる。他の試行に比べて極端に反応時間が長い試行については分析から除き，条件別の平均反応時間を計算する。続いて，刺激の複雑さが同じ5個の刺激の値を集約する。

参加者別の分析が終わったら，全参加者の値を平均し，刺激の複雑さと反応の種類を組み合わせた条件別に，回転角度を横軸，反応時間を縦軸にとって平均反応時間をプロットする。さらに，回帰直線を描き，傾きと切片を計算する。

②誤答率

参加者ごとに，刺激別の誤答率を集計する。他と比べてとくに誤答が多い図形あるいは参加者については，分析の対象から除く。

4．考　察

回転角度に伴う反応時間の変化から，この実験で生じたと思われる心的回転に，過去の研究（Cooper, 1975; Shepard et al., 1971 など）と比較してどのような特徴があるかを調べよう。もし異なるとしたら何が原因かを考えよう。また，回帰直線の傾きの比較などから，刺激の複雑さが心的回転に影響しているかどうかを確認してみよう。その結果から，心的回転について何がわかるだろうか。

IV　まとめ

市川（1991）によると，反応時間を指標とした研究は2つに大別できる。1つは，スタンバーグの記憶走査実験のように，反応時間を処理に要する時間（たとえば，短期記憶内の走査には，1項目あたり 40 ms を要する）を示すと考えるものである。もう1つは，反応時間をたんに課題の難易度などの違いを表す指標として定性的に用いるものであり，本章で扱った意味的プライミング実験はこれにあたる。

前述したように，反応時間は，刺激の性質や課題の複雑さ，実験参加者の特性や課題への取り組み方などによって大きく変動する。記憶走査実験や心的回転実験では，1項目あたり，あるいは一定の角度ごとに増加する反応時間が短期記憶内の走査時間やイメージの回転速度そのものを反映すると仮定しているが，それは他の要因の影響がない理想的な状況ではじめて成り立つことであり，ほとんどの研究では，反応時間を定性的な指標として扱うのが適切であるように思われる。また，反応時間の変動が心理過程のどのような側面を反映しているのかについて，心理物理学的測定や心理生理学的アプローチなど，反応時間以外の指標で得られた知見とあわせて考えることが必要である。

第 6 章　反応時間

◆学習チェック
☐　反応時間が現代の心理学の研究で用いられる理由を理解した。
☐　プライミングという現象——特定の刺激を体験することが後続する刺激の処理に影響すること——があることを理解した。
☐　心的イメージに対して視覚的イメージと同様の心的操作が行われていることを示す根拠について理解した。
☐　反応時間を測定，分析する際には，同時に誤答率も考慮しなければならない理由を理解した。

より深めるための推薦図書

市川伸一編（1991）新心理学ライブラリ 13 心理測定法への招待—測定からみた心理学入門．サイエンス社．
宮谷真人・坂田省吾・林光緒ら編（2009）心理学基礎実習マニュアル．北大路書房．
日本基礎心理学会監修（2018）基礎心理学実験法ハンドブック．朝倉書店．

文　　献

Attneave, F. & Arnoult, M. D.（1956）The quantitative study of shape and pattern perception. *Psychological Bulletin*, 53; 452-471.
Collins, A. M. & Loftus, E. F.（1975）A spreading activation theory of semantic processing. *Psychological Review*, 82; 407-428.
Collins, A. M. & Quillian, M. R.（1969）Retrieval time from semantic memory. *Journal of Verbal Learning and Verbal Behavior*, 8; 240-247.
Cooper, L. A.（1975）Mental rotation of random two-dimensional shapes. *Cognitive Psychology*, 7; 20-43.
市川伸一編（1991）新心理学ライブラリ 13 心理測定法への招待—測定からみた心理学入門．サイエンス社．
岩永誠（1993）心的回転．In：利島保・生和秀敏編：心理学のための実験マニュアル—入門から基礎・発展へ．北大路書房，pp. 166-169.
Meyer, D. E. & Schvaneveldt, R. W.（1971）Facilitation in recognizing pairs of word: Evidence of a dependence between retrieval operations. *Journal of Experimental Psychology*, 90; 227-234.
Neely, J. H.（1991）Semantic priming effects in visual word recognition: A selective view of current findings and theories. In: D. Besner & G. W. Humphreys (Eds.): *Basic Processing in Reading: Visual Word Recognition*. Lawrence Erlbaum, pp. 264-336.
岡直樹（1993）短期記憶．In：利島保・生和秀敏編：心理学のための実験マニュアル—入門から基礎・発展へ．北大路書房，pp. 154-159.
大山正（1994）反応時間研究．In：梅本堯夫・大山正編：心理学史への招待—現代心理学の背景．サイエンス社，pp. 81-89.
Posner, M. I., Boies, S. J., Eichelman, W. H. et al.（1969）Retention of visual and name codes of single letters. *Journal of Experimental Psychology*, 79; 1-16.
Shepard, R. N. & Metzler, J.（1971）Mental rotation of three-dimensional objects. *Science*, 171; 701-703.
下條信輔（1981）メンタル・ローテーション実験をめぐって—イメージ研究の方法論の一考察．

心理学評論, 24; 16-42.

Snodgrass, J. G., Levy-Berger, G. & Haydon, M. (1985) *Human Experimental Psychology.* Oxford University Press.

Sternberg, S. (1966) High-speed scanning in human memory. *Science,* 153; 652-654.

Treisman, A. M. & Gelade, G. (1980) A feature-integration theory of attention. *Cognitive Psychology,* 12; 97-136.

Tulving, E. (1972) Episodic and semantic memory. In: E. Tulving & W. Donaldson (Eds.): *Organization of Memory.* Academic Press, pp. 381-403.

第7章

正答率と信号検出理論

永井聖剛

Keywords 正答率，天井効果，床効果，信号検出理論，刺激検出力（*d'*），判断基準（*c*），反応バイアス（*C*），ROC 曲線

I はじめに

　正答率は反応時間と並んで実験心理学で用いる一般的な反応指標の1つである。正答率は，各条件や水準における試行数に対し正答した比率を表したものである。基本的に高い正答率はよい成績を示す。条件間の正答率を比較することで認知情報処理の特徴を探り，また個人間のパフォーマンスの差異を検討することができる。本章では正答率を用いた記憶に関する実験を紹介し，正答率を用いる際の基礎的な注意点を学習する。

　続いて，信号検出理論について2つの実験を挙げて解説する。信号検出理論は観察者の反応を正答と誤答という2カテゴリーに分類するのではない。信号が提示される試行における正答（ヒット）と誤答（ミス），信号が提示されない試行における正答（コレクト・リジェクション）と誤答（フォールス・アラーム）の4カテゴリーに分類し，より詳細に観察者のパフォーマンスを分析するものである。具体的には，観察者の刺激検出能力と判断基準の変動を分離して記述する。これらの指標の意味や計算について，正答率との比較を行いつつ紹介する。

II 実験1　単語記憶の系列位置効果

1．問題・目的

　10個の単語リスト（刺激系列）は，系列内の提示位置によって記憶しやすさが違うのだろうか？　ここでは，提示された順序にこだわらず自由な順序で回答させる自由再生法[注1]を用いて，正答率を指標とした実験を行う。すなわち，刺

激系列の特定の位置で正答率が高くあるいは低くなるのかを検証する実験を行う。このように系列位置によって記憶成績が異なることを系列位置効果という。

　今回の実験を適切に行うために，提示する単語に記憶しやすさの差が生じないように配慮する必要がある。刺激系列の中で特定の単語が被験者の個人的な経験との関与が高いために強く注目される場合（たとえば，好きな動物名），期待される系列位置効果とは無関係にその単語が記憶されやすくなってしまう。このような剰余変数の混入を防ぐため（第2章参照），本実験では無意味語（梅本ら，1955）を用いることとする。

　記憶情報処理はその保持時間によって大きく3つに分けられる。すなわち，感覚器で受け取った情報を瞬間的に保持する感覚記憶，感覚記憶の中から選択された情報を約30秒ほどを限度として一時的に保持する短期記憶，リハーサル（復唱）等を行うことによって短期記憶の保持時間を超えた保持を可能とする長期記憶に分類される。本実験では系列位置のはじめと終わりの単語で正答率が高くなると予測する。提示される単語を記憶する場合，はじめの単語は十分にリハーサルすることができ短期記憶の制限時間を超えて保持されやすくなるため正答率が高くなる（初頭効果）。これに対して，系列位置の中央以降ではリハーサルが十分にできなくなる。また，系列位置の終わりの単語は回答時にまだ短期記憶に保持されている可能性が高く，正答率が高くなる（新近性効果）。

2. 方　　法

①無意味語

　梅本ら（1955）の清音2音節有意味度表から，有意味度の低い無意味語を抽出し実験で使用する。ただし，梅本らの有意味度表が作成されたのは60年以上前であることに留意し，現代において意味をもつと考えられる単語は有意味度が低くとも使用しないようにすべきである。無意味単語10語を1リストとし本実験用に10リスト，練習用に1リスト用意する。

②実験計画

　被験者内1要因実験計画とする。独立変数は系列位置（10）とする。

③手続き

　各試行では作成したリストに基づき順番に無意味語を1語ずつ提示する。パワ

注1）　自由再生法に対し，系列再生法では提示された順に回答が求められる。

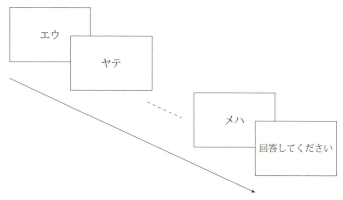

図1　各試行の刺激例

注）10個の無意味語を順番に提示し，提示後に自由再生で回答を求める。

一ポイントあるいは実験制御ソフト等を用いディスプレイ上に，各単語を2秒間，その後，ブランク画面を0.5秒間提示し，10単語分繰り返す。単語提示終了後，被験者に画面に現れた単語を提示順にこだわらず回答用紙に記入するよう求める。以上を1試行とし，練習1試行を行った後，本試行20試行を行う。以上の手続き以外にも，予備実験を行い，途中に休憩を入れるか否か，回答の制限時間を設けるか等を検討するとよい。

3．結　　果

①各系列位置における再生率

それぞれの被験者について，各系列位置において正しく回答できた割合，すなわち正答率を計算する。本実験では正答率は正しく再生できた割合を意味しており正再生率と表現する。全被験者について得られた値を，各系列位置で平均する（図2）。図2を見ると系列位置のはじめと終わりで平均正再生率が高くなっており，初頭効果，新近性効果が生じていることがわかる。

4．考　　察

①実験条件のバリエーション──妨害課題の挿入

本実験では無意味語を提示し被験者に直後自由再生を求め，初頭効果および新近性効果という系列位置効果が得られた。予測の通り，前者はリハーサルによる保持の促進，後者は短期記憶に単語の情報が保存されていたために効果が生じたものと考えられる。では，直後に自由再生を行わず，自由再生を行うまでに遅延

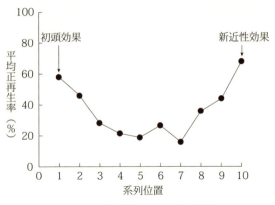

図2　各系列位置における平均正再生率

を設けると結果はどのように変化するだろうか。単語リスト提示後，30秒程度の妨害課題（たとえば，数字の引き算）を課した後に自由再生を求めると，系列位置の終わりで提示された単語は短期記憶にもはや保持されておらず，新近性効果は消失するものと思われる。

②正答率使用の注意点

　正答率を指標として用いる場合に，注意すべき点を挙げる。まず，とても基本的なことではあるが，試行数によって個人データにおける正答率のとりうる値の解像度が異なる。本実験で試行数を4とした場合，とりうる正答率は25％刻みとなり，各系列位置での真の正答率差を反映した結果が得られない。ただし，多ければよいということもなく，100試行行い1％刻みで個人の正答率を表現する必要はないであろう。被験者の疲労を考えても適度な試行数で実施すべきである。

　次に，被験者の正答率をほどよい範囲に収め，条件差や個人差を反映しなければならない。しかし，課題が簡単すぎる場合や難しすぎる場合，条件や個人に関わりなく正答率が非常に高く（天井効果：ceiling effect），あるいは非常に低くなり（床効果：floor effect），指標としての機能を果たさなくなる。本研究を例に挙げると，刺激系列が短い，単語提示時間が長い，被験者が熟知したカテゴリーの有意味語を用いるなどした場合には天井効果が生じ，単語提示時間が短い，音節の長い無意味語を用いるなどした場合には床効果が生じる可能性が高くなるであろう。複数の被験者群や条件を設ける場合には，天井効果，床効果に陥ることなく群や条件の差を表すような刺激，課題設定に注意を払うべきである。

正答率と反応時間と組み合わせて使用することも多い。実験操作によって期待される効果が，正答率と反応時間の両方の指標で捉えられる場合もあれば，どちらか一方でのみ差異が認められる場合もあろう。

III　実験2　信号検出理論——刺激検出力と判断基準の分離

1．問題・目的

先の実験では，正答率（正再生率）を指標として，単語記憶の系列位置効果を示した。正答率は記憶再生の正確さの指標であり，正答率が同じであれば同レベルの記憶の正確さを示すと考えた。III節では信号検出理論（Signal Detection Theory; Green et al., 1966; Macmillan et al., 2004; McNicol, 2005）を紹介する。信号検出理論は2種類の正答および2種類の誤答を区別して扱い観察者のパフォーマンスを特徴づけるもので，観察者の刺激検出能力と判断基準の変動を分離して記述できるというメリットを有する。

ここでは2つの実験を取り上げて，信号検出理論に対する理解を深める。実験2-1では弱い光刺激の有無を回答するYes/No検出課題，実験2-2では同じく弱い光刺激の検出であるが確信度評定を導入した実験を紹介する。

2．方　　法

①刺　　激

信号として，ディスプレイ中央に円刺激を一定時間（たとえば，刺激サイズ視角2.0度，提示時間500 ms）提示する。円刺激は背景画面に対してわずかに明るいレベルにし，信号が提示されたか否かの判断が容易になりすぎないようにする。明るさレベル，刺激サイズ，および提示時間は予備実験を行って決定するのがよい。なお，明るさが強い，サイズが大きい，長く提示されるほど判断が簡単になる。

②手続き

実験2-1は200試行からなり，半数の100試行で信号を提示した。各試行で信号が提示されるか否かはランダムとする。2名の観察者（観察者1および2）が参加し，各試行で信号（弱い光刺激）が提示されるか（Yes反応）否か（No反応）を回答する。

実験2-2は800試行からなり，半数の400試行で信号（弱い光刺激）を提示し

表1　観察者1, 2の反応特性の差異

試行のタイプ	反応	観察者1 Yes	観察者1 No	観察者2 Yes	観察者2 No
	信号＋ノイズ	73（H）	27（M）	90（H）	10（M）
	ノイズ	25（FA）	75（CR）	42（FA）	58（CR）

た。各試行で信号が提示されるか否かはランダムとする。1名の観察者が参加し，信号が提示されたか否かに関する確信度評定を導入して回答する。すなわち，「確かに Yes」，「おそらく Yes」「どちらかわからない」「おそらく No」「確かに No」から観察内容に適した反応カテゴリーを選択して回答を行う。

3. 結　果

①実験 2-1

(a) 正答率およびヒット，ミス，フォールス・アラーム，コレクト・リジェクション

まず，本章冒頭で述べたように，信号検出理論では観察者の反応を正答と誤答という2カテゴリーに分類するのではなく，信号が提示される試行における正答（ヒット）と誤答（ミス），信号が提示されない試行における正答（コレクト・リジェクション）と誤答（フォールス・アラーム）の4カテゴリーに分類することを再確認したい。行った実験では，すべての試行で信号強度が同じであるにもかかわらず，ある試行では信号の検出に成功し（ヒット：H），別の試行ではその検出に失敗する（ミス：M）。また，信号が提示されなくとも，観察者は信号が提示されたと誤判断する（フォルス・アラーム：FA）こともあれば，信号は提示されていないと正しく判断する（コレクト・リジェクション：CR）こともある。この4つのケースについて，その回数を各観察者について示したものが表1である。2名の観察者は各ケースの度数が大きく異なり，反応特性に差異があることがわかる。観察者1では観察者2と比較してヒット，フォールス・アラームが少なくミス，コレクト・リジェクションが多い。つまり，観察者1では Yes 反応が少なく No 反応が多いことから，観察者1は信号の報告に控えめであり，観察者2は大胆であると表現することができる。しかしながら，正答数（信号試行における Yes，ノイズ試行における No の合計）は同一であるため，正答率を指標とする限り2名の観察者の反応特性の違いを記述することができない。

(b) 刺激検出力（d'），判断基準（c），および反応バイアス（C）

観察者が各試行で観察する感覚量（ここでは光刺激の強さに関連する心理量）を横軸，縦軸を確率密度とすると，ノイズに加えて信号が存在するとき，ノイズのみが存在するときの確率密度分布をそれぞれ X_{SN}，X_N と表現できる（図3）。このとき，実験で課した Yes/No 判断は，感覚量が X_{SN}，X_N のどちらの分布に属しているかを観察者が決定することにほかならない。図3における判断基準 c（小文字）が Yes/No 判断を区別する境界を意味しており，感覚量が判断基準よりも強ければ Yes 判断，弱ければ No 判断を行うことになる。なお，X_{SN}，X_N が標準正規分布であるとき確率密度関数の総面積は1となり，ヒット率は X_{SN} において判断基準 c よりも右側の面積，フォールス・アラーム率は X_N において判断基準 c よりも右側の面積となる。

　このとき，これら2つの分布の中心間距離が長い（すなわち，$M_{SN} - M_N$ が大きい）場合，そして，分布の分散が小さい（左右方向の広がりが小さい）場合には2つの分布が区別しやすくなるのでパフォーマンスが高くなる。刺激検出力 d'（ディー・プライム）はこの考え方に基づく指標であり，式（1）のように表す。

$$d' = \frac{M_{SN} - M_N}{\sigma} \tag{1}$$

　なお，信号検出理論では簡便のため，両分布を標準正規分布であると仮定することが多く，分母が1となるため，d' は分布間の中心間距離となる（$d' = M_{SN} - M_N$）。さらに，簡略化するために，X_N の平均を0とおいて表現することが多い（すなわち，$d' = M_{SN}$）。詳細な途中計算は省略するが，信号検出理論でよく用いる指標について計算式および計算例を紹介する。d' はヒット率（P_H）およびフォールス・アラーム率（P_{FA}）から式（2）の通り算出することができる（ここで，Z は累積標準正規分布の逆関数）。

$$d' = Z(P_H) - Z(P_{FA}) \tag{2}$$

　観察者1，2の d' はそれぞれ1.287，1.483となり，観察者2の方が刺激検出力が高い（X_{SN} と X_N 間の中心間距離が長い，すなわち，$M_{SN} - M_N$ が大きい）。ここで，正答率が同じであるにもかかわらず，刺激検出力が異なっている点に注目されたい。Yes/No 判断境界である判断基準 c は式（3）によって計算される。

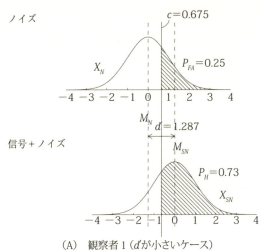

(A) 観察者1（d'が小さいケース）

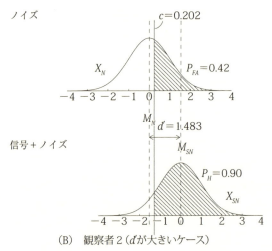

(B) 観察者2（d'が大きいケース）

図3　観察者1および2の刺激検出力 d' と判断基準 c の比較

$$c = -Z(P_{FA}) \tag{3}$$

　観察者1, 2の判断基準 c はそれぞれ0.675, 0.202となる。図2を見ると，観察者1の判断基準は2つの分布の中間よりも右に，観察者2では左に位置する。これは先述したように，観察者1は信号の報告に控えめ，2は積極的であることを意味し，それぞれ Yes 反応，No 反応が相対的に多いこと，すなわち，いずれ

表2 観察者1, 2の比較

	P_H	P_{FA}	d'	c	C	正答率
観察者1	0.730	0.250	1.287	0.675	0.031	0.740
観察者2	0.900	0.420	1.483	0.202	−0.540	0.740

かの反応へのバイアスがあることに対応している。バイアスの指標の1つ C（大文字であることに注意）は $d'/2$ に対する判断基準 c までの距離と定義される（式(4)）。c が $d'/2$ に一致するとき，つまり c が X_{SN}, X_N の中間に位置するときバイアスはなく，$C > 0$ であれば（つまり c が $d'/2$ よりも大きければ）No 反応へのバイアス，$C < 0$ あれば Yes 反応へのバイアスを意味する。

$$C = c - \frac{1}{2}d' \tag{4}$$

$$C = -\frac{1}{2}\left[Z(P_H) + Z(P_{FA})\right] \tag{5}$$

式（5）に従って計算し，観察者1, 2の反応バイアス C として 0.031，−0.540 を得る。これらの結果を表2にまとめた。

②実験2-2

(a) ROC 曲線

実験2-1では信号の有無について Yes/No 判断を課したが，実験2-2では「確かに Yes」，「おそらく Yes」「どちらかわからない」「おそらく No」「確かに No」という5つの反応カテゴリーから回答した。このように確信度評定を導入した結果を表3のように整理する。さらに，各反応カテゴリーの境界に判断基準をおいて（$c1$, $c2$, $c3$, $c4$）信号検出理論を適用する。これら4つの判断基準のもとで P_{FA}, P_H, d'，および c を算出すると，d' は変動せず判断基準だけが変化していることがわかる（表4）。一方，正答率は変化していることに注意されたい。なお，反応バイアス $C = 0$ のとき，すなわちバイアスがない場合に正答率が最大になり，バイアスが大きくなるにつれて正答率は低下する。本実験結果と同様に，d' が判断基準の移動に影響されないことが多くの研究で確認されている（Swets, 1959; Tanner et al., 1954 など）。

表3　各進度評定実験の結果

評定	確かに No	おそらく No	どちらかわからない	おそらく Yes	確かに Yes
信号＋ノイズ	9	40	98	129	124
ノイズ	122	129	99	41	9

表4　確信度評定実験に対する信号検出理論の適用

基準位置	H試行数	FA試行数	P_H	P_{FA}	d'	c	C	正答率
$c1$	391	278	0.978	0.695	1.495	−0.510	−1.257	0.641
$c2$	351	149	0.878	0.373	1.488	0.325	−0.419	0.753
$c3$	253	50	0.633	0.125	1.489	1.150	0.406	0.754
$c4$	124	9	0.310	0.023	1.509	2.005	1.250	0.644

　d' を固定したときにさまざまな判断基準のもとで得られる（P_{FA}, P_H）の組み合わせをプロットしたものを ROC（Receiver Operating characteristic）曲線という（図4）。ここでは信号検出理論に基づく理論的な ROC 曲線が描かれており（X_{SN}, X_N の分散が等しく，$d' = 1.5$），実験で得られた4つのデータはおおよそこの理論的曲線上に位置している。また，図5にさまざまな d' における ROC 曲線を示す。X_{SN}, X_N の分散が等しいとき，（P_{FA}, P_H）＝（1, 0）から（0, 1）を結んだ対角線（図5の点線）に対して ROC 曲線は対称となり，両分布の分散が異なるとき ROC 曲線は線対称とはならない。なお，先述の対角線と ROC 曲線の交点では反応バイアスがなく，正答率が最大化されることになる。

4. 考　　察

　信号検出理論について理解を深めるため，2つの実験を例に挙げて解説を行った。繰り返しになるが，信号検出理論では，ノイズが存在するためまったく同じ刺激が与えられたときでも観察者の知覚が確率的に変動すると考える。これは第5章の閾値測定でも同様であり，知覚情報処理の基本的な特徴として理解しておくべきことである。正答率指標だけでは，観察者の成績を適切に表現できないことを本章の実験が示していることにも留意されたい。つまり，信号検出理論における刺激検出力 d' が同じであっても判断基準の位置に応じて正答率が変わり，また，正答率が同じであっても d' が異なる場合がある。

第 7 章　正答率と信号検出理論

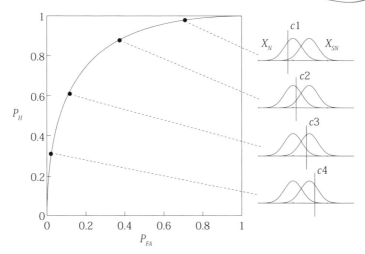

図 4　判断基準が変動する実験 2-2 のデータ，およびその ROC 曲線

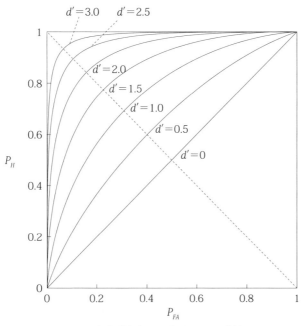

図 5　さまざまな d' における ROC 曲線

実験 2-2 では異なる確信度のもとで信号を検出する課題を行い，ROC 曲線について説明した。判断基準を変化させる要因として，信号検出に対する利得や信号試行の頻度を操作するなどの方法がある。前者では，信号＋ノイズ試行で信号を検出できれば報酬を与えるとき判断基準が低くなり，逆に，ノイズ試行で正しく棄却できれば報酬を与えるとき判断基準が高くなる。後者では，信号試行の頻度を高くすれば判断基準が低く，信号試行の頻度を低くすれば判断基準が高くなる。このように基準が変化するような実験操作を行ったとしても，信号が同一であれば信号の有無に対する刺激検出力 d' は一定であると仮定でき観察者の戦略（判断基準）には影響されない。つまり，これら二者は独立であると仮定できる点が信号検出理論のメリットであるといえる。

信号検出理論は本章で扱った光信号の検出といった知覚心理学の分野のみで有効なわけではない。たとえば，すでに学習した項目か否かを区別する再認記憶（Banks, 1970; Wixted, 2007），画像診断などである疾病が認められるか否かの判断（Lusted, 1971）等，さまざまな分野で信号検出理論は適用されている。

IV まとめ

本章ではまず正答率について単語記憶の系列位置効果を例に挙げて紹介した。ここでは単語記憶成績を正答率によって示し，提示される系列位置によって正答率が異なるという結果を得た。正答率を使用する際には，適当な試行数を設定し得られる正答率の解像度を粗くしすぎないこと，また，適切な課題難易度に調整し天井効果や床効果を避けることが重要である。

続いて，信号検出理論について紹介した。信号検出理論では観察者の反応を正答，誤答の 2 カテゴリーに分類するのではなく，ヒット，ミス，コレクト・リジェクション，フォールス・アラームの 4 カテゴリーに分類した。信号検出理論の概念や各指標について紹介し，同じ正答率を示す場合であっても刺激検出力 d' が異なるなど，正答率とは異なる方法で観察者のパフォーマンスを記述できることを示した。

◆学習チェック
□ 天井効果，床効果など，正答率を指標として用いる際に注意すべきことを理解した。
□ ヒット，ミス，コレクト・リジェクション，フォールス・アラームについて理解した。

- ☐ 刺激検出力 d', 判断基準 c について理解した。
- ☐ ROC 曲線について理解した。

より深めるための推薦図書

ゲシャイダー Gescheider, G. A., 宮岡徹監訳（2002-2003）心理物理学―方法・理論・応用 上巻・下巻. 北大路書房.

ウィッケンズ Wickens, T. D., 岡本安晴訳（2002）現代基礎心理学選書 10 信号検出理論の基礎. 協同出版.

文献

Banks, W. P.（1970）Signal detection theory and human memory. *Psychological Bulletin*, 74(2); 81-89.

Green, D. M. & Swets, J. W.（1966）*Signal Detection Theory and Psychophysics*. Robert E. Krieger Publishing Co.

Lusted, L. B.（1971）Signal detectability and medical decision-making. *Science*, 171; 1217-1219.

Macmillan, A. A. & Creelman, C. D.（2004）*Detection Theory: A User's Guide*, 2nd Edition. Lawrence Erlbaum Associates.

McNicol, D.（2005）*A Primer of Signal Detection Theory* (With a New Forwarded by Brian C. J. Moore). Lawrence Erlbaum Associates.

Metz, C. E.（1986）ROC methodology in radiologic imaging. *Investigative Radiology*, 21(9); 720-733.

Swets, J. A.（1959）Indices of signal detectability obtained with various psychophysical procedures. *The Journal of the Acoustical Society of America*, 31; 511-513.

Tanner, W. P., Jr. & Swets, J. A.（1954）A decision-making theory of visual detection. *Psychological Review*, 61; 401-409.

梅本堯夫・森川弥寿雄・伊吹昌夫（1955）清音 2 字音節の無連想価及び有意味度. 心理学研究, 26; 148-155.

Wixted, J. T.（2007）Dual-process theory and signal-detection theory of recognition memory. *Psychological Review*, 114(1); 152-176.

第2部　さまざまな心理学実験

第8章

感覚運動学習

今水　寛

Keywords　感覚運動変換，プリズム適応，視覚運動回転，干渉，両手間転移効果

1　はじめに

　人間は，目や耳などの感覚器官から情報を受け取り，脳で適切な情報処理を行い，手や足を動かして外界に働きかけている。私たちの日常生活は，このような営みの繰り返しである。私たちは当たり前のように，目の前にあるものに手を伸ばすことができる。人間の身体には，約200の骨と数百以上の筋肉（骨格筋）が存在している。これらを一瞬のうちに，思い通りに操作できるのは，生まれてからこれまでの経験の中で，「どのような感覚を得たときには，どのように体を動かせばよいか」「あることをしたいと思ったときには，体に対してどのような指令を出せばよいか」という，感覚と運動の対応関係を学習・記憶してきたからである。このような学習を「感覚運動学習」という。速くなめらかな運動を行うために，学習と記憶がいかに重要であるかは，生まれて間もない赤ちゃんを観察したり，自分でロボットアームをコントロールしようとすれば，容易に理解できる。

1．感覚運動学習を調べる方法

　感覚運動学習の仕組みを調べるには，人間がこれまで学習してきた「感覚と運動の対応関係」を一度崩して，実験参加者に新たな対応関係を学習してもらう実験を行う。これを「感覚運動変換」という。これには大きく分けて，視覚フィードバックを変換する方法と動力学的な環境を変換する方法がある。以下にいくつかの実験例を挙げて説明する。

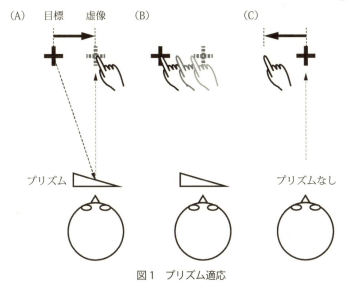

図1　プリズム適応

(注)　(A) 適応初期。(B) 適応中。(C) 残効。

①視覚フィードバックを変換する方法

　プリズム適応という実験方法がある（Held et al., 1963）。実験参加者に，三角形のプリズムを装着した眼鏡をつけてもらう（図1）。このとき，光が屈曲して眼球に到達するので，実際とは異なる位置に目標が見える（虚像）。この状態で手伸ばし運動を行うと，虚像の方に手を伸ばしてしまう（図1A）。実際の目標と手先の到達位置のずれを終端誤差とする（黒い矢印）。手伸ばし運動を繰り返すと，参加者は新たな視覚と運動の対応関係を学習し，徐々に終端誤差は減少する（図1B）。プリズムを外しても，新たな対応関係の記憶はすぐには消えない。このため，最初の終端誤差とは反対方向に手を伸ばす（残効；図1C）。

②動力学的な環境を変換する方法

　プリズム適応は，視覚情報を変換する例であるが，運動中の手先に力を加え，環境や身体の動力学的な特性を変更する方法もある（Shadmehr et al., 1994）。これには，マニピュランダムという特殊な装置が必要になる。図2Aに示すようにマニピュランダムの先端を実験参加者が握った状態で，到達運動を行う。腕とマニピュランダムを覆い隠すようにスクリーンを置き，プロジェクターで目標やカーソル，参加者への教示を映し出す。マニピュランダムは一定の規則に従って力を発生する。よく用いられるのが回転力場といわれるものである。これは参加者の

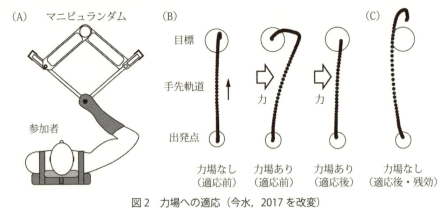

図2 力場への適応（今水，2017を改変）
(注) (A) マニピュランダムと実験参加者（上から見た図）。(B) 手先の軌道。(C) 残効。

手先が進む方向に対して垂直な方向に，手先の速度に比例した力をかける。このとき，手先はマニピュランダムが発生する力に押し流され，手先の軌道は目標の方向から外れる（図2B）。到達運動の練習を繰り返すと，参加者はマニピュランダムがどのような力を発生するか予測できるようになり，それを打ち消すような力を発生するため，軌道はまっすぐになる。力場に適応した後に，突然，力場を消す（マニピュランダムが力を発生しない）と，軌道は練習前の方向とは逆の方向に曲がる（残効；図2C）。

以上のような方法で，実験参加者が，感覚と運動の新しい対応をどのように学習するかを詳細に調べる。条件をさまざまに変えて実験を行う。たとえば，右手で学習したとき，左手の手伸ばし運動にどのような影響を与えるかを調べることで，運動器官（手）に特有の学習が生じているのか，運動器官に依存しない学習が行われているのかを調べることができる（学習効果の両手間転移）。あるいは，実験参加者が学習しているときの脳活動を，機能的磁気共鳴画像（fMRI）法などを使って調べ，感覚運動学習を支える脳のメカニズムを調べる場合もある。表1に，代表的な感覚運動変換とその特徴をまとめる。本章では，このうち「プリズム適応」と「視覚運動回転」を使った実験例についてくわしく解説する。

II　実験1　プリズム適応における両手間転移効果

1．問題・目的

人間がこれまで学習してきた，感覚と運動の対応関係を一度崩して，新たな対

表1　代表的な感覚運動変換とその特徴

感覚運動変換		手法・特徴
視覚フィードバックの変換	プリズム適応	三角プリズムを使って目標の位置をずらす（図1）。
	鏡映描写	実験参加者の目の前に鏡を立て，手先は遮蔽板で覆い隠す。机の上に，一定の道幅をもつ経路（たとえば星形）を描いた紙を置く。参加者は鏡を見ながら，ペンで経路を辿る。スタートからゴールまで移動するのにかかった時間や，道からの逸脱回数でパフォーマンスを評価する（Milner, 1962）。
	視覚運動回転	コンピュータマウスやジョイスティックを利用。手の動きと画面上のカーソルの動きの間に，さまざまな変換を加える。カーソルが動く方向と，マウス（ジョイスティック）が動く方向の間に回転変換を入れる方法がよく使われる（Imamizu et al., 1995）。
動力学的な環境の変換	力場への適応	マニピュランダムを用いて，実験参加者の運動中に手先に力を加え，環境や身体の動力学的な特性を変更する（図2）。
	コリオリ力への適応	実験参加者をメリーゴーランドのような回転盤の上に乗せ，高速で回転させる。この状態で，手伸ばし運動を行うと，腕に対して回転速度に比例した「コリオリ力」が生じる。結果として，目標からずれた位置に伸ばすが，繰り返し練習すると目標にまっすぐ手を伸ばせるようになる（Lackner et al., 1994）。

応関係を学習する過程を調べる。そのとき，適応する手と，残効を調べる手を変えることで，学習効果が転移するかを調べる。

　脳の中では，外部世界の物体の位置関係をさまざまな座標系で表現している。自分の身体をコントロールするとき，同じ運動が複数の異なる座標系で表現されている。たとえば，目の前にあるコーヒーカップに手を伸ばすとき，目で見てコーヒーカップの位置を確認する。目標物の位置は，まず網膜の座標系で特定することになる。網膜から脳に送られた視覚情報は，さまざまな処理を経て，自分の身体と目標物の位置関係が認識される。この位置関係を表現する座標もさまざまな座標系があることが知られている。ここではわかりやすい例として，自己の頭部を中心とした直交座標系を考える（図3A）。このような座標系の中で，目標物の位置 (x, y) を特定するのが，視覚情報処理の最終目的である。しかし，これだけでは身体を動かすことはできない。(x, y) の位置に手を伸ばすには，肩と肘の関節角 (θ_1, θ_2) をどれくらいにすれば良いか（図3B），その関節角を実現するためには，それぞれの筋肉をどれくらい収縮させれば良いかまで解決しないと，手を伸ばすことはできない。図3Aのように，手や足などの運動器官とは，無関

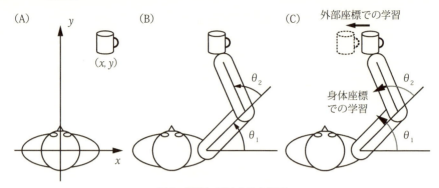

図3 運動に関連する座標系

(注) (A) 外部座標（頭部を中心とする直交座標）。(B) 身体座標（肩と肘の関節角）。(C) プリズムによる移動を外部座標と身体座標で表した。

係に位置を決めることのできる座標系を外部座標，図3Bのように，運動器官と密接に結びついている座標のことを身体座標と呼ぶ。

　外部座標でも，身体座標でも感覚運動学習を行うことは可能である。たとえば，プリズム適応の場合，プリズムによって生じた「ずれ」を，外部座標での平行移動（図3Cの直線の矢印）として学習することも，肩と肘の関節を余分に曲げること（円弧の矢印）として学習することも，理論上は可能である。人間が，どちらの座標系で学習するかは，学習効果の両手間転移を調べることで明らかにできる。外部座標で学習していれば，どちらの手を使うか無関係なので，たとえば右手で学習したことは，そのまま左手に適用できる（両手間転移）。しかし，身体座標で学習すると，右手と左手では座標系そのものが異なるので，両手間転移は生じない。次の実験では，プリズム適応で素早く手を伸ばした場合，どちらの座標系で学習しているかを調べる。

2．方　　法

①装　　置

　図4のように，ゴーグル（水泳用など）のレンズに三角プリズムをつけた「プリズム眼鏡」を用意する。プリズムの屈折率は15ジオプター（屈折率の尺度）程度が望ましい。大きめの方眼紙の中央に十字のターゲットを描き，壁に貼り付ける。ターゲットが参加者の目の高さくらいになるように位置を調節する。運動時間を短く制限するため，キーを押すとコンピュータから1秒の間隔をおいて2回短い音が鳴るようにする。

図4　プリズム眼鏡の作り方

②要因計画

被験者間計画とする。プリズムに対する適応は右手で行い，残効を調べるときに右手を使うか（右手群），左手（左手群）を使うかを独立変数とする。両群20名程度の参加数が望ましい。

③手続き

実験参加者には，ターゲットに楽に手を伸ばせるような位置に立ってもらい，実験中は常に同じ位置で手伸ばし運動を行ってもらう。

（a）練習試行

プリズム眼鏡をかけずに，コンピュータが出す音に合わせて右手の手伸ばし運動を行う訓練をする。右手を降ろした状態から，1回目の音が鳴ると同時に，十字を目指して指を動かし始め，2回目の音が鳴ると同時に右手人差し指を壁に付け，しばらくそのままの姿勢を維持する。この実験では音に合わせて素早く運動を行うこと，途中で運動の修正を行わないことが重要である。実験者は，各試行で，参加者の人差し指の先端が，方眼紙のどの場所にあったかを記録する。実験者が記録したら，参加者は右手を降ろす。練習試行は20回以上行い，実験参加者に1秒以内で素早く手伸ばし運動を行うことを覚えてもらう。

（b）適応試行

適宜休憩を挟み，今度はプリズム眼鏡を装着した状態で，右手で練習試行と同じことを30回（試行）行う。

（c）残効試行

プリズム適応が終了した後，なるべく時間を空けずに，プリズム眼鏡を外した状態で残効を調べる。右手群の参加者は右手で，左手群の参加者は左手で手伸ばし運動を行う（30試行）。

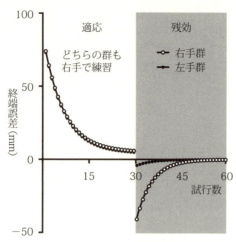

図5　プリズム適応における残効の両手間転移（予想される結果）
注）　指数関数を使って作成した人工データ。

3．結　果

①終端誤差

　適応試行と残効試行について，試行ごとに終端誤差を求める。ターゲットの中心から，参加者の人差し指の先端の水平方向の「ずれ」を求める。右方向にずれた場合をプラス，左方向にずれた場合をマイナスとする。

②学習曲線と両手間転移

　横軸に試行数，縦軸に終端誤差をとると，典型的には図5のような結果が得られると予想される。白丸（○）は右手群，黒丸（●）は左手群の結果である。どちらの場合も，適応試行では，試行数が増えるにつれて，徐々に終端誤差は減少する。残効試行では，右手群では反対方向にずれるが，左手群ではそのような傾向は見られない。

③分　析

　残効試行で得られた終端誤差を分散分析で解析する。2要因あり，使用した手（右手・左手）は被験者間要因，試行は被験者内要因である。典型的には，交互作用が有意となり，右手群と左手群では終端誤差の変化が異なることが示唆される。

4. 考　察

　適応と残効で同じ手を使った右手群では，残効試行で反対方向にずれていたが，手を変えた左手群では，残効は見られなかった。この結果は，右手で学習したことが，左手には影響を与えない，つまり両手間転移は生じなかったことを示している。素早い運動でプリズムに適応すると，身体座標で感覚運動学習が生じることを示唆している。

　感覚運動学習で両手間転移が見られるかどうか，つまり，外部座標で学習が生じるか，身体座標で学習が生じるかは，学習の種類によって異なることが知られている。同じ感覚運動学習でも，比較的ゆっくりした運動で，視覚運動回転を学習すると，両手間転移が見られる。さまざまな種類の運動学習が，どのような座標系で学習されているかを調べるとき，両手間転移は有効な指標である。

III　実験2　視覚運動回転における干渉

1．問題・目的

　感覚運動学習においては，異なることを学習するとき，互いに干渉が起きる場合がある。たとえば，コンピュータマウスとカーソルの運動方向の間に，一定の角度でずれを与える「視覚運動回転」において，反対方向の角度ずれは互いに干渉し，片方を学習すると，他方の学習を阻害する。このような干渉効果を実際に体験し，干渉効果の測り方を学ぶことを目的とする。

2．方　　法

①装　　置

　タッチパッドのあるノートパソコンを用意する。以下のURLから，実験用のプログラムをダウンロードする[注1]。http://tomishobo.com/catalog/ca056.html

②手続き

　実験は被験者内要因で行い，すべての参加者に対して同じ手続きを行う。20名程度の参加者数が望ましい。
　（a）練習セッション

注1）「視覚運動回転における干渉」の実験プログラム作成には，ATR認知機構研究所の蔡暢研究員に協力いただいた。

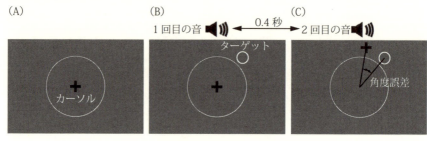

図6　視覚運動回転実験の1試行の流れ
（注）（A）カーソルの出現。（B）スタートの合図（ターゲットの出現と同時に鳴る）。（C）運動の終了（2回目の音）。

　練習として，指の運動方向とカーソルの運動方向にずれがない場合を20試行行う。実験プログラムを起動すると，試行数を聞かれるので「2」を入力する（2×10試行を意味する）。次に，回転角を聞かれるので「0」を入力する。最後に，結果を保存するファイル名を聞かれるので，参加者の識別記号など適当なファイル名を入力する。入力が終わると実験が始まるので，タッチパッドの中心あたりに右手の人差し指を置いて準備する。各試行のはじめには，図6Aのような画面が現れる。中心に現れる十字は，指の動きと連動して動くカーソルである。しばらく経つと，コンピュータから音がするとともに，画面のどこかに小さな円が現れる（ターゲット；図6B）。指をタッチパッドに接触させたまま，素早くターゲットの方向に指を動かす。2回目の音が鳴ると同時に，指の動きを止める。1回目と2回目の音の時間間隔は0.4秒である。この時間内に，カーソルが大きな円の外に出ないと「Too short!」という警告が出るので，なるべく警告を出さないように素早く運動を行う。運動が終了すると，①出発点とターゲットの中心を結ぶ線，②出発点と0.4秒後にカーソルが存在していた点を結ぶ線が，画面に現れる。この2本の線が重なる（角度差が0になる）ように練習することが，参加者の課題である。1試行が終わると画面が消えるので，タッチパッドから指を離して，タッチパッドの中心あたり指を置いて，次の試行の準備をする。セッションが終わるとプログラムは自動的に終了するが，終了しない場合はESC（MacではCommand＋Q）を押す。途中で中止する場合も同じである。

　(b) 第1セッション
　プログラムを起動する。試行数は「3」（30回）を入力，回転角度は「40」（40度），ファイル名には参加者の識別記号などを入れる。その他の手続きは，練習試行と同様である。試行の最後に提示される2本の線がなるべく重なるように，30

回トレーニングを行う。

（c）第2セッション

プログラムを起動する。回転角度を聞かれたときに「－40」（マイナス40度）と入力する以外は，第1セッションと同じである。

（d）第3セッション

第1セッションとまったく同じである。回転角度を聞かれたときは「40」（40度）と入力する。

3．結　果

①角度誤差

練習セッションから第3セッションまで4つのセッションが終了した時点で，拡張子が.csvとなっているデータファイルが，dataフォルダに4つ存在しているはずである。それぞれのファイル名には，実験の開始時間が付加されている。第1〜3セッションのデータファイルを，エクセルなどのスプレッドシート・アプケーションで開くと，行が試行（30行），列にさまざまなデータが入っているシートを見ることができる。最後の列の数値が，各試行の最後に出てきた2本の線の角度に対応する。これは，ターゲットの方向とカーソルの移動方向の角度差（角度誤差）であり，2本の線が重なっていれば0になる。

②学習曲線

横軸に試行数，縦軸に角度誤差の絶対値をとると，典型的には図7のような学習曲線が得られる。それぞれのセッションでは，誤差が徐々に減少するが，＋40度と－40度の学習は互いに干渉を起こすため，第2セッション・第3セッションの冒頭では，第1セッションよりも誤差が大きくなる。

③分　析

ここでは，回転角度が同じ＋40度である第1セッションと第3セッションの角度誤差について分析する。もし干渉効果がなければ，2つのセッションの角度誤差の変化は同じか，2回目の学習（第3セッション）の方が誤差は低くなるはずである。2要因（セッションと試行）の繰り返しのある分散分析を，角度誤差に適用すると，典型的には交互作用が有意となり，2つのセッションの角度誤差の変化が異なることがわかる。セッションの主効果が有意となり，第3セッションの平均誤差の方が第1セッションよりも，大きくなる場合もある。あるいは，試

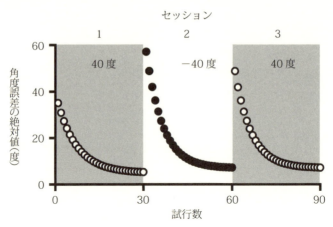

図7　視覚運動回転における干渉効果（予想される結果）
注）　指数関数を使って作成した人工データ。

行ごとに t 検定で事後検定を行うと，最初の方の試行で第3セッションの角度誤差が第1セッションよりも大きくなっていることが予想される。

4．考　察

たとえば，マウスとカーソルの運動方向に間に角度ずれを入れる場合（回転変換）と，カーソルの速度がマウスの位置で決まるような場合（速度制御）を，交互に学習しても，ほとんど干渉は生じない（Imamizu et al., 2004）。しかし，回転変換における角度のプラス・マイナスのような場合は，強い干渉が生じる。これは，回転変換の学習という類似した状況では，脳の近い場所に運動記憶が獲得され，記憶資源の奪い合いが起きるのではないかと考えられている。実際，回転変換と速度制御に関与する脳活動をfMRIで計測すると，脳の中で場所の違いがはっきりとわかる（Imamizu et al., 2004）。しかし，40度と−40度は，明瞭な場所の違いとして現れず，機械学習を使ってはじめて区別できるような微妙なパターンの違いとして現れる（Ogawa et al., 2013）。

Ⅳ　まとめ

はじめに感覚運動学習を調べる方法について概観した。感覚運動学習を調べる方法には，大きく分けて視覚フィードバックを変換する方法と動力学的な環境を

変更する方法がある．次に，感覚運動学習の具体的な実験例として，プリズム適応における両手間転移効果と視覚運動回転における干渉効果を調べる実験について，その詳細と実験結果からわかる感覚運動学習のメカニズムについて説明した．

◆学習チェック
☐ 外部座標と身体座標は，どのように区別できるかを理解した．
☐ 両手間転移を調べることによって何がわかるかを理解した．
☐ 感覚運動学習における干渉が生じる理由を理解した．

より深めるための推薦図書

今水寛（2010）運動制御における逆モデルと順モデル．In：乾敏郎・吉川左紀子・川口潤編：よくわかる認知科学．ミネルヴァ書房，pp. 42-43.

今水寛（2018）知覚−運動学習．In：日本基礎心理学会監修：基礎心理学実験法ハンドブック．朝倉書店，pp. 384-387.

今水寛（1995）運動制御と視覚・自己受容感覚．In：乾敏郎編：認知心理学1 知覚と運動．東京大学出版会，pp. 218-232.

文　献

Held, R. & Freedman, S. J.（1963）Plasticity in human sensorimotor control. *Science*, 142(3591); 455-462.

今水寛（2017）運動学習・適応．In：バイオメカニズム学会編：手の百科事典．朝倉書店，pp. 144-150.

Imamizu, H., Kuroda, T., Yoshioka, T. et al.（2004）Functional magnetic resonance imaging examination of two modular architectures for switching multiple internal models. *Journal of Neuroscience*, 24(5); 1173-1181.

Imamizu, H. & Shimojo, S.（1995）The locus of visual-motor learning at the task or manipulator level: Implications from intermanual transfer. *Journal of Experimental Psychology: Human Perception and Performance*, 21(4); 719-733.

Lackner, J. R. & Dizio, P.（1994）Rapid adaptation to Coriolis force perturbations of arm trajectory. *Journal of Neurophysiology*, 72(1); 299-313.

Milner, B.（1962）Les troubles de la memorie accompagnant des lesions hippocampiques bilateralies. In: *Physiologie de l'hippocampre*. C.N.R.S., pp. 257-272.

Ogawa, K. & Imamizu, H.（2013）Human sensorimotor cortex represents conflicting visuomotor mappings. *Journal of Neuroscience*, 33(15); 6412-6422.

Shadmehr, R. & Mussa-Ivaldi, F. A.（1994）Adaptive representation of dynamics during learning of a motor task. *Journal of Neuroscience*, 14(5 Pt 2); 3208-3224.

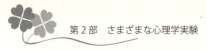
第2部 さまざまな心理学実験

第9章

動物実験

中島定彦

Keywords 3Rの原則，生得的行動，レスポンデント，オペラント，条件づけ

I はじめに

　心理学ではヒト以外の動物（以後，たんに「動物」という）を対象とした研究も行われている。心理学における動物研究は，①動物とヒトの「心」の共通性や差異性を明らかにする比較心理学研究として，②複雑なヒトの「心」を理解するための基礎研究として，古くから行われてきた。科学的心理学の祖であるヴント（Wundt, 1863）も『人間と動物の心についての講義』で，この2点を論じている。

　表1は心理学で動物を使用する理由を列挙したものであるが，動物研究の成果は身体的・心理的障害をもつ人々の福祉向上にも役立ってきた（Carroll et al., 2001）。たとえば，行動療法の基本原理は動物学習研究の成果に基づいている。また，抗うつ薬などの開発時に薬効を評価する技法として，動物を対象とした心理学実験が広く用いられており，行動薬理学という分野を形作っている。そのほか，行動神経科学，行動毒性学，行動奇形学，行動内分泌学，行動遺伝学など，心理学の隣接諸科学で，動物を対象に行われてきた心理学実験技法が使用されている。

1．動物実験の倫理

　動物を対象にした実験研究が「動物実験」である。わが国では『動物の愛護及び管理に関する法律』の第41条に基づき環境省から告示された『実験動物の飼養及び保管並びに苦痛の軽減に関する基準』で，「動物を教育，試験研究又は生物学的製剤の製造の用その他の科学上の利用に供すること」が「実験等」として定義されており，飼育下にある動物を，教育や科学研究の目的で用いることすべてが，この基準の対象となる。このため，実験的介入を行わない行動観察も含め，大学で動物を用いた研究や実習を行う際は，この基準に従うことになる。具体

第 9 章　動物実験

表 1　心理学で動物を対象に研究する理由（Gallup et al., 1985）

（1）遺伝的背景や過去経験などの条件を統制することが簡単である。
（2）研究目的を悟られないので、客観性を確保できる。
（3）動物種の多くはヒトよりも寿命が短いため、発達過程が研究しやすい。
（4）選択交配ができるため、遺伝的影響を研究しやすい。
（5）言語教示に頼れないため、新たな研究方法を開発する契機になる。
（6）構造的・機能的に単純である。
（7）音響定位や帰巣のような特殊能力を研究テーマにできる。
（8）ヒトの行動に関する仮説を作るためのモデルとして便利である。
（9）動物の福祉や保護に役立つ行動的情報を得ることができる。

には、大学内に設けられた動物実験委員会に計画書を提出して審査を受け、所属機関の長（学長）の承認を得る必要があり、研究や実習の参加者は動物実験に関する講習を受けねばならない。なお、この基準の対象となる動物は哺乳類、鳥類、爬虫類であり、それ以外の脊椎動物（両生類や魚類）についても準用することが望ましいとされている。なお、無脊椎動物であっても、神経系の発達したイカやタコなどの頭足類については、規制対象としている国がある。

　動物実験の実施にあたっては、3R の原則（Smyth, 1978）が重視される。これは、①代替法の使用（replacement）、②使用個体数の削減（reduction）、③技術改善（refinement）による苦痛軽減をいう。なお、前述の『動物の愛護及び管理に関する法律』の第 41 条にも、3R の原則に相当する文言が含まれている。

　心理学研究の場合、動物の行動や認知を研究対象とするので、動物を用いずに研究を行うことは難しいが、脊椎動物の代わりに無脊椎動物を用いたり、実習授業で動物の代わりにシミュレーションソフトを使用することが代替法にあたる。使用個体数は、当該研究分野の慣例や統計的に結論を下すに必要十分な数から決定する。技術改善による苦痛軽減は、技術革新のほか、実験者自身の技量向上によってもなしうる（たとえば、ストレスを与えない保定法の習得）。

　動物実験の実施には厳格な規制があり、また動物実験施設の維持管理には多大の人的・経済的コストが必要である。さらに、動物実験の多くは毎日定刻に、数日（ときには 1 年以上）かけて実施するものであるため、動物実験設備があっても授業内で実習することが難しい。本章では、まず動物実験施設がなくても容易に実行できる動物実験として、ダンゴムシの生得的行動を取り上げる。次に、標準的な動物実験施設で行われているラットのオペラント条件づけ実験を紹介する。なお、後者についてはシミュレーションソフトも開発されているので、動物実験設備がない場合は、それで代用できる（佐藤ら，2017）。

II 実験1 ダンゴムシの交替性転向反応

1．問題・目的

　ヒトを含む動物の行動は，遺伝的に規定される生得的行動と，経験によって学習される習得的行動に大別できる。生得的行動は，動物が生まれながらにして持っている行動（ただし，交尾行動のように，誕生時ではなく成長後に発現するものもある）で，当該の動物種ならどの個体もほぼ等しく示す（個体差の小さい）行動である。一方，習得的行動は個体差が大きい。経験の種類や量は個体ごとに大きく異なるからである。

　生得的行動の例として，ダンゴムシの交替性転向反応を見てみよう。図1は実験装置の平面図である。1匹のダンゴムシを出発点（S）に置く。前方に進んだダンゴムシは最初の分岐点で右または左に曲がる。右に曲がった場合，次の分岐点では左に，そして最後は右に曲がりがちである。一方，最初の分岐点で左に曲がった場合は，次は右に，最後は左に曲がりやすい。この実験では250匹のダンゴムシを1匹ずつテストしており，図中に示した数字はその場所に至った個体数を示す。「右→左→右」または「左→右→左」と進んだ個体は合計191匹で，全体の約76％を占めていた。

　交替性転向反応を調べる最も単純な装置は図2のように選択機会が1回だけのもので，強制的に右転向させられた後に選択点で左に進むかどうかを検討する。なお，左に強制転向させられる装置（図2を左右反転した装置）では右に進むかどうかを検討する。強制点と選択点の距離が長くなると交替性転向反応が弱くなることから，選択点での方向決定には，強制点で行った転向の「記憶」が重要だといえる。本実験では，この点を確認する。

2．方　　法

①被験体

　落ち葉や石の下などで容易に採集できるダンゴムシは，帰化種のオカダンゴムシ（学名 *Armadillidium vulgare*）である。採取したダンゴムシは湿らせたティッシュを敷いたタッパーで集団飼育する（タッパーには小穴を開けた蓋をする）。ダンゴムシは雑食性で，短期間の飼育であれば餌は何でもよい。実験前日から絶食させておけば，糞で装置が汚れにくい。装置の大きさにあったダンゴムシ（体長1cm前後）を選ぶべきである。雌雄要因は無視してよい。

第9章　動物実験

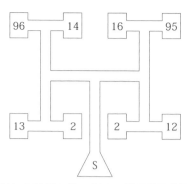

図1　250匹のダンゴムシの進行結果（渡辺ら，1956）

注）S：出発点，数字はその地点に至った個体数。

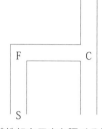

図2　交替性転向反応を調べる単純な実験装置

注）S：出発点，F：強制点，C：選択点。

② 装　　置

　実習課題として行うのなら簡易な装置で十分である。図3は厚紙を床面とし，木工用ボンドで割りばしを接着して通路の壁面としたものだが，実習時間内に装置を作成してただちに実験するのであれば，壁も厚紙にし，セロテープで固定するとよい。通路の幅は1cm程度，壁の高さは2cm程度が望ましい。床面と壁の間や壁の継ぎ目に隙間がないようにする。出発点から強制点までの距離は結果に影響しないが，4cm程度が使いやすいだろう。本実験では，強制点から選択点までの距離を主要な独立変数とする。このため，強制点から選択点まで4cmの装置と8cmの装置を用意する。それぞれに，強制転向が右のものと左のものを準備するので合計4つの装置を自作することになる。

③ 手続き

　ダンゴムシを1匹ずつピンセットでつまんで，装置の出発点に置く。ダンゴムシが左右いずれかの端に達して出るまでが1試行である。ダンゴムシを再びピンセットでつまみ，2試行目のために出発点に置く。1匹あたり4条件（右転4cm，左転4cm，右転8cm，左転8cm）各1試行でテストすると，順列は24通りである。したがって，24匹用意すれば順序効果を個体間で完全に相殺できる。より少ない数（たとえば8匹や12匹）で実施する場合は，試行順序が結果に影響しないように，4条件の実施順序を工夫する。ある個体について4条件すべてテストした後，次の個体に移行する。テストを完了した個体は別のタッパーに入れ，混同を防ぐ。

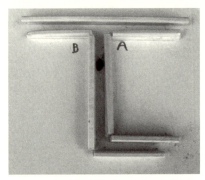

図3　厚紙と割りばしで作成した装置

注）割りばしは2～3本重ねて，乗り越えを防ぐ。

3．結　　果

①転向点間の距離が転向反応に及ぼす効果

　4条件それぞれについて，選択点で左に曲がった個体数と右に曲がった個体数を数え，以下のように分析する。まず，強制点から選択点までの距離が4cmの場合（のべ48匹）と，8cmの場合（同じく，のべ48匹）のそれぞれについて，強制点で曲がった方向とは逆向きに通路を進んだ個体数をまとめ，百分率を求める。これが交替性転向反応の強さの指標となる。強制点での転向の「記憶」は，強制点から選択点までの距離が長くなると失われやすいとすれば，4cm条件よりも8cm条件で，交替性転向反応が弱くなるはずである。なお，16cm条件を加えた3条件で実施した渡辺ら（1956）では，距離が4cm→8cm→16cmと長くなるにつれ，百分率は82％→69％→55％と低くなった。川合ら（2010）では96％→81％→63％という結果であった。交替性転向反応の強さは両研究で異なっているものの，転向点間の距離が長くなると，交替性転向反応が弱くなるという傾向は同じである。本実験でテストしたのは4cmと8cmの2条件だけだが，同様の傾向が見られるか調べてみよう。

②バイアスの分析

　本実験では，ダンゴムシに強制点で右転させる装置と左転させる装置を用いている。上述の過去研究ではいずれの装置でも交替性転向反応の強さは同じであった。つまり，左右の偏り（歪み，バイアス）は見られていない。本実験でも，明るさや温度，風向き，磁場など，実験者の意図しない環境因子がダンゴムシの選

択行動に影響していないことを確認するため，右転させる装置と左転させる装置のそれぞれについて，交替性転向反応の強さを比較してみよう。右転させる装置と左転させる装置で，選択に違いが見られなければ，そうしたバイアスが結果に影響した可能性を否定できる。

③移動行動の観察

余裕があれば，ダンゴムシの移動行動をくわしく観察する。通路の中央を進んでいるのか，壁沿いなのか，角を曲がるときにはどちらの壁に沿っているのか（内側か外側か），といった点に注意してノートに記録する。

3．考　察

交替性転向反応はダンゴムシだけでなく，カメムシ，フナムシ，ゾウリムシ，プラナリアといった無脊椎動物で確認されている（川合，2011）。ラットやヒトなどの脊椎動物でも，直前に曲がった向きとは逆向きに曲がりやすいことが知られており，これは遠心性スイングと呼ばれることが多い。ヒトの精子でも59％の割合で交替性転向反応を示すという（Brugger et al., 2002）。

ダンゴムシの交替性転向反応は明白で，実験も容易に行えるため，古くから多く実験されてきた。先述のように，出発点から強制点までの距離は転向反応に影響しないが，強制点から選択点までの距離が長くなると転向反応は弱くなる。強制転向の回数を増やすと交替性転向反応が強くなる（たとえば，2回連続で右に曲がった後には，左を選択する確率がさらに増す）。また，強制転向の角度が急であるほど，次の選択点で交替性転向反応が強くなる。

交替性転向反応のメカニズムとして，走性の関与が指摘できる。走性は生得的行動のカテゴリーの1つで，刺激に対して方向性のある全身移動反応をいうが，ここでは接触刺激に関する走性（走触性）が関係する。ダンゴムシは通路の一方の壁との接触を保ったまま前進しやすい。図4は各個体の移動経路である。強制点で壁にぶつかった後，その壁沿いに進行している。選択点で左右壁がなくなると，いままで接触していた左壁の方向にやや偏って前進する。このため，右肩付近が前方の壁に接触する。この壁との接触を保って前進すると，左折することになる。

交替性転向反応のメカニズムとしては，このほかに反応制止によるものがある。これは，強制点で右転回を行うと身体の右側に疲労が生じるため，次は左転回しがちになるというものである。また，左右の脚の運動量を等しくすることが交替性転向反応の原因だとする理論がある。強制点で右転回をする際には右脚を盛ん

図4　ダンゴムシ10匹の移動経路（岩田ら，1957）

に動かす。したがって次の選択点では左脚を活発に動かして左右の脚の運動量を等しくしようとする。これによって左転回が生じることになる。

III　実験2　ラットのレバー押し反応の形成

1.　問題・目的

　ヒトを含む動物の行動は，刺激が誘発するレスポンデント（応答的）行動と，動物が自発的に環境に働きかけるオペラント（環境操作的）行動に分類することもできる。前者はレスポンデント条件づけによって変容し，後者はオペラント条件づけによって変容する。こうした考えを提唱したのがスキナーである（Skinner, 1953）。

　レスポンデント条件づけとは，パヴロフ Pavlov, I. P. の条件反射に代表される学習の仕組みで，最初に発見された条件づけであるから，古典的条件づけともいう。レスポンデント条件づけでは，生得的行動を誘発する無条件刺激（unconditioned stimulus：US）と，本来は重要でない刺激を対呈示することで，後者が新しい反応を誘発する機能を獲得する。このとき，これを条件刺激（conditioned stimulus：CS）と呼ぶ（図5）。

　一方，オペラント条件づけは，反応後に生じる出来事によって，その行動が増えたり（強化），減ったり（弱化，いわゆる罰）する学習の仕組みであり，たとえば，ラットのレバー押し反応が，餌粒を与えられる状況では増加し，電撃が与えられる状況では減少するといった学習である（図6）。これは，自発反応が環境を変化させる「道具」的役割を担うことから道具的条件づけともいう。

　ここでは，ラットのレバー押し反応の形成過程における，レスポンデント条件

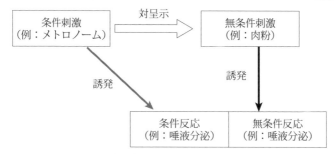

図5 レスポンデント条件づけ（古典的条件づけ）

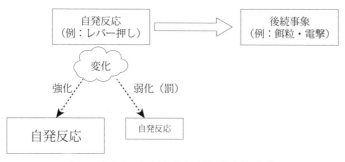

図6 オペラント条件づけ（道具的条件づけ）

づけとオペラント条件づけの役割について考えてみよう。ラットのレバー押し訓練を行う場合，まず食物剥奪によってラットを空腹状態にする。空腹のラットを「スキナー箱」と呼ばれる実験装置（図7）内に入れ，給餌器（フィーダー）を作動させる。給餌器は「カチッ」という音とともに餌粒を1つ，スキナー箱内の餌皿に放出する。ラットはそれを食べる。これは，給餌器の作動音と餌の対呈示であり，前者をCS，後者をUSとしたレスポンデント条件づけ手続きである。この操作を繰り返すと，ラットは作動音を聞くとすぐ餌の放出位置に向かう（このとき，ラットの口中には唾液が分泌されているであろう）。給餌器を餌粒が詰まった弾倉（マガジン）に見立てて，この訓練をマガジントレーニングという。

こうした予備訓練を終えたラットに対してオペラント条件づけ訓練を行う。つまり，レバーを押したら餌粒を与え，レバー押し反応を強化する。このとき餌粒は強化子と呼ばれる。以上のように，ラットのレバー押し訓練では，レスポンデント条件づけとオペラント条件づけという2種類の学習の仕組みが作用している。

なお，スキナー箱にはハト用のものもある。レバーの代わりに円形の小窓（キー）または四角形の大きなスクリーンが設置され，突けば餌が得られる（図8）。

図7　ラット用スキナー箱
注）レバーはラットの左側に突き出ている。餌粒は給餌器から正面パネル中央下部に放出される。

図8　ハト用スキナー箱
注）正面パネル上部に反応キーが3つ設置されている。餌はその下の開口部奥に呈示される。

2．方　　法

①被験体

　雄の実験用ラットを用いる。実験用ラットはドブネズミを家畜化したもので，さまざまな系統のものが作出されているが，温順なアルビノラット（ウィスター系やスプラグ・ドーリー系）が扱いやすい。アルビノラットはメラニン色素合成に必要な酵素の活性を欠くため，毛色が白く，眼底の血流が透けて赤目で，視力が弱い。よい視力を要する実験には，上半身だけ黒いロング・エバンス系など，アルビノではないラットが用いられる。雌ラットは性周期に伴う活動性の日間変動が大きいため実験ではあまり用いられない。幼若ラットや老齢ラットでも訓練できるが，生後8週齢以降，6カ月未満の個体を用いる方が扱いやすい。実験歴がある個体でも過去にレバー押し訓練の経験がなければ，実習には使用できる。ただし訓練に先立ち，ハンドリング（手慣らし，1日2～3分程度）と給餌制限（摂食制限）を数日にわたって行い，自由摂食時体重の85％に減量しておく。

②装　　置

　ラット用スキナー箱を用いる。スキナー箱は動物が操作できる対象（操作体）と強化子呈示装置（通常は給餌器）を有する小空間で，スキナーが考案したのでこの名がある。スキナー箱はオペラント条件づけに用いるのが普通なので，オペ

ラント箱とも呼ばれる。ラット，マウス，ハトなど心理学において標準的な実験動物については，市販のものがある。ラット用スキナー箱では，操作体は壁から突き出たレバー，強化子は市販の成型餌粒（45 mgペレット）である。

レバー押し反応の検出と給餌器の作動はコンピュータソフトで記録・制御するが，反応形成時は実験者が手元スイッチでも給餌器を作動できるようにしておく。

③手続き

まず，給餌器から放出された餌粒を食べる訓練（マガジントレーニング）を行う。スキナー箱に入れて数分後から開始し，約1分間隔で10回程度行うが，給餌器の音に驚いて動かなくなる個体もいる。また，餌粒を口にしない個体もいるので，前日のうちに餌粒を10粒程度，飼育ケージ内で自由に食べさせておくと餌粒への新奇性恐怖を取り除くことができる。

マガジントレーニング後に，反応形成を行う（図9）。まずラットが頭をレバーの方角に向けたら餌粒を与え，この行動を強化する。その後，餌粒を与える基準を徐々に厳しくしていく。レバーに近づいたら強化，レバーに触れたら強化，レバーを押したら強化，という具合である。このような訓練を逐次的接近法による反応形成（シェイピング）という。手元スイッチで給餌器を作動させるため，ハンドシェイピングともいう。

訓練中はラットの行動をよく観察し，目指す行動（標的行動）が自発されたら間髪入れずにスイッチを押すことが肝心である。また，餌粒の呈示数が50〜60回を超えると，飽食のため反応強化力が小さくなるので，餌粒は「ムダ撃ち」しない。なお，短い実習時間で反応形成するためには，スキナー箱への馴致（馴れさせること）やマガジントレーニングを前日までに済ませておくとよい。

3．結　果

反応形成の実習だけであれば，要した時間や与えた餌粒の数（強化子数），難しかった点などを文章にまとめればよい。実習に当てる日数に余裕がある場合は，反応消去（4項「考察」を参照）などを行えば，より本格的な実験レポートの課題とすることができる。

4．考　察

①消　去

ラットが確実にレバーを押すようになったら，餌粒の呈示を中止してみよう。

図9 逐次接近法による反応形成

それによって，レバー押し反応が減少する。これをオペラント条件づけの消去という。図10は4匹のラットの結果を累積記録として示したものであり，反応が徐々に減少していく様子がうかがえる。

　消去の困難さ（消去抵抗）は，その反応が何回強化されていたかによる。たとえば，5分間無反応になるまでの所要時間は，5強化後は7.9分，10強化後は15分，30強化後は17.1分，90強化後は20.6分であった（Williams, 1938）。また，反応すると給餌器の音がする条件では，消去抵抗が高い（Bugelski, 1938）。給餌器音は餌粒と対呈示されていたために，給餌器音だけでも反応を強める力が少しあるためである。こうした習得性の強化子を条件性強化子という。

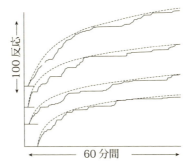

図10　消去時の反応の累積記録（Skinner, 1938）

注）　反応頻度が高いと急峻，低いと平坦な線で表現されている。ここに示したのは4匹の個体データであり，見やすいように少し左上にずらして描いている。点線は指数関数をあてはめたものである。

②レスポンデントとオペラントを再考する

　前述のようにスキナーは，レスポンデントとオペラントを区別した。しかし，その後，他の研究者らによって，(1) レスポンデント行動とオペラント行動は必ずしも明瞭に区別できないこと，(2) レスポンデント行動のオペラント条件づけや，オペラント行動のレスポンデント条件づけも生じることが明らかにされた（Domjan, 2016）。たとえば，動物が餌に近づく生得的行動は，餌がその行動を強く誘発するだけでなく，動物みずからが積極的に自発するものなので，レスポンデント行動とオペラント行動の両方の性質をもつ。

　さらに，唾液分泌は通常はレスポンデント行動だが，唾液を出せば報酬がもらえるというオペラント条件づけが可能である（Miller et al., 1967）。このように形成された唾液分泌はオペラント行動である。また，レバーが壁から出現したら，ラットの行動とは無関係に餌粒を与えるという訓練を行うと，レバー押し反応が増加する（Davey et al., 1981）。これは，通常はオペラント行動であるレバー押し反応をレスポンデント条件づけした例であり，このように形成されたレバー押し反応はレスポンデント行動である。

　以上の諸点を踏まえると，オペラントとレスポンデントは図11のようにまとめられる。

③誰が誰を訓練しているか

　実験者はラットを訓練しているつもりだが，じつは実験者を訓練しているのだ，と茶化した1コマ漫画がある（図12）。これは一面の真実をついている。ラット

第2部　さまざまな心理学実験

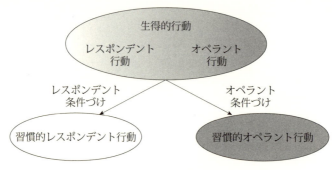

図11　レスポンデント行動とオペラント行動

「見ろよ，この男を条件づけてやったぞ。俺がレバーを押すたび，この男は餌粒をよこすんだ」

図12　反応形成を茶化した漫画（Skinner, 1956 より作成）

のレバー押し反応が餌粒で強化されるように，実験者が餌粒を与える行動はラットが正しくレバーを押すことによって強化される。

　生徒と教師の関係もこれと同じである。教師は生徒の勉強行動を称賛によって強化するが，生徒は教師の優れた教授行動を好成績を示すことによって強化する。図13はこうした生徒−教師関係をハトの実験で例示したものである。教師ハトは生徒ハトが部屋の一角に近づけば反応キーをつついて餌を与える。生徒ハトが正しく部屋の一角に行けば，床面のスイッチが入って，教師ハトの部屋に餌が呈示される。生徒ハトが向かうべき場所を学習しなくてはならないのと同様に，教師ハトは生徒ハトを正しく導く方法を学習しなくてはならない。相談者と心理師の関係についても，こうした観点から考えてみることができよう。

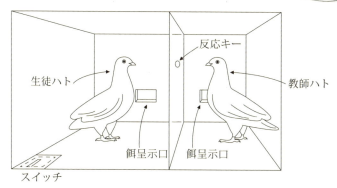

図13 生徒と教師の関係（Herrnstein, 1964 より作成）

IV まとめ

　ヒトを含む動物の行動には生得的なものと習得的なものがある。生得的行動には刺激によって誘発されるレスポンデント行動と，動物が自発的に行うオペラント行動に大別できる。習得的行動も同様に，レスポンデント行動とオペラント行動に大別できる。これらの関係は図11に示されている。

◆学習チェック
- □ 動物実験における3Rの原則について理解した。
- □ レスポンデント行動とオペラント行動の基本的な違いを理解した。
- □ オペラント条件づけの原理は生徒−教師関係のような対人関係にも適用できることを理解した。

より深めるための推薦図書
　メイザー, J. E., 磯博行・坂上貴之・川合伸幸訳（2008）メイザーの学習と行動 日本語版第3版. 二瓶社.
　実森正子・中島定彦（2000）学習の心理―行動のメカニズムをさぐる. サイエンス社.

文　献
Brugger, P., Macas, E. & Ihlemann, J.（2002）Do sperm cells remember? *Behavioural Brain Research*, **136**; 325-328.
Bugelski, R.（1938）Extinction with and without sub-goal reinforcement. *Journal of Comparative Psychology*, **26**; 121-133.
Carroll, M. E. & Overmier, J. B.（Eds.）（2001）*Animal Research and Human Health: Advancing*

Human Welfare Through Behavioral Science. American Psychological Association.

Davey, G. C., Oakley, D. & Cleland, G. G. (1981) Autoshaping in the rat: Effects of omission on the form of the response. *Journal of the Experimental Analysis of Behavior*, 36; 75-91.

Domjan, M. (2016) Elicited versus emitted behavior: Time to abandon the distinction. *Journal of the Experimental Analysis of Behavior*, 105; 231-245.

Gallup, G. G., Jr. & Suarez, S. D. (1985) Alternatives to the use of animals in psychological research. *American Psychologist*, 40; 1104-1111.

Herrnstein, R. J. (1964) "Will". *Proceedings of the American Philosophical Society*, 108; 455-458.

岩田清二・渡辺宗孝 (1957) ダンゴムシにおける交替性転向反応 (5) ―転向反応と視覚, 触覚. 動物学雑誌, 66; 468-471.

川合隆嗣 (2011) 無脊椎動物における交替性転向反応研究の展開と問題点について. 動物心理学研究, 61; 83-93.

川合隆嗣・中島定彦 (2010) オカダンゴムシの交替性転向反応―通路長・転向回数・転向角度の効果. 日本心理学会第74回大会発表論文集, 997.

Miller, N. E. & Carmona, A. (1967) Modification of a visceral response, salivation in thirsty dogs, by instrumental training with water reward. *Journal of Comparative and Physiological Psychology*, 63; 1-6.

佐藤暢哉・小川洋和 (2017) なるほど！心理学実験法. 北大路書房.

Skinner, B. F. (1938) *Behavior of Organisms: An Experimental Analysis*. Appleton.

Skinner, B. F. (1953) *Science and Human Behavior*. Macmillan.

Skinner, B. F. (1956) A case history in the scientific method. *American Psychologist*, 57; 221-233.

Smyth, D. (1978) *Alternatives to Animal Experiments*. Scholar Press.

渡辺宗孝・岩田清二 (1956) ダンゴムシにおける交替性転向反応. 動物心理学年報, 6; 75-82.

Williams, S. B. (1938) Resistance to extinction as a function of the number of reinforcements. *Journal of Experimental Psychology*, 23; 506-521.

Wundt, W. (1863) *Vorlesungen über die Menschen- und Thierseele*. Leopold Voss.

第10章 ワーキングメモリ

源　健宏・坪見博之

Keywords ワーキングメモリ，容量制約，記憶，知能，リーディングスパンテスト，Nバック課題

1　はじめに

　私たちが日常生活で認知活動を行うためには，短期的な記憶が必須である。たとえば，会話中は，相手の発言を覚えておかなければ，適切な発言をすることはできない。また同時に，自分が何を発言するか考えることも必要である。このように，私たちはただ覚えるだけではなく，考えながら覚えることが必要であり，これを支えるのがワーキングメモリである（苧阪，2002）。

　ワーキングメモリは，私たちが，読む・考える・決断するなどの高次認知活動を行う際に，処理をしながら記憶することを可能にしてくれる動的な認知システムである（Baddeley et al., 1974; 苧阪，2002）。バドリーら（Baddeley et al., 1974）のモデルでは，図1のように，ワーキングメモリは，音韻情報を記憶保持するための「音韻ループ」，物体の色や形，位置などの視覚情報を記憶保持するための「視空間スケッチパッド」，さらに，目標となる課題を遂行するために注意を方向づけながら音韻ループや視空間スケッチパッドに保持した情報を操作する「中央実行系」の3つのコンポーネントから成り立つ。音韻ループや視空間スケッチパッドは単純な短期記憶に見えるが，記憶内容のコントロールや情報操作を担う中央実行系を取り入れたところに，たんなる短期記憶にとどまらないワーキングメモリの特徴がある。

　ワーキングメモリのもう1つの特徴は，保持できる容量に厳しい制約があることである。古くから，短期的に記憶できる量は非常に少なく，7±2チャンクであるといわれてきた（Miller, 1956）。チャンクとは意味のまとまりを示しており，たとえば「きおく」であれば3文字で1つの意味を示すので1チャンク，「むて

図1　ワーキングメモリのモデル（Baddeley et al., 1974）

わ」であれば3文字をまとめても意味をなさないので，1文字ずつ記憶するしかなく3チャンクとなる。このように，記憶の単位は，何文字分，数字何個分ではなく，意味のまとまりとして7±2チャンクだと考えられてきた。しかし，7±2チャンクは，リハーサル（記憶項目を頭の中で繰り返し唱えること）に専念できるときや，チャンク同士をさらに結合して大きなチャンクを作ることができるときに限られる。本章の冒頭で見たように，私たちの日常生活では，ただ記憶しておけばよい状況はほとんどなく，リハーサルやチャンクの作成に専念できるわけではない。記憶している間にも思考を進めており，いまの目的から見て不必要な情報は排除しなければならない。このように，保持と処理が同時に必要でワーキングメモリが使われる状況では，記憶できる容量は7±2チャンクほどはなく，4±1チャンクであることがわかってきた（Cowan, 2001）。

　ワーキングメモリの容量を測定するテストでは，保持と処理を同時に課した際にどの程度記憶できるかが測られる。代表的なテストとしてリーディングスパンテスト（Daneman et al., 1980; 苧阪ら，1994），オペレーションスパンテスト（Turner et al., 1989; 小林ら, 2014），Nバック課題がある（Kirchner, 1958）。本章では，リーディングスパンテストとNバック課題について実験例をくわしく解説する。

II　実験1　リーディングスパンテスト

1．問題・目的

　ワーキングメモリの機能は，複数の単語を記憶し，想起するような短期記憶テストでは計測ができなかった。また，知能の計測に使われるような推論課題などでは，過去の問題解決の経験を想起する等さまざまな認知機能が関わるため，ワーキングメモリの保持と処理の機能に限定して計測することは不可能であった。そのような経緯の中で，ワーキングメモリの保持と処理に着目して開発されたテストが，リーディングスパンテストである（Daneman et al., 1980）。外国語版のリ

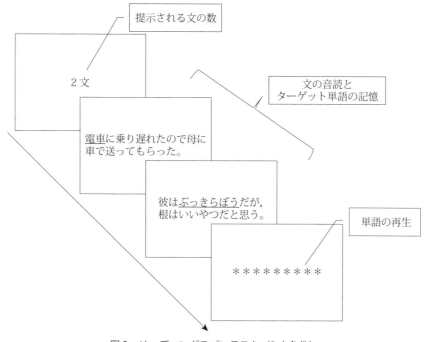

図2　リーディングスパンテスト（2文条件）

ーディングスパンテストでは，実験参加者は，文を読みながら（処理），文の最後の単語を記憶すること（保持）が求められるが，日本語版のリーディングスパンテストの場合は，文中の単語の記憶が求められる（苧阪ら，1994）。一般的なリーディングスパンテストでは，まず，提示される文の数（2文〜5文）が知らされ，その後，実験参加者は，指定数の文を音読しながら（処理），文中の下線が引かれた単語を記憶する（保持）ことが求められる（図2）。そして，指定数の文の提示が終わると，記憶した単語を，提示された順番に報告（系列再生）するように指示が与えられる。なお，1文については，ほとんどの成人が正答するため，時間の短縮も兼ねて実施されない。文の数は，試行ごとにランダムな順序で決定されるが，2文〜5文の各条件は計5回実施される（全20試行）。

　ワーキングメモリスパンの採点方法は，各文条件において，5回中3回以上正答できれば，その文の数をスパン得点として計上する。ここで，3文条件で3回以上正答とは，3つの単語を順番通りに正しく答えられた試行が，3回以上であることを意味する。たとえば，ある参加者が，3文条件において5回中3回以上正答し，4文条件において正答が5回中1回の場合，その参加者のワーキングメ

モリスパンは，3スパンになる。また，5回中2回正答できた場合は，0.5を加えることになっている。先ほどの参加者が，4文条件において正答が5回中2回の場合，ワーキングメモリスパンは，3.5スパンになる。一般成人の場合，ワーキングメモリ容量の平均は3スパンである。

　リーディングスパンテストがワーキングメモリの測定課題として位置づけられているのは，スパン得点が言語理解課題と高い相関を示すからである（Carpenter et al., 1995）。このような高い相関は，たんなる単語の保持だけを求める言語性の短期記憶課題では認められない。ここでは，まず，リーディングスパンテストのスパン得点の分布を調べ，成人の平均的なワーキングメモリスパンを計測する。続いて，スパン得点と言語理解課題の相関を調べる研究を紹介する。

2. 方　　法

①刺　　激

　リーディングスパンテストでは，文の読解（処理）と単語の記憶（保持）の同時遂行が求められる。文を音読すると，私たちはおのずとその文を理解しようと努めるため，心的資源を文読解（処理）に割り当てる。このとき，あまりにも文がやさしすぎると，心的資源は処理にあまり割り当てられず，ほとんど単語の記憶に向けられてしまう。そうすると，単語のみを記憶する単語スパン課題と同じものになり，ワーキングメモリの機能を計測することができない。そこで，成人を対象とするリーディングスパンテストでは，中学校と高等学校で使用される教科書から選抜された文が用いられる（苧阪，2002）。文の長さは漢字と仮名混じりの20〜30文字長で，練習試行用の文を含め全部で74個の文を用意する。

　文中の記憶すべき単語（ターゲット語）は，赤い下線で示し，名詞，動詞，あるいは副詞のいずれかをターゲット語に指定する。この手続きは，英語版のリーディングスパンテストに倣ったものである（Daneman et al., 1980）。各文条件（たとえば2文条件）におけるターゲット語（たとえば，「電車」「ぶっきらぼう」）は，意味や音韻が類似しないように調整する。また，それぞれの文も互いに意味的に関連しないように注意を払う。2文条件から5文条件まで各5試行分の文を用意する（計20試行，全部で70文）。また，本試行に先立ち2文条件を2回練習するための文を計4つ用いる。苧阪（2002）には，これらの条件を満たしたリーディングスパンテストの刺激例が掲載されているので参考にされたい。

　紙媒体を用いて課題を実施する場合は，縦13 cm，横18 cmの白紙カードの中央に1文が収まるように配置する。各試行の最後には，白紙のカードを用意し，

参加者が憶えた単語を報告している間はこのカードを提示する。コンピュータのプレゼンテーション・ソフトウェアを使用する場合は，モニタの中央に1文が収まるように配置し，各試行の最後には，白紙のスライドやアスタリスクを並べたスライドを用意する。

② 手続き

紙媒体でテストを実施する場合は，実験者は，参加者の隣に座り，カードを1枚ずつめくりながら文を提示する。コンピュータで実施する場合も，参加者の隣に座り，マウスクリックで，スライド画面を1枚ずつ切り換えながら文を提示する。テストに先立ち，テストの手続きを口頭で説明し，とくに，普段通りの速さで文を読むように注意を促す。これは，不自然にゆっくりと読むことで，保持に多くの時間を費やす等の課題方略を防ぐためである。また，回答の際は，ターゲット語が出てきた順番に報告し，思い出すことができない場合は，「何番目はパス」と答えるように教示する。まず，練習試行である2文条件を2回繰り返し，手続きを正しく理解していることを確かめる。読む速度が著しく遅い場合は，適切な速度で読むように指示を与える。

本試行では，参加者が1文を読み終えるとすぐに次の文を提示し，指定数の文に続いて現れる白紙カードで参加者の回答をチェックする。正答の場合は，回答シートの該当箇所に○をつけ，パスした場合は×，誤った単語を報告した場合は，その単語を該当箇所に書き留める。一定時間経過後も回答がない場合は，次の試行を始める。文の条件（2文〜5文）はランダムに並び替え，それぞれ5回ずつ実施する。本試行終了後には，単語の記憶方法等に関するアンケートをとるのが一般的である。

読解力テストには，英語圏で代表的な読解力テスト（Nelson-Denny Reading Test; Brown et al., 1981）を改変した日本語版の読解力テストを用いる（近藤ら，2003）。この課題では，1,300字程度の文章を読んだ後に，その内容に関する問いについて適切な解答を5肢から選択することが求められる。文章は全部で8種類用意されており，各文章につき4つの問い（計32問）が含まれている。なお，読解力の計測には，大学入試センター試験の現代文の問題などが用いられることもある（苧阪，2002）。

3. 結　果

図3は，大学生100名を対象に実施したリーディングスパンテストのスパン得

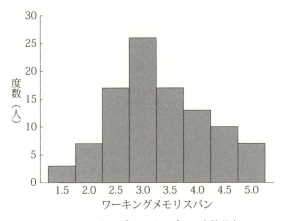

図3 ワーキングメモリスパンの度数分布

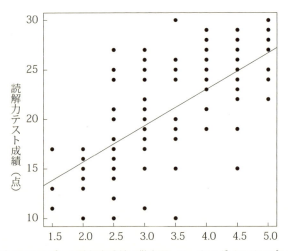

図4 ワーキングメモリスパンと読解力成績の散布図。ワーキングメモリスパンが大きい個人ほど、読解力成績が高いことが見て取れる

注) 図中の線は回帰直線。

点の分布を示しており、その得点の平均値は、3.2であった。スパン得点3.0の実験参加者の数が最も多く、平均値から離れるほど人数が減っている。最低得点は1.5スパンで、最高得点が5.0スパンと大きな広がりが得られており、ワーキングメモリ機能に大きな個人差が見られる。

個人のリーディングスパンテストのワーキングメモリスパン得点と読解力テストの得点との相関を調べたところ、正の相関が認められた。図4に示されるように、ワーキングメモリスパンが大きい個人ほど、読解力テストの得点が高くなる

のである。

4. 考　察

　本研究では，リーディングスパンテストのスパン得点と読解力の関係について検討した。文を理解（処理）しながら，文中のターゲット語を記憶（保持）するリーディングスパンテストは，ワーキングメモリ機能を計測すると考えられているが，今回の研究で計測されたスパン得点は，3スパンの実験参加者が最も多く，そこから離れるほど人数が減っていた。このような得点の分布は，多様な認知機能の成績を予測する一般性知能とも類似しており，ワーキングメモリ機能が，一般性知能の重要な側面を反映していることを示す研究結果も得られている（e.g., Engle et al., 1999）。リーディングスパンテストにより計測されるワーキングメモリスパン得点は個人差が大きく，その範囲は 1.5 〜 5.0 スパンとなっている。この特性を用いて，知能テストと同様，スパン得点を学習障害などのスクリーニングに利用する応用法についても検討が進められている（Carretti et al., 2009）。
　私たちが小説や雑誌の記事を読み，その内容を理解するとき，著者の視点に立ったり，これまでに獲得した知識を踏まえながら情景を思い浮かべたりする等の複雑な心理過程が必要となる。その中でも重要な認知機能が，限りある心的資源を保持と処理に割り与えるワーキングメモリである。話題の中心となる情報を頭に留めながら（保持），文法に則して次々と文を解読する（処理）ことを実現するワーキングメモリのおかげで，私たちは，複雑な文を理解し，味わうことができるのである。本研究では，ワーキングメモリ機能を反映するリーディングスパンテストのスパン得点と読解力テストの得点の相関を調べ，両者の間に正の相関が認められた。これは，ワーキングメモリ機能が高い個人ほど，文章の理解が促進されることを示すものである。処理と保持の効率性の高さが，文章の深い理解に関わると考えることもできるだろう。リーディングスパンテストを含むワーキングメモリスパンテストは，言語学習や音楽技能の研究においても使用されており（e.g., Meinz et al., 2010），今後も多様な認知機能におけるワーキングメモリの働きを明らかにするために重要な役割を果たすことが期待される。

III　実験2　Nバック課題

1．問題・目的

　リーディングスパンテストなどのワーキングメモリスパンテストと並んで，ワ

ーキングメモリ機能の計測法として知られるのがNバック課題である。この課題は，ワーキングメモリ内の情報を更新する能力を計測しており，新しい情報をワーキングメモリに取り込みながら，不要になった情報をワーキングメモリから解放していくことが求められる。Nバック課題は，1950年代半ばにはじめて紹介された課題であるが（Kirchner, 1958），ボタン押し反応で比較的容易にワーキングメモリ機能を計測できるなどの理由から，認知神経科学研究が勢いづいた1990年代から広く使用されるようになった。現在では，精神疾患患者のワーキングメモリ機能を調査する臨床研究や，加齢に伴うワーキングメモリ機能の変化を調べる高齢者研究などの幅広い分野において利用されている。また，Nバック課題を改良した二重Nバック課題を訓練することで，一般性知能が高まることを示した研究（Jaeggi et al., 2008）を契機にワーキングメモリ訓練プログラムも開発されているが，効果については現在も議論が続けられている。

　一般的なNバック課題の手続きでは，指定された「N」の数だけ記憶を遡り，現在提示されている刺激と同じか否かの判断が求められる。たとえば，1バック条件では，文字や写真などの刺激が1つずつ連続的に提示されるが，参加者は，現在提示されている刺激が，1つ前に提示されたものと同じかどうかを判断することになる。同様に，2バック条件では2つ前の刺激と，3バック条件では3つ前の刺激との同異判断が必要となる。Nの値が大きくなればなるほど，ワーキングメモリ機能の必要性が高まると考えられており，3バック条件において顕著な個人差が見られるため，3バック条件をワーキングメモリ機能の計測に使用することも多い（Kane et al., 2007）。

　Nバック課題には，ルアー（引っかけ）試行を意図的に含めるものもある。たとえば，文字刺激を使った3バック条件において，B−A−D−Aという順番で文字が提示された場合，4つ目の文字「A」を見た参加者は，「異なる」という判断を下さなければならない。なぜなら3つ前の文字は「B」だからである。しかし，2つ前に文字「A」（ルアー）が提示されているため，文字の提示された順番を正確に記憶していないと，このルアーに引っかかってしまい，誤って「同じ」と判断してしまうことになる。このルアー試行の成績が，一般流動性知能課題の成績と高い相関を示す研究が多数ある（Gray et al., 2003）。一般流動性知能の計測には，レーヴン漸進的マトリックス検査がしばしば使用される。この検査では，図5のように，3×3に並べて配置された8つの図形から規則を見出し，空白になっている9つ目の図形を導き出すことが求められる。この課題で高い成績を収めるためには，既存の知識やスキルとは独立した，新しい問題を解決する能力が必

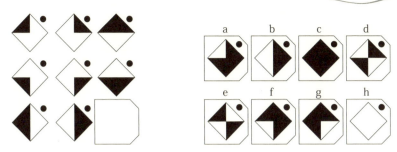

図5　レーヴン漸進的マトリックス検査（Raudies et al., 2017）

要であると考えられている。グレーら（Gray et al., 2003）の研究は、ワーキングメモリの負荷が非常に高くなる状況、つまり3バック課題でかつルアーが含まれる試行において、ワーキングメモリ機能の個人差が顕著に現れ、その機能が、これまでに経験したことのない問題を解決する一般流動性知能に深く関与していることを示している。

　本研究では、3バック課題を用い、ルアーあり条件とルアーなし条件の成績を比較する。さらに、レーヴン漸進的マトリックス検査の成績との関係性を調べることで、ワーキングメモリ機能をより必要とするルアーあり条件において、一般流動性知能課題との相関が強まるかどうかを検討する。

2．方　　法

①要因計画

　1要因2水準（ルアーあり、ルアーなし）の参加者内デザインを使用する。さらに、3バック課題の各条件の成績とレーヴン漸進的マトリックス検査の成績の相関を調べる。

②刺　　激

　刺激には音韻的に異なるアルファベット8文字を使用する。文字は、大文字と小文字の両方を使用する（B, F, K, H, M, Q, R, X, b, f, k, h, m, q, r, x）が、これは文字の形態ではなく、音韻の判断を課すためである（Bとbは「同じ」になる）。3バック課題では、48個の文字を連続的に提示し、これを1ブロックとする。それぞれの文字は、ブロック内で6回提示される。各ブロックでは、3試行前の文字と合致する「同じ」試行が8回含まれ、残りの40回は「異なる」試行になる。ブロック内の「同じ」試行と「異なる」試行を2分割し、半数をルアーなし条件

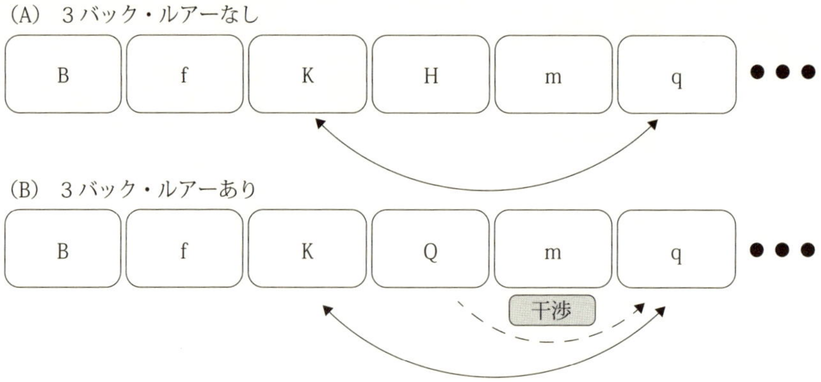

(A) 3バック・ルアーなし

| B | f | K | H | m | q | ・・・ |

(B) 3バック・ルアーあり

| B | f | K | Q | m | q | ・・・ |

干渉

図6　3バック課題の流れ

に，残りの半数をルアーあり条件に割り当てる。なお，ルアーなし条件とルアーあり条件の順序は，ランダムに設定する。

　3バック条件のルアーなし条件（図6A）では，提示された文字刺激（q）が，その前に提示された5つの文字刺激のいずれとも合致しない（B-f-K-H-m）。一方で，3バック条件のルアーあり条件（図6B）では，提示された文字（Q）が，2つ前の文字と合致する（B-f-K-Q-m）。

　文字刺激はコンピュータのモニタに提示し，提示時間の制御やボタン押し反応の取得には心理学実験用のソフトウェアを使用する。

③手続き

　本試行に先立つ練習試行では，3バック条件を1ブロック実施し，文字刺激を40個提示する。続く本試行では，48試行を1ブロックとし，計4ブロックを実施する。各試行の冒頭には注視点をモニタの中央に500 ms間提示し，その後，文字刺激を500 ms間提示する。その後，2,000 msの間隔を置き，次の刺激に移る。

　参加者には，提示された文字が3つ前のものと同じかどうかを，できるだけ正確に，かつ，できるだけ速く判断し，ボタンを押すように指示を与える。提示された文字が3つ前のものと同じ場合は，テンキーの「1」のボタンを，異なる場合は，「3」のボタンを押すように教示する。文字の形態情報による判断を防ぐため，大文字と小文字をランダムに切り換えて提示することが重要である。

④レーヴン漸進的マトリックス検査

　レーヴン漸進的マトリックス検査は，一般流動性知能を計測する筆記課題であ

第10章 ワーキングメモリ

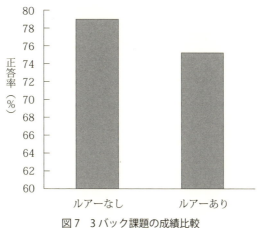

図7　3バック課題の成績比較

り，図5のように3×3のマスのうち8つに白黒の図が描かれている。1つのマスが空白となっており，そこに，最もあてはまる図形を，マス外に描かれている8つの選択肢から選ぶことが求められる。全36問から構成されているが，実験時間を節約するため，奇数番号の18問を使用することが多い（Kane et al., 2004）。正答した問題数を一般流動性知能のスコアとして用いる。

3．結　　果

図7は，3バック課題のルアーなし条件とルアーあり条件の正答率を示している。参加者内の t 検定を実施した結果，ルアーなし条件の成績がルアーあり条件よりも高いことが示された。

図8Aは，ルアーなし条件の成績とレーヴン漸進的マトリックス検査の相関関係を表している。一方，図8Bは，ルアーあり条件の成績とレーヴン漸進的マトリックス検査の相関関係を表している。ルアーなし条件の成績の高低は，レーヴン課題の成績の高低とはほぼ無相関であるのに対し，ルアーあり条件では，成績が高い個人ほど，レーヴン課題の成績が高いという正の相関が示された。

4．考　　察

本研究は，ワーキングメモリ機能を計測する3バック課題について，ルアーの効果を検討し，さらに，ルアーの有無が，一般流動性知能と関係するのかを検討した。その結果，ルアーの導入が課題成績を低下させることが明らかになった。ルアーの効果については，ワーキングメモリで保持している情報が，課題の遂行に

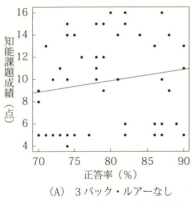 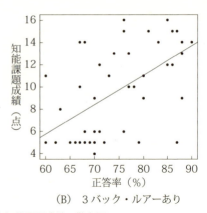

図8　3バック課題の成績と知能課題成績の散布図

干渉しており，それを解消するためにさらにワーキングメモリの機能が要求されていると捉えることができる。具体的には，ルアーあり条件において，現在の刺激が「q」で，それ以前の刺激順序が「B-f-K-Q-m」であった場合，正しい判断は「異なる」である。しかし，2つ前に提示された「Q」が「同じ」判断を誘うため，その干渉効果を解消しなければならない。このとき，ワーキングメモリは，不要になった情報を取り除き，新たに必要な情報を取り入れ，さらには，保持している情報による干渉効果も解消しなければならない。そういった意味では，ワーキングメモリに非常に負荷がかかった状態にあるといえるだろう。

　3バック課題の成績と一般流動性知能課題の成績の関係性を調べてみると，ルアーあり条件では，一般流動性知能課題の成績との間に正の相関が認められた。この結果は，ワーキングメモリ負荷の限界に差し迫ると，ワーキングメモリの機能を効率的に使える個人とそうでない個人の差が顕著に現れることを示しているといえる。このような結果を踏まえると，3バック条件でルアーを含めたNバック課題を用いることで個々人のワーキングメモリ機能を適切に測定できるといえよう。

　最後にワーキングメモリスパン課題とNバック課題が同じワーキングメモリ機能を計測しているのかという問題に簡単に触れておきたい。この問題については，現在も議論が続けられており，両者が別の機能を計測していると主張する立場と同じ機能を計測していると主張する立場がある。前者は，これまで実施されたワーキングメモリスパン課題とNバック課題の研究をまとめ，関係性を調べたところ弱い正の相関しか認められなかったことを彼らの主張の拠り所としている（Redick et al., 2013）。一方で，後者は，刺激の種類などの効果を取り除き，複数

のワーキングメモリスパン課題成績の共通因子とNバック課題成績の共通因子を調べたところ,強い相関が認められたことを論拠としている(Schmiedek et al., 2014)。このような議論を把握したうえで,課題を選択し,ワーキングメモリ機能を計測することが重要である。

IV まとめ

本章で見てきたワーキングメモリは,私たちが,読む・考える・決断するなどの認知活動を行うために必須の機能である。実際,ワーキングメモリ課題成績が高いほど,読解や算数などの学業成績も高い。また,学習障害やADHDなどの発達臨床群においてはワーキングメモリ課題成績の低下が見られる。健常成人においても,ワーキングメモリ課題成績が高い個人は,既存の知識では解決できない問題を解決する流動性知能得点が高い。これらのことから,ワーキングメモリは幅広い高次認知に関わるといえる(Conway et al., 2005)。これらの高次認知作業を行うためには,さまざまな考えを頭の中で比較検討したり,記憶した情報を操作することが必要であり,本章で見たワーキングメモリをうまく働かせることで,私たちは知的な活動をスムーズに進めることができるのである。

◆学習チェック
- □ ワーキングメモリと短期記憶の違いについて説明できる。
- □ ワーキングメモリの容量制約について説明できる。
- □ ワーキングメモリの測定方法と,課題成績が何を反映しているかについて理解した。
- □ ワーキングメモリと高次認知機能の関わりについて説明できる。

より深めるための推薦図書

苧阪満里子(2002)脳のメモ帳 ワーキングメモリ.新曜社.
湯澤正通・湯澤美紀編(2014)ワーキングメモリと教育.北大路書房.
室橋春光・苧阪満里子編(2018)生理心理学と精神生理学.北大路書房.

文　献

Baddeley, A. D. & Hitch, G. (1974) Working memory. In: G. H. Bower (Ed.): *Recent Advances in Learning and Motivation*, Vol. 8. Academic Press, pp. 47-90
Brown, J. I., Bennett, J. M. & Hanna, G. (1981) *Nelson-Denny Reading Test*. Riverside.
Carpenter, P. A., Miyake, A. & Just, M. A. (1995) Language comprehension: Sentence and discourse processing. *Annual Review of Psychology*, 46; 91-120.
Carretti, B., Borella, E., Cornoldi, C. et al. (2009) Role of working memory in explaining the performance of individuals with specific reading comprehension difficulties: A meta-analysis.

Learning and Individual Differences, 19; 246-251.

Conway, A. R. A., Kane, M. J., Bunting, M. F. et al.（2005）Working memory span tasks: A methodological review and user's guide. *Psychonomic Bulletin & Review*, 12; 769-786.

Cowan, N.（2001）The magical number 4 in short-term memory: A reconsideration of mental storage capacity. *Behavioral and Brain Sciences*, 24; 87-185.

Daneman, M. & Carpenter, P. A.（1980）Individual differences in working memory and reading. *Journal of Verbal learning and Verbal Behaviour*, 19; 450-466.

Engle, R. W., Tuholski, S. W., Laughlin, J. E. et al.（1999）Working memory, short-term memory, and general fluid intelligence: A latent-variable approach. *Journal of Experimental Psychology: General*, 128; 309-331.

Gray, J. R., Chabris, C. F. & Braver, T. S.（2003）. Neural mechanisms of general fluid intelligence. *Nature Neuroscience*, 6; 316-322.

Jaeggi, S. M., Buschkuehl, M., Jonides, J. et al.（2008）Improving fluid intelligence with training on working memory. *Proceedings of the National Academy of Sciences*, 105; 6829-6833.

Kane, M. J., Conway, A. R. A., Miura, T. K. et al.（2007）Working memory, attention control, and the N-back task: A question of construct validity. *Journal of Experimental Psychology: Learning, Memory, and Cognition*, 33; 615-622.

Kane, M. J., Hambrick, D. Z., Tuholski, S. W. et al.（2004）The generality of working memory capacity: A latent-variable approach to verbal and visuo-spatial memory span and reasoning. *Journal of Experimental Psychology: General*, 133; 189-217.

Kirchner, W. K.（1958）Age differences in short-term retention of rapidly changing information. *Journal of Experimental Psychology*, 55; 352-358.

小林晃洋・大久保街亜（2014）日本語版オペレーションスパンテストによるワーキングメモリの測定．心理学研究，85; 60-68.

近藤洋史・森下正修・蘆田佳世ら（2003）読解力とワーキングメモリ―構造方程式モデリングからのアプローチ．心理学研究，73; 480-487.

Meinz, E. J. & Hambrick, D. Z.（2010）Deliberate practice is necessary but not sufficient to account for individual differences in piano sight-reading skill: The role of working memory capacity. *Psychological Science*, 21; 914-919.

Miller, G. A.（1956）The magical number seven, plus or minus two: Some limits on our capacity for processing information. *Psychological Review*, 63; 81-97.

苧阪満里子（2002）脳のメモ帳 ワーキングメモリ．新曜社．

苧阪満里子・苧阪直行（1994）読みとワーキングメモリ容量―日本語版リーディングスパンテストによる測定．心理学研究，65; 339-345.

Raudies, F. & Hasselmo, M. E.（2017）A model of symbolic processing in Raven's progressive matrices. *Biologically Inspired Cognitive Architectures*, 21; 47-58.

Redick, T. S. & Lindsey, D. R.（2013）Complex span and n-back measures of working memory: A meta-analysis. *Psychonomic Bulletin & Review*, 20; 1102-1113.

Schmiedek, F., Lövdén, M. & Lindenberger, U.（2014）A task is a task is a task: Putting complex span, n-back, and other working memory indicators in psychometric context. *Frontiers in Psychology*, 5; 1475.

Turner, M. L. & Engle, R. W.（1989）Is working memory capacity task dependent? *Journal of Memory and Language*, 28; 127-154.

第11章

注　　意

河原純一郎

Keywords　選択的注意，分割注意，持続的注意，視覚探索，干渉，二重課題

1　はじめに

　接戦の試合を観客席から応援しているとき，前の席の人が席を外していてもまったく気づかないことがある。授業中に映し出されるスライドを見つつ，教員の話を聞きながらノートをとるのは容易ではない。話を思い出しつつ書いていると，次の話題が頭に入ってこない。こうした例はいずれも，注意が関わる現象である。こうした例は，私たちの身のまわりにあるたくさんの情報のうち，一度に処理できるのはその一部のみであることをはっきりと示している。言い換えると，すべてを認識して記憶することはできず，いまの自分がすべきことに必要な情報を取捨選択しなければならない。注意は認知システムにバイアスをかけて取捨選択を実現する働きである。
　認知のバイアスとしての注意は，大きく3つのタイプに分けられる。第1は選択的注意と呼ばれ，複数の情報の中から1つを選んで重点的に分析する機能である。この働きを達成するためには，選ばなかったものを無視し，抑制する必要がある。第2は分割注意と呼ばれ，複数の情報を同時に処理するときに働く。第3は持続的注意である。比較的長い時間，覚醒した状態を維持することをいう。こうした注意機能を調べるための実験法の他に，脳損傷などによって注意機能が損なわれた症例をもとに，正常な注意の働きを考える神経心理の手法がある。表1は代表的な注意の測定法とその特徴を示したものである。本章ではこのうち，視覚探索法，干渉法，二重課題法による実験例をくわしく解説する。
　注意のバイアスは，認知システムの現在の状態を示しているともいえる。先述した試合観戦の例では，認知システムは選手に注意を向けて試合の内容について

表1　代表的な注意の測定法とその特徴

選択的注意	
手がかり法　標的に関する情報（たとえば形や位置）を手がかりとして先に呈示する。手がかりが有効な場合と無効な場合を比較する。とくに，位置に注意を向けさせ，光点などを呈示して反応時間や検出率を測定する手法をプローブ法ともいう。注意が向いていれば反応時間は短く，見落としにくい。	III節「実験2　空間的手がかり課題で測る注意のバイアス」も参照。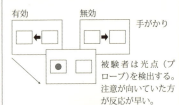被験者は光点（プローブ）を検出する。注意が向いていた方が反応が早い。
両耳分離聴取法　左右それぞれの耳に異なる音声を呈示し，片方の音声に注意し，追従する。注意を向ける側と無視する側の音声が似ている場合と似ていない場合を比較する。	
干渉法　注意を向けて報告する標的の一部や近傍に，非関連な情報を混ぜて呈示する。もしその非関連な情報を無視できなければ干渉が生じ，誤答が増え，反応が遅延する。ストループ課題やフランカー課題はこのタイプ。	ストループ課題　フォントの色を答える（色名単語を読むのではなく）。しろ　くろ フランカー課題　中央の文字を答える。両脇が無視できない（干渉する）ので上の行の方が答えにくい。右右左右右 右右右右右
視覚探索法　標的と複数個の非標的を同時に呈示し，探索に要する時間を測定する。注意を向ける必要があれば，探索時間は標的数に応じて遅延し，正答率が低下する。	II節「実験1　視覚探索課題による空間的注意特性の測定」を参照。
動眼法　視覚探索課題などの実施中に眼球運動を計測し，注視に要した時間や注視の停留時間，注視位置などから注意した位置を推測する。	注視時間の長さに応じて濃淡で表示し分けた例。
分割注意（実行系）	
二重課題法　2つの課題（主課題と副課題）を同時に実行させ，主課題のみを単独で実施する場合と成績を比較する。成績の低下が起こらなければ，副課題は注意を要さないといえる。主課題と副課題の呈示時間をずらした条件を設け，どの程度課題間に時間が空けば影響を受けないかを測定する場合もある。心的不応期課題，注意の瞬き課題はこのタイプ。	副課題 負荷あり　6, 4, 7, 9 ⇒ 主課題 ⇒ 6, 4, 7, 9 　　　　　覚える　　　　　　　　再生テスト 負荷なし　　　　　主課題 IV節「実験3　高速逐次呈示課題による注意の時間的特性の測定」を参照。
課題切り替え法　2つの課題を交互に実施する場合と，ブロック化した場合を比較し，課題を切り替えることに要するコストを測定する。手がかりを先行させ，どちらの課題を実施するか予測できなくする場合もある。	ブロック化　交互 7+2=　4+1= 4+1=　8-6= 3+9=　7+2= 8-6=　2-9= 5-1=　3+9= 2-9=　5-1= ブロック化したときは課題切り替えが必要な交互条件よりも素早く実行できる。

表1の続き

持続的注意	
ヴィジランス課題　長時間待機している間に，まれに呈示される標的刺激の検出成績を調べる。改良版として，連続して検出反応などを長時間遂行中に，反応抑止信号に適切に対応し，反応を抑制できるかを調べるものもある（連続遂行課題）。	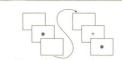 赤い円が出たら素早くキーを押す。+には反応しない。これを長時間実施し，検出率，誤報率，反応のばらつきなどを分析する。

考えている状態であって，観客席のことは分析の対象外である。このような注意の状態は体温や血圧などと違って直接測定することはできない。注意を測定するためには，注意を向けている状態と向けていない（あるいは別の対象に向けている），統制状態を比較する必要がある。

II　実験1　視覚探索課題による空間的注意特性の測定

1．問題・目的

この教科書の58ページに，「く」という文字はいくつ含まれているだろうか。この探索は容易ではなく，時間をかけて隅から隅まで細かく探していく必要があるだろう。次に59ページの一番上の行に含まれる「く」の文字数を数えてみよう。今度はすぐにできたはずである。文字を探すという単純そうなことでも，場合によって見つけやすさが大きく異なる。この違いには，どのような認知の仕組みが関わっているのだろうか。本節では，視覚による探索に関わる注意の空間的特性を調べる実験を考えてみよう。

注意の空間的特性として重要なことは，一度に注意できる範囲には限界があるという点である。認知心理学では，空間的な注意を調べる手法として，セットサイズ（呈示刺激数とも呼ばれる）を操作することがある。図1はセットサイズが4または16のとき，"T"を探して向きを答える例である。このように，標的（ターゲット）と非標的（ディストラクタ）が類似した特徴をもつときは，セットサイズが増すほど探索に時間がかかり，誤答しやすい（Treisman et al., 1980）。ページ全体に含まれる「く」の数を数えるのに時間がかかるのは，標的「く」を，似た角度や長さの線分をもつ非標的文字を含むページから探す際に，注意の焦点を向けて1つずつ標的か否かを弁別する必要があるためである。

もう1つの探索のしやすさを左右する要因として，標的の顕著性（目立ちやす

 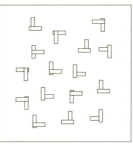 

図1　探索画面の例

注）標的 "T" の向き（左か右）を答える。左：セットサイズ4，中：同16。右は標的の顕著さが高いときの探索画面の例。課題は中と同じだが，標的が非標的と異なる色をしており，顕著性が高い。

さ）が挙げられる。標的が非標的と大きくかけ離れている特徴をもつときは，空間的な注意を向ける必要がない。図1の右では標的は非標的と大きく異なる色をしており，特徴として大きな隔たりがある。このような事態では自動的な差分検出のプロセスで検出でき，注意の焦点を1つずつ向ける必要がないため，セットサイズの影響を受けない。

この実験では注意の空間的特性を調べるためにセットサイズを操作する。注意を向けて標的を1つずつ探索する必要があるならば，セットサイズが小さいときに比べて大きいときは，探索に時間を要すると予測される。また，標的の顕著性が高い場合も設けて，セットサイズが空間的な注意に及ぼす影響を調べてみよう。

2．方　　法

①刺　　激

図1のように，標的は左または右を向いた "T" で，各画面に1つずつ含める（図1左の "T" は「右」向き）。非標的は "L"（または90，180，270度回転させたもの）を3個または15個とし，セットサイズとしては4または16とする。2つの矩形をずらして重ねる（完全に重ねると標的との類似性が低くなり，探索が容易になりすぎるため）。

②要因計画

この実験は被験者内2要因計画とする。独立変数はセットサイズ（4，16）および標的の向き（左，右）。実施時間に余裕があれば，標的の顕著性（低い，高い）を含めて3要因としてもよい。参加人数が多い場合は，標的の顕著性を被験

者間要因としてもよい。その場合は混合要因計画となり，被験者間要因として標的の顕著性，被験者内要因としてセットサイズおよび標的の向きとなる。従属変数は探索時間とする。

③手続き

　標的および非標的の位置は無作為とする。標的の向き（左，右）は等数ずつ作成する。セットサイズ（4，16）も等数ずつ作成する。2要因計画の最少の構成としては，セットサイズ（2種）×標的の向き（2種）を5枚ずつ，合計20枚作成する。これを1つずつ1枚のページとし，PDF化してスマートフォンやPC画面などに呈示するか，印刷して呈示する。同様に，顕著性が高い場合も図1右にならって作成する。

　複数人で実験を実施する場合は，呈示・測定役と被験者役に分かれる。1つのセットサイズにつき10試行ずつ（標的の向きは無作為な順序とする）実施する。セットサイズは被験者間でカウンターバランスをとる。

　呈示役は同じペースで次の探索画面を被験者に呈示する。被験者は1枚の探索画面を見て，標的の向き（左，右）をできるだけ素早く答える。測定役は1つのセットサイズごとに所要時間（秒）を測定する。このとき，それぞれの試行での反応の正誤も記録する。

3．結　　果

①探索時間

　それぞれの被験者について，セットサイズごとに探索画面1枚あたりに要した探索時間を計算する。誤って回答した試行は計算から除外する。すべての被験者について得られたこれらの値を平均し，セットサイズを横軸にとり，平均探索時間を図示する。顕著性が高い場合についても同様に図示する。今回は標的の向きは込みにして個別に分析しない。

②1文字あたりの探索時間

　セットサイズの増分（16 − 4 = 12個）に対して平均反応時間がどれだけ増えたかに注目して，探索すべきもの1個あたりに要した時間を計算する。標的と非標的が同色のとき，および標的の顕著性が高いときのそれぞれについて計算する。

第2部　さまざまな心理学実験

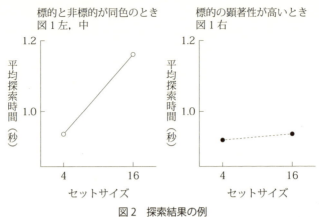

図2　探索結果の例

注）セットサイズの関数としての平均探索時間。左：標的と非標的が同色のとき，右：標的の顕著性が高いとき。

③独立変数の影響

この実験で操作したおもな独立変数はセットサイズと，標的の顕著性であった。これら2つの要因は，従属変数である探索時間にどう影響しただろうか。典型的には，このような実験事態では図2のような傾向が得られる。標的と非標的が同色のとき，セットサイズが小さいときに比べて大きいときは，探索時間が長くなる。このとき，1文字あたりの探索に要する時間も当然増える。一方，標的の顕著性が高いときは，セットサイズの効果はほとんどない。また，標的の顕著性が高いときは全体的な探索時間も短い。

④分析の仕方

標的と非標的が同色のとき，セットサイズが探索時間に及ぼす効果を調べたいときは，対応のあるt検定を用いる。標的の顕著性（低い，高い）も含めるときは，2要因の分散分析を用いる。

4．考　察

この実験では注意の空間的特性を調べるためにセットサイズを操作した。実験の結果，セットサイズが小さいときに比べて大きいときは，探索に時間を要することが確認できた。このことは注意には一度に向けられる空間的な範囲に限界があることを示している。このように，1つひとつ探していくタイプの探索を逐次探索という。しかし，標的が非標的と比べて単純な特徴（この場合は色）で大幅

第11章　注意

図3　この中から電子レンジ，水道の蛇口を見つけられるだろうか

に異なっており，顕著性が高いときは，セットサイズが探索時間に及ぼす影響はなくなった。したがって，空間的な注意は探す対象のもつ特性にも左右されることがわかる。

　この実験で用いたように，色や明るさといった特徴で大きく異なるものには注意が自動的に引きつけられる。そのため，探索時間はセットサイズの影響をほとんど受けない。救急車や警報装置も，明るいランプを点滅させて緊急事態を知らせる。この点滅は他とは大きく異なる物理的な情報であり，周囲に他の自動車や物品が数多くあってもその個数にかかわらず，真っ先に注意を引きつけることができる。

　この実験では，数多くのものの中から目標物を探すには注意を1つひとつ向ける必要があり，時間がかかることがわかった。たとえば，図3から電子レンジや水道の蛇口を探すときには同じように逐次探索になるかもしれない。しかし，実生活で私たちが身のまわりのものを探しては使うとき，すべてのものを隅から隅までくまなくは探してはいない。電子レンジや蛇口がありそうな位置はだいたい決まっているため，まったく使ったことのない台所でもすぐに見つけることができる。このように，日常場面では注意を向けるときにも知識や経験の助けを借りた効率的な探索ができる。

表2 注意が向きやすいものと日常での例

注意が向きやすいもの	日常での例
物理的に他とは際立つ特徴をもつもの	付箋，緊急車両の回転灯，警報ベル音
心的構えに一致するもの	郵便ポストを探しているときの赤いもの
生物にとって重要なもの	顔，笑顔，嫌悪表情，視線，人体，食品
過去に報酬や罰を受けたもの	金銭，自分を振った恋人
個人にとって価値や関心の高いもの	自分の名前，携帯電話，悩みに関わるもの

III 実験2 空間的手がかり課題で測る注意のバイアス

1．問題・目的

　この実験では，反応時間を指標として注意を向けるバイアスを測定する手法を解説する。前節では，同時に複数のものに注意することはできず，一度には1カ所にしか注意が向かないこと，また複数の場所に注意を向けるためには時間がかかることを学んだ。さらに，注意は色や形，大きさなどで他とは大きく異なるものに向きやすいことも学んだ。この他に，注意は現在の心的構えに一致するものや，生物にとって重要なものや，個人としての自分にとって価値や関心の高いものにも向きやすい。表2はそれらをおおまかに整理したものである。

　空間的手がかり課題は注意のバイアスを測定できる。たとえば，物理的に際立つ特徴をもつものが注意を引きつけていることは，次のような手法で確かめることができる。被験者は，図4のように，画面の上下の枠のどちらかに現れる標的文字（○か×）をできるだけ素早く弁別する。このとき標的文字の直前に，枠が一瞬だけ光る。これが際立つ特徴として注意を引きつける手がかりとなる。実験としては，手がかりと標的の位置を操作する。両者が同じ位置に出る場合を一致試行，異なる位置に出る場合を不一致試行と呼ぶ。もし，注意が際立つ特徴をもつ手がかりに引きつけられているならば，その後に呈示された標的への反応にかかる時間は不一致試行に比べて一致試行で短縮するはずである。

2．方　　法

　図4に準じて，注視画面，手がかり画面，標的画面を作成し，PsychoPyなどの呈示ソフトウェアを利用して呈示する。標的は画面の上下いずれかに等しい頻度で出現する。手がかりは標的と同じ位置（一致試行）か，反対の位置（不一致

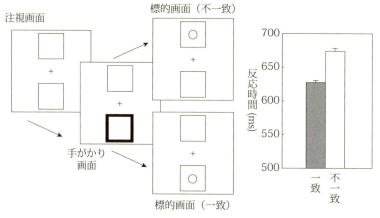

図4 空間的手がかり課題の例
注) 被験者は標的（○か×）が出現したらできるだけ素早く弁別する。

試行）に出現する。呈示時間の目安は注視画面を1秒程度，手がかり画面を100 ms程度とする。手がかり画面のすぐ後に標的画面を反応が得られるまで呈示し続け，反応取得後に消す。一致試行と不一致試行は無作為な順序で実施する。

　手がかりと標的の関係（一致，不一致）の1要因デザインとする。手がかりの位置（上，下），標的の位置（上，下），標的の種類（○，×）を等数ずつ含み20試行ずつ，合計160試行を実施する。手がかりと標的の位置関係のみに注目するため，手がかりの位置，標的の位置，標的の種類そのものは主要な分析の対象とせず，個別には分析しない。反応時間を主たる従属変数とする。

3. 結果と考察

　標的の弁別が正しくできた試行のみを分析の対象とする。誤答であった試行は，被験者がなぜ誤答であったかが不明であるため，分析から除外する。図4右は一致試行，不一致試行の反応時間を示したものである。これらを統計的検定するならば，対応のあるt検定を用いる。

　反応時間は不一致試行に比べて，一致試行の方が短い。この結果は次のように解釈できる。最初は注視点にあった注意は手がかりが出現することで手がかり位置に引きつけられる。したがって，一致試行では手がかり位置に標的が出現するため，そこで素早く標的の弁別ができる。一方，不一致試行では注意は同じように手がかり位置に引きつけられるが，標的がそれとは反対の位置に出現する。したがって，注意をいったん手がかり位置から引き離し，標的側に向け直す必要が

図5 図4の手がかり画面を単語対に置き換えた場合（左），および顔表情に置き換えた場合（右）

あり，結果として反応時間が遅れる。これらの条件の反応時間の差が注意の手がかり効果を反映しているといえる。

4．発　　展

　空間的手がかり課題を発展させて，不安や抑うつ状態にある被験者の注意のバイアスを測定する手法が開発されている（MacLeod et al., 1986）。図5のように，単語対を呈示し，その後に呈示される文字の検出や弁別を被験者に課す。この単語対は一方がネガティブな単語で，もう一方が中立語となっている。この反応が求められる文字はプローブと呼ばれ，注意が向いているか否かの指標となる。プローブとネガティブ単語の位置関係がこの手法のキーポイントである。プローブがネガティブ単語が出ていた位置に出現する場合を一致試行，反対側に出現する場合を不一致試行という。上述の空間手がかりと同様の考え方に基づいて，もし注意がネガティブ単語に向いていれば，一致試行の反応の方が不一致試行に比べて素早くできるはずである。

　この手続きでプローブへの反応時間を測定すると，予測に一致して不安や抑うつ状態にある被験者は一致試行の方が不一致試行よりも反応時間が短くなる。これはネガティブ単語に注意のバイアスが向いていることを示唆している（単語の代わりに，ネガティブあるいはポジティブな表情の顔写真でも同様の傾向が生じる；図5右）。一方，健康な状態にある被験者ではむしろ，不一致試行の反応時間の方が短くなりやすい。すなわち，そのような被験者はネガティブ単語を避ける注意バイアスをもつ傾向にある。こうした注意バイアスと心的状態の対応を利用した，注意バイアス訓練法（Hakamata et al., 2018）という不安や抑うつ状態を軽減させる手法がある。これは常にネガティブ単語とは反対側にプローブが出現する事態を繰り返し訓練することで，ネガティブな対象を避けるようになり，不

安や抑うつ状態の軽減を目指す手法である。

Ⅳ　実験3　高速逐次呈示課題による注意の時間的特性の測定

1．問題・目的

　前節では，注意の空間的特性やバイアスについて学んだ。次は，位置は変えずに1カ所で連続して複数の出来事に注意を向けるという，注意の時間的特性を扱う。授業中に映されるスライドが次々切り替わると，ノートが取り切れず，理解も追いつかないという経験はあるだろう。もっと単純に，写真を1枚だけ中央に出したとしよう。そんなスライドを次々と入れ替えると，どのくらいの高スピードでも写真の内容が理解できるだろうか。ポッターら（Potter et al., 2014）は，被験者に探すべき写真の種類を告げておいた（たとえば「海岸」）。すると，1秒に10枚程度またはそれを越えるペースで合計20枚程度の写真を呈示しても，被験者は告げられた種類の写真の有無を判別できた。このような呈示方法を高速逐次呈示課題という。

　次に，2つの標的を同定する事態を考えてみよう。同じ位置に黒いアルファベット文字が無作為な順で素早く次々と呈示されることを想像してほしい。被験者がすることは，この数字列の中に1つだけ含まれる白いアルファベット文字（第1標的）と，その後に少し経ってから出る黒いX（第2標的）を見つけることである。すべての文字が出つくした後に，第1標的が何の文字だったか，第2標的が出現したか否かを答える。このような二重課題の事態で2つの標的を正しく報告できるだろうか。

　実験の目的は，いったんあるもの（第1標的）に注意が向いた後，次のもの（第2標的）に注意が向くまでにどれだけ時間が必要かを知ることである。この点を調べるために，2つの標的間の時間を操作する。もし，第1標的に注意を向けた後，すぐに第2標的にも注意が向けられるならば，標的間隔にかかわらず，第2標的の正答率は高いままだろう。逆に，もし注意を再び別のものに向けるときに時間がかかるのならば，2つの標的が立て続けに出るときは第2標的の正答率が低く，時間間隔が開くに従って成績は向上するだろう。

2．方　　法

①刺　　激

　図6のように，PowerPointで探索文字列を作成する。テキストボックスに1つ

第2部　さまざまな心理学実験

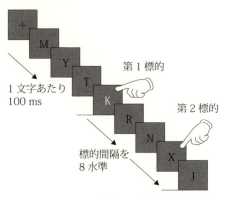

図6　注意の瞬き課題

注）被験者は第1標的（白い文字）を同定した後，Xの有無を報告する。

黒いアルファベット文字を入れ，中央揃えする。これを20文字作り，1つだけを白色（第1標的）にし，1つだけ黒いX（第2標的）を含める（細すぎる文字のIや，幅が広すぎるWは除く）。このとき，標的は最初や最後に来ないようにする。2つの標的間には0〜7の非標的文字を入れる。どの文字が標的になるか，非標的になるか，非標的をどの順に呈示するかは無作為とする。アニメーションウィンドウでアピール（出現）を選び，「開始」を「直前動作の後」，「遅延」を「0.1秒」とする。ただし，1つ目の文字だけは「開始」を「クリック時」にする。文字列の先頭に注視点（＋）を500 ms，空白を200 ms入れる。このような文字列を複数系列作成し，スライドショーを実行したとき，マウスをクリックすることで文字列の呈示が開始されるようにする。

②要因計画

　この実験は，第1標的の報告を被験者間要因として2水準（第1標的の報告あり，なし），標的間隔（8水準，第1標的の1〜8文字後）を被験者内要因とする，合計2要因の混合デザインとする。第2標的の有無は2水準（第2標的あり，なし）設けるが，個別に分析しても意味がないため，込みにして扱う。被験者1人あたり標的間隔（8）×第2標的の有無（2）の16タイプの条件を5種類ずつ，合計80試行とする。従属変数は第1標的の正同定率，および第2標的の有無の正答率とする。

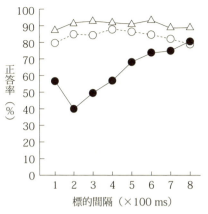

図7　注意の瞬きの実験結果

③手続き

　標的間隔（8水準），第2標的の有無（2水準）は無作為な順序で呈示する。被験者は注視点を見つめて，準備ができたらキーを押して逐次呈示文字列の表示を開始させる。実験群である一方の被験者群は第1標的の文字と，第2標的の有無の両方を回答する。統制群であるもう一方の被験者群は第1標的を無視し，第2標的の有無だけを回答する。1つの系列の文字が呈示された後に回答する。第1標的，第2標的への回答順は問わない。

3. 結　果

①正答率

　標的を2つとも報告した群については，第1標的の正答率，および第1標的に正答できたときの第2標的の正答率を被験者ごと，標的間隔ごとに計算する。第1標的を報告しなかった群については，第2標的の正答率を被験者ごと，標的間隔ごとに計算する。第1標的を正答しているときは，第1標的へ注意が向けられていたことを意味する。このときに第2標的を正しく同定できるのに要する時間を調べることがこの実験の目的であるので，主たる分析対象は第1標的に正答できたときの第2標的の正答率である。第1標的の正答率（図7△）は標的間隔にかかわらず，おおむね高い。第1標的に正答したときの第2標的の正答率（●）は，標的間隔が短いとき（0.2〜0.5秒程度）は低く，標的間隔が延長するに従って高くなっている。第1標的を無視したときの第2標的の正答率は標的間隔にかかわらず高い（○）。

②分析の仕方

標的間隔および第1標的を報告することが第2標的の正答率に及ぼす影響を調べるためには、図7のデータを、第1標的報告（あり、なし）を被験者間要因、標的間隔（1～8）を被験者内要因とした2要因の分散分析で検定する。第1標的報告の主効果が見られたということは、第1標的を報告することで第2標的の正答率が低下していたことを意味する。標的間隔の主効果が見られたということは、両方の標的を報告する条件では、標的間隔が短いときにとくに正答率が低かったことを意味する。

4．考　察

この実験では注意の時間特性を調べるために、2つの標的を短時間のうちに同定する課題を用いた。このとき、標的間隔と報告すべき標的の数を操作した。第1標的を報告しなければならないときの第2標的の正答率は、第1標的を報告しないときに比べて低かった。ただし、第1標的の正答率はおおむね高かった。この結果から、注意を第1標的に向けることで、その後に同様に注意を要する課題の遂行成績が損なわれることがわかる。成績が低下しているのは第2標的のみであるため、2つの標的は呈示された順に処理されていることがわかる。もし2つの標的を同時に処理しているのであれば、第1・第2標的間での正答率に差は生じなかったはずである。第1標的に注意を向けることでこの第2標的への成績低下が生じていた。第1標的を報告しない場合は第2標的の正答率は一貫して高かったため、第2標的への成績低下は第1標的の報告をしていたためであるといえる。

標的を2つとも報告する際は、第2標的の正答率は標的間隔が短いときにとくに正答率が低かった。標的間隔が長いときには正答率は高かった。こうした結果を説明するために、次のような考え方が提案されている（Chun et al., 1995）。いったん注意が第1標的に向いた後、0.2～0.5秒程度はあたかも瞬きするかのように（実際には瞬きはしておらず、目は開けていても）新しい情報を受け入れることができなくなっていることから、この現象を注意の瞬きと呼ぶ。

V　まとめ

本章では、視覚探索法を使って、セットサイズが増えるほど探索に時間がかかるという例から、一度には一部の情報のみが分析できることを学んだ。これは、注

意の働きを物体認知のためのバイアスだと捉え，選択的注意，分割注意，持続的注意という3つのタイプに分けてたときの選択的注意にあたり，複数の情報の中から1つを選んで重点的に分析する機能であった。空間的手がかり課題でも，先立つ手がかりに注意が選択的に向けられる様子を学んだ。二重課題法（高速逐次呈示課題）は，分割注意を示しており，同時に複数の出来事を認識し，記憶しようとするとうまくいかないという事例を学んだ。

◆学習チェック
□ 注意の機能としての選択的注意，分割注意，持続的注意という3分類を理解した。
□ 空間的注意を調べる手法の1つとしての視覚探索法では，注意を1カ所ずつ向ける必要があるときは，セットサイズが大きいほど探索時間を要したり困難になることを理解した。
□ 不安や抑うつ状態のときにドットプローブ課題を実施すると，ネガティブ単語位置への反応時間が短縮することを理解した。
□ 注意の瞬きとは，いったんある標的に注意を向けた後，0.2〜0.5秒程度の時間は同じ位置で別の標的に注意が向きにくくなる現象であることを理解した。

理解を深めるための推薦図書
河原純一郎・横澤一彦（2015）注意―選択と統合．勁草書房．
ポズナー Posner, M. I.・ロスバート Rothbart, M. K.，無藤隆監修，近藤隆文訳（2012）脳を教育する．青灯社．
村上郁也編著（2010）イラストレクチャー認知神経科学―心理学と脳科学が解くこころの仕組み．オーム社．

文　献
Chun, M. M. & Potter, M. C.(1995) A two-stage model for multiple target detection in rapid serial visual presentation. *Journal of Experimental Psychology: Human Perception and Performance*, 21; 109-127.
Hakamata, Y., Mizukami, S., Komi, S. et al.（2018）Attentional bias modification alters intrinsic functional network of attentional control: A randomized controlled trial. *Journal of Affective Disorders*, 238; 472-481.
MacLeod, C., Mathews, A. & Tata, P.（1986）Attentional bias in emotional disorders. *Journal of Abnormal Psychology*, 95; 15-20.
Olivers, C. N. L. & Meeter, M.（2008）A boost and bounce theory of temporal attention. *Psychological Review*, 115; 836-863.
Posner, M. I., Rothbart, M. K., Sheese, B. E. et al.（2012）Control networks and neuromodulators of early development. *Developmental Psychology*, 48; 827-835.
Posner, M. I., Snyder, C. R. R. & Davidson, B. J.（1980）Attention and the detection of signals. *Journal of Experimental Psychology: General*, 109; 160-174.
Potter, M. C., Wyble, B., Hagmann, C. E. et al.（2014）Detecting meaning in RSVP at 13 ms per

picture. *Attention, Perception, & Psychophysics*, 76; 270-279.

Raymond, J. E., Shapiro, K. L. & Arnell, K. M. (1992) Temporary suppression of visual processing in an RSVP task: An attentional blink? *Journal of Experimental Psychology: Human Perception and Performance*, 18; 849-860.

Treisman, A. M. & Gelade, G. (1980) A feature-integration theory of attention. *Cognitive Psychology*, 12; 97-136.

第 12 章　生理的指標

藤村友美

Keywords　心拍数，皮膚電気活動，呼吸，血圧，表情筋電図，生化学的指標

I　はじめに

　興奮すると心臓がどきどきしたり，緊張すると手に汗をかいたり，私たちの身体は，心の状態の変化に鋭敏に反応する。生理的指標の計測は，心の状態を客観的に記述するのに有効な手法の１つである。生理的指標を扱う心理学は，生理心理学（physiological psychology）と精神生理学（psychophysiology）に大別される。これらの違いは簡単にいえば，独立変数と従属変数の設定にある。生理心理学では，独立変数を生理的要因，従属変数を心理的・行動的要因とするのに対し，精神生理学では，独立変数を心理的・行動的要因，従属変数を生理的要因とする。たとえば，ある脳領域を損傷させた動物の行動を調べる場合は，生理心理学になる。一方，認知課題遂行時やある状況下での脳活動や生理的変化を調べる場合は，精神生理学となる。本章では，ヒトを対象とした非侵襲的（身体に器具等の挿入を必要としない）計測が一般的な精神生理学の実験を紹介する。

1．生理的指標の特徴

　精神生理学において生理的指標というと，自律神経系指標を指す場合が多い。心拍数や発汗量は，比較的簡便に計測できるためよく利用される。また近年では，血液や唾液に含まれる生化学的物質も心的状態を反映する指標として扱うことが多くなってきた。心理臨床の実務場面ではこうした指標を用いた検査は見受けられないが，たとえば過量服薬等で緊急搬送されてきた患者や，電気けいれん療法時の患者の状態をモニタリングするために心電図をとることはあるだろう。各種自律神経系指標と生化学的指標の特徴と計測法を以下に述べる。

①心拍数（heart rate：HR）

　心拍数は、心臓の1分間あたりの拍動回数で、成人の平均心拍数は60 bpm（beat per minutes）である。心拍数は心電図もしくは脈波から算出できる。心電図は心臓が拍動するときに発生する心筋の電気的信号で、心拍数は各拍動のR波の頂点間隔（秒）を60から除したもので算出される。電極の配置は、R波を大きくとらえることができる四肢誘導の第Ⅱ誘導が使用されることが多い。第Ⅱ誘導では、右手首と左手首に電極を配置し、電位差を記録する。手足を大きく動かす課題の場合は心臓を挟む形で2つの電極を貼付する胸部誘導がとられる。

　脈波は、心臓が鼓動して送り出す血液によって変化する血管の圧を計測している。手首に指をあてて感じられる脈の変化がそれである。脈波は、赤血球が近赤外線を吸収するという性質を利用し、指尖や耳朶に装着したセンサーから近赤外線を照射し、透過した近赤外線の量から計測部の血液量を推定するという方法をとる。血液の容積変化を求めていることから容積脈波といわれる。脈波はスマートフォン等のデバイスによっても計測可能である。

②皮膚電気活動（electrodermal activity：EDA）

　皮膚電気活動は、精神性の発汗を電気的現象として記録したものである。手もしくは足の指に装着した一対の電極間に微弱な定電圧（0.5 V）をかけ、皮膚の抵抗変化を調べる。発汗すると皮膚表面の抵抗値が下がる現象を利用している。ゆっくりとした持続的な変化である皮膚コンダクタンス水準（skin conductance level：SCL）と入力刺激に対する一過性の反応である皮膚コンダクタンス反応（skin conductance response：SCR）がある。

③呼　　吸

　呼吸は吸う（吸気）・吐く（呼気）のリズムで構成されており、1分間の呼吸数と換気量で評価される。呼吸数は呼吸の速さ、換気量は呼吸の深さを反映する。呼吸運動は胸部と腹部の拡張と収縮を伴うため、胸部と腹部にバンドを装着して、バンドの伸縮から胸部と腹部の容積変化を電気的に記録し、呼吸数と換気量が求められる。

④血　　圧

　血圧は、血液が血管を内部から外部へ押し出す圧のことである。実験場面では、心臓の一拍ごとに変化する血圧の時間的変化を計測できる連続血圧計が有効であ

る。心臓が収縮したときの収縮期血圧（systolic blood pressure：SBP），拡張したときの拡張期血圧（diastolic blood pressure：DBP）が求められる。圧センサーから動脈圧の変化を計測するトノメータ法などがある。計測に先立ち，計測部位を心臓の高さで保つようにする。血液に関する指標として，1心周期の血圧の平均とする平均動脈圧（mean arterial pressure：MAP），1分間の心臓から送り出される血液量である心拍出量（cardiac output：CO），全身の血管抵抗である全末梢抵抗（total peripheral resistance：TPR）がある。これらは，オームの法則と同様の関係をもち，平均動脈圧＝心拍出量×全末梢抵抗で表される。

⑤表情筋電図

　表情筋は随意的運動が可能な骨格筋であり，末梢神経系の中でも体性神経系によって制御されているが，生理的指標として利用される。とくに表情筋は快と不快の感情価に鋭敏に反応する。計測部位の筋肉に電極を一対装着し，筋活動由来の電位変化を記録する。

⑥生化学的指標

　生化学的指標は，血中や唾液中に含まれる生化学的物質の濃度を指標としたものである。自律神経系，内分泌系，免疫系由来のものがある。とくにコルチゾールは，副腎皮質から放出されるステロイドホルモンであり，唾液中から簡便に計測できるため，ストレスの生理学的な評価方法として利用されている。計測法としては，2～3分，口の中に自然に溜まった唾液をストローで採取する方法（Passive Drool法）と口の中にくわえた脱脂綿に唾液を染み込ませる方法（サリベット法）がある。サリベット法の方が簡便に唾液が採取できるため一般的に用いられるが，脱脂綿に含まれる成分によって測定値が歪むことが指摘されており，可能であればPassive Dool法が望ましい。どちらの計測法も専用容器に唾液を移し，遠心分離させた後，冷凍凍結保存し，計測前に解凍する。計測は業者に委託する場合と専用キットで行う場合もある。なおコルチゾール濃度は，朝高く夜低いという傾向があるため，実験時間帯は固定する方が望ましい。

2．自律神経系の生理的機序

　自律神経系は，意識しなくても自律的に制御される身体活動を担っており，機能的に交感神経系と副交感神経系に分類される。交感神経系の亢進は，エネルギーを放出し生体を活動状態へと導く一方，副交感神経系の亢進は，エネルギーを

蓄積し生体を安静状態へと導く。多くの内臓諸器官はこれら2つの神経系の支配を受けており，これを二重支配という。たとえば，心筋は二重支配を受けているため，交感神経系が優位になると心拍数が増加し，副交感神経系が優位になると心拍数が低下する。つまり，2つの神経系の拮抗作用によって心臓活動が制御されているのである。したがって，実験時に安静時と比較して心拍数が増加した場合，交感神経系の活動が亢進したのか，副交感神経系の活動が減衰したのかは，心拍数の変化のみを根拠として結論づけることはできない。一方で，汗腺は交感神経系のみの支配を受けているため，発汗の増加は交感神経系の活動由来であると推定できる。二重支配を受けている内臓諸器官の活動は，交感神経系と副交感神経系の活動バランスの産物である。したがって，心理学実験で生理的指標を用いる場合は，複数の指標を組み合わせたり，実験条件の文脈から，その背後にある生理的機序を推定し，心的状態との関連を考察する必要がある。

3．生理的指標の計測準備とデータ解析

多くの生理的指標は電気的信号であるため，専用の計測・記録システムと環境設定が必要になる。主要なものとしては，差動増幅回路をもった生体信号計測・記録システムと，記録部位に適した電極である。生理的指標計測を行う場合は，計測部位以外に，必ず人体に接地電極を貼付する。接地電極は，人体と計測機器の電位差をゼロにすることで，交流雑音（東日本では 50 Hz，西日本では 60 Hz）の混入を防ぐ目的がある。交流雑音も含め，身体の動きによるリード線の揺れ，目的とする部位以外からの生体信号など，本来観察したい生体信号を阻害するものをアーティファクトという。生理的指標の計測にはこのアーティファクトをいかに除去するかが重要になる。

アーティファクト対策と関連して，各指標に適したフィルター処理を行う。出力信号には，さまざまな周波数特性をもったアーティファクトが重畳しているため，観察したい生体信号の周波数帯域以外の波を除去する目的がある。フィルターには高域遮断フィルターと低域遮断フィルターがある。基線の揺れやドリフトなど比較的ゆっくりとした波のアーティファクトは低域遮断フィルターを通過させることで除去できる。筋電図や脳波は比較的高周波で，皮膚電気活動や呼吸は相対的に低周波といった特徴をもつ。各生理的指標のフィルター設定周波数の目安を表1に示す。フィルター処理は，記録システムによっては計測中でも可能であるが，フィルターを通して記録した信号は元に戻せないので，可能な限り生波形に近い形で記録しておきオフラインで（計測後）フィルター処理を行うことが

表1　各生理的指標計測時のフィルター設定

	心電図	表情筋電図	皮膚電気活動	呼吸
低域遮断フィルター	0.5 Hz	20 Hz	0.03 Hz もしくは直流増幅	直流増幅
高域遮断フィルター	200 Hz	500 Hz	5 Hz	5 Hz

望ましい。

II　実験1　社会的ストレスに伴う生理的変化

1．問題・目的

　私たちは日常的にさまざまなストレスを経験している。一般的に「ストレスを感じる」と表現するが，厳密には，生体に歪みを生じさせる刺激を「ストレッサー」，生体に歪みが生じた状態を「ストレス状態」と呼ぶ。また，ストレッサーによって生じた心理的・身体的変化を総称して「ストレス反応」と呼ぶ。ストレス反応は交感神経系の亢進によるアドレナリンの放出，副腎皮質ホルモンによるコルチゾールの分泌といった生体反応を伴う。前者は，生体が脅威刺激に直面したときに生じる緊急反応（Cannon, 1929）であり，後者はそれによって活発になった身体にエネルギーを供給したり，身体の損傷を抑制する役割をもつと考えられる。現代社会では，捕食者に追いかけられるようなストレス状況は想定できないが，人前でスピーチをするときは心臓が高鳴り，手に汗握る人も多いだろう。このように他者に評価される状況下での緊張状態やあがりは，社会的ストレスの一種であると考えられる。では，実際に生体はどのような反応を示すのだろうか。

　代表的なストレス喚起プロトコルとして，トリア社会的ストレステスト（trier social stress test：TSST）がある。このテストは，人前でのスピーチ（模擬面接）と暗算課題で構成されており，課題後，心拍数，血圧，コルチゾールの値が増加することが知られている（Kirschbaum et al., 1993）。これは，他者からの社会的評価による脅威がストレス反応をもたらしたと考えられるが，とくに暗算課題はコントロール不可能性というストレッサーも存在し，TSSTでは異なる種類のストレッサーの影響が混在している可能性がある。そこで，今回の実験では，他者評価というストレッサーが身体に及ぼす影響を検討するため，人前でスピーチする群と単独でスピーチする群を設定し，交感神経系の指標として心拍数，血圧，内分泌系指標としてコルチゾール濃度を唾液から計測することとする。各指標の時

間的応答性については，心拍数や血圧はストレス操作から数分以内に，コルチゾールはストレス操作から徐々に増加し始め30分前後でピークに達する。

2．方　　法

①要因計画

人前でスピーチする群と，単独でスピーチする群を参加者間要因として設定する。また，生理的変化を時系列で観察するために，スピーチを考える準備期，実際にスピーチを行う課題期，課題後の回復期の前半，後半の4つの期間の変化を観察する。したがって，参加者間要因として，他者評価条件（他者評価，単独），参加者内要因として，期間（準備期，課題期，回復期前半，回復期後半）の2要因の混合計画で行う。

②手続き

まず心拍数と血圧計測の機器を装着し，10分間の安静状態のデータを取得する（安静期）。その後，実験者が入室し，実験の課題について教示を行う。スピーチの内容は「自分の強みと将来就きたい職業について」とする。まずは，実験者が部屋を離れたら2分間スピーチの内容を考え（準備期），その後，3分間スピーチを行う（課題期）ことを伝える。

他者評価群の場合は，準備期終了後，実験室に評価者1名（サクラ）が入室する。課題中はあたかも評価をしているように，手元のシートに記入するふりをしてもらう。参加者には事前にスピーチの内容が評価され点数がつけられる旨を伝える。サクラを用意するのが難しい場合は，ビデオカメラ撮影でもよい。その際は，録画したビデオは後ほど専門家によって評価され，スピーチの出来が点数化される旨を事前に伝える。実際には評価は行わない。単独群は，課題中は音声のみを録音し，事後的に音声自動解析システムにて声質について解析を行い，内容については実験者も確認しない旨を伝える。実際には録音は行わない。

課題中，スピーチが途切れそうになった場合は，続けるように促す（単独群の場合は，マイクによって実験者が教示する）。3分経過したところでスピーチを強制終了する。課題期終了後，実験者が入室ししばらく安静にしておくよう伝える。回復期は30分とする。回復期終了後，実験の真の目的を伝えるデブリーフィングを行う。今回の実験はストレス反応を見るものであること，実際にはスピーチや音声は評価されないことを伝える。

③計測指標

　心臓血管系反応の指標として，収縮期血圧，拡張期血圧について，連続血圧計によって一拍ごとの値を算出する。非利き手の指にカフ（計測箇所に巻き付けるバンド）を装着する。心拍数は連続血圧計から計測できる脈波によって算出する。安静時に記録を始め，回復期が終了するまで連続して記録する。コルチゾール濃度計測については，Passive Drool 法で唾液を採取する。2 分間口の中に自然に唾液をためてもらいストローで採取し，容器に収集する。準備期直後，課題期直後，回復期開始から 15 分後，回復期終了後の計 4 回採取する。

④データ解析

　収縮期血圧，拡張期血圧，心拍数について，安静期終了直前の 1 分間をベースラインとして，準備期，課題期，回復期前半 15 分，回復期後半 15 分の平均値からベースラインを引いたものを変化値とする。コルチゾール値は，4 回の計測値を用いる。

3．結　　果

　心臓血管系反応については，他者評価群と単独群の，準備期，課題期，回復期前半，回復期後半のそれぞれの変化値，コルチゾール濃度については，各期間直後の濃度を折れ線グラフで図示する（図1）。収縮期血圧，拡張期血圧，心拍数ともに準備期で増加し課題期では大きな変化を見せている。また拡張期血圧と心拍数については準備期，課題期ともに他者評価群の方が単独群よりも大きく増加しており，収縮期血圧においては課題期において他者評価群が大きく増加した。いずれの指標についても，回復期では条件間の差はなくなり安静期の値に近づく傾向が見られる。コルチゾール濃度については，準備期では群間の差がないが，課題期から回復期にかけて他者評価群が単独群よりも濃度が高くなる傾向が見られる。回復期において群間の差が最も大きくなっている。これらの従属変数について，群間の差を検討するために，条件×期間の 2 要因の混合分散分析を実施する。

4．考　　察

　今回の実験では，心臓血管系の指標として心拍数，収縮期血圧，拡張期血圧，内分泌系指標としてコルチゾール濃度を用いて，他者評価が身体に及ぼす影響を検討した。その結果，他者評価による社会的ストレスが心臓血管系活動の亢進をもたらし，コルチゾール濃度を上昇させる傾向があることがわかった。

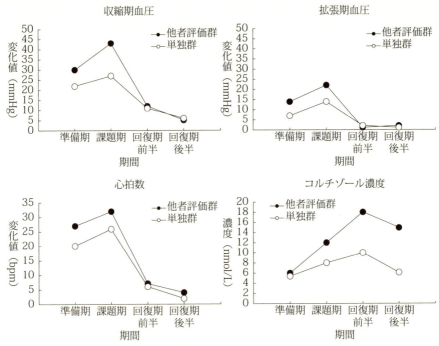

図1 収縮期血圧，拡張期血圧，心拍数，コルチゾール濃度の結果の例
注）他者評価群と単独群の各期間における平均値。

　収縮期血圧と心拍数は，準備期においても大きな増加を見せるようである。スピーチの内容を考えているときにすでに予期不安が生じる可能性が考えられる。収縮期血圧，拡張期血圧，心拍数ともに準備期と課題期において，他者評価群の方が単独群よりも変化が大きかった。個人的な考えについてスピーチを行うという場面において，他者評価という社会的ストレスが加わることによって心臓血管系活動が亢進すると考えられる。
　また，コルチゾール濃度も準備期，課題期，回復期とかけて，他者評価群は大きく増加し，回復期前半でピークを示した。コルチゾール濃度の指標からも他者の評価事態が大きな社会的ストレスになっていたことが伺える。
　ストレッサーは視床下部を刺激し，視床下部が交感神経系と副腎皮質系を制御している。交感神経系は，心拍数の増加や血圧の上昇をもたらす一方，副腎皮質系では副腎皮質ホルモンがコルチゾールを放出させる。コルチゾール濃度のピークが回復期にあるのは，唾液中のコルチゾール濃度が変化するのは交感神経系の

亢進よりも時間的遅延があるためと考えられる。ストレッサーによって身体内部でダイナミックな変化が生じ，他者からの評価といった脅威事態に備えるべく適応的な反応がなされているといえるだろう。

III 実験2 ポリグラフ検査における応答が生理的変化に及ぼす影響の検討

1. 問題・目的

　日本の警察機関では，科学捜査の一環として，ポリグラフ検査が導入されている。ポリグラフ検査とは，被検査者に対し，犯行手段・方法等の事件に関する特定の質問を行い，そのときに生じる生理反応を，ポリグラフ装置を用いて計測することで，事件に関する事実を認識しているか否かを検査するものである（警察庁，2012）。ポリグラフとは，生体由来の電気的信号の計測と記録を行う装置のことを指す。

　日本では，ポリグラフ検査のパラダイムとして，隠匿情報検査（concealed information test：CIT）が採用されている。CITでは被検者への質問の方法が鍵となる。「あなたは時計を盗みましたか」というような直接的な質問をするのではなく，犯罪事実を示す裁決項目1つと，犯罪事実とは無関係だが裁決質問と同じカテゴリーに属する非裁決項目を複数組み合わせて質問表を構成する。たとえば，殺人の被害者の上着の色が黒色だったとしよう。この事実は報道されておらず，上着の色を知っているのは犯人と捜査関係者だけという点が重要である。被検者には，被害者の上着の色について，「赤でしたか」「白でしたか」「黒でしたか」「青でしたか」と項目を順次呈示していく。ここで，黒が裁決項目，他の色は非裁決項目である。非裁決項目と比較して，裁決項目である黒に対して特異的な生理的変化パターンが見られた場合，被検者は上着の色が黒であったことを知っている可能性が高いと推定される。実務場面において，裁決項目に対しては，皮膚電気活動の増加，呼吸運動の抑制，心拍数の低下といった典型的な反応パターンが観察されることがわかっている。これが，ポリグラフ検査が，事実の認識（記憶）の有無を調べるテストといわれる所以である。

　以上のように，実務場面では，各項目の呈示に対応して「いいえ」と回答することが求められるが，上述の例の場合，「黒でしたか」に「いいえ」と回答することは嘘をついていることになる。本来，「はい」と答えるべき項目に対して「いいえ」と答えることによる感情的な葛藤が，裁決項目と非裁決項目に対する皮膚コ

ンダクタンス反応の差異を増大させることが指摘されているが（Vershuere et al., 2011），否定的な見解もある（MacLaren, 2001）。そこで，この実験では，CITにおける応答の有無が生理的変化に及ぼす影響について検証する。実務場面では，呼吸運動も有力な指標であるが，今回は，言語的応答の有無を実験要因として扱うため，発声の影響を受けやすい呼吸運動は計測せず心拍数と皮膚コンダクタンス反応を計測する。

2．方　法

①要因計画

　この実験では，応答の有無を独立変数として扱う。すべての質問に「いいえ」と応答する応答あり群と，質問には応答しない応答なし群を参加者間要因とする。分散分析の要因計画は，後述の3項「結果」で詳細に述べる。

②手続き

　実務場面での模擬検査でも使用されるカードテストを用いる。1～5いずれかの数字が書かれたカードを用意し，参加者に1枚引いてもらう。引いたカードに書かれた数字が裁決項目となる。このカードは実験者には見せずに伏せて参加者の手元に置いておく。「あなたが引いたカードは1でしたか？」という質問文を1～5までPowerPoint等で作成する。1スライドの呈示時間は5秒間とし，刺激呈示の予期による影響を排除する目的でスライドの呈示間隔は20～30秒間でランダムに設定する。1～5をランダムに1回ずつ呈示し，1セッションとする。これを5セッション行う。各セッションにおいて，緩衝項目としてカードの選択肢にない0を必ず1試行目に設定する。これには，新奇な刺激に対する生理的反応を除外する目的がある。応答あり群はスライド呈示されたら，すべて「いいえ」と回答するように求める。

③計測指標および装置

　実験は電磁シールドを施した部屋で行う。生体信号記録システムを用いて，心拍数計測のための心電図，皮膚コンダクタンス反応を計測する。すべての信号は，サンプリングレート1,000 Hz（1秒間に1,000点）でデジタル変換して記録する。心電図は第II誘導で電極を装着する。皮膚コンダクタンス反応は，非利き手の第2および第3指末節に電極を装着する。接地電極は心電図計測の左手首に装着した電極とする。心拍数は，心電図波形のR波とR波の間隔から拍動ごとの心拍数

（瞬時心拍数）を算出する。

④データ分析

　心拍数は，スライド呈示から20秒間を分析対象とし，5秒ごとの区間平均を求める（区間1～区間4）。皮膚コンダクタンス反応は，スライド呈示から5秒以内に生じた変化の最大振幅とする。裁決質問法の課題構造では，裁決項目と非裁決項目に対する反応の相対的差異が重要になるため参加者内，測定セッション内でデータの標準化を行う。まず，心拍数は5項目×4区間の計20個の測定値について，皮膚コンダクタンス反応は，5項目の測定値について標準化を行いz得点を算出する。なお各指標の素データの単位は，心拍数はbpm（beat per minutes），皮膚コンダクタンス反応はμS（マイクロジーメンス）である。標準化した値について，各指標の各項目についてセッション間平均を求める。データの解析および分析は生体反応記録装置に付属しているソフトウェアで行うこともできるが，独自にプログラムを組んで行うこともある。

3．結　　果

①心拍数

　裁決項目と非裁決項目に対する心拍数標準化値の4区間の平均値を折れ線グラフで図示する（図2左）。応答あり群と応答なし群の値を同一グラフ上で示す。心拍数の時系列的変化については，両群ともに裁決項目に対して大きく減少し，区間3で最大に減速している一方，非裁決項目については，減速は見られない。群間の違いについては，区間4において，応答あり群の方が心拍数は減速しているもののその差は小さい。ここでは，条件（応答あり群，応答なし群）を参加者間要因，項目（裁決，非裁決）と区間（区間1～区間4）を参加者内要因とする3要因の分散分析を行う。裁決項目の検出ができているかを確認するためには，項目の主効果および項目と区間の2次の交互作用について下位検定を行う。応答あり・応答なしの効果については，条件の要因を含む主効果および交互作用で確認する。

②皮膚コンダクタンス反応

　裁決項目と非裁決項目に対する皮膚コンダクタンス反応の標準化値の平均値を棒グラフで図示する（図2右）。応答あり群と応答なし群の値を同一グラフ上で示す。裁決項目の方が非裁決項目よりも皮膚コンダクタンス反応の増大が認めら

第 2 部　さまざまな心理学実験

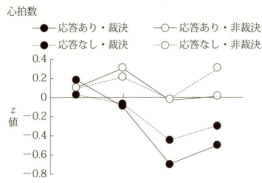
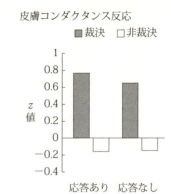

図 2　心拍数と皮膚コンダクタンス反応の結果の例

注）　参加者内，セッション内で標準化された心拍数と皮膚コンダクタンス反応（z 値）の平均値。

れる。裁決項目については，応答あり群の方が応答なし群よりも少し皮膚コンダクタンス反応が大きいようにも見える。ここでは，条件（応答あり群，応答なし群）を参加者間要因，項目（裁決，非裁決）を参加者内要因とする 2 要因の分散分析を行う。それぞれ主効果と交互作用について下位検定を行う。

4．考　　察

　この実験では，CIT において応答の有無が検査時の生理反応に影響を及ぼすかどうかを検討した。その結果，裁決項目および非裁決項目に対する反応は，心拍数，皮膚コンダクタンス反応ともに応答の有無による大きな違いは見られなかった。この結果は，CIT における裁決項目の検出は，応答の有無，すなわち「嘘をつく」という心的行為の影響を受けにくいことを示唆している。CIT における生理反応の背景にある心的メカニズムについてはさまざまな議論がなされているが，CIT において裁決項目に対して見られる特異的な生理的変化は，主として嘘をつくことに起因するものではないと推測できるだろう。

　今回の実験では，皮膚コンダクタンス反応は裁決項目の方が非裁決項目よりも大きかった。これは交感神経系において覚醒度が裁決項目の呈示によって高まったためと考えられる。また心拍数もスライド呈示 10 秒後から裁決項目と非裁決項目の差が生じ，15 秒後には裁決項目に対する心拍数が大きく減速した。こうした生理反応の振る舞いは，カードテストや模擬窃盗による CIT パラダイムの実験的

検討における報告と一致するものである（小林ら, 2009）。また，実験場面においては心拍数や皮膚コンダクタンス反応の検出率が高くなる傾向があるが，実務場面では呼吸運動に大きな変化が認められることも指摘されている（中山, 2001）。実務場面では，当然ながら被検者の覚醒水準は高く，実験場面とは異なる特殊な環境であるといえるだろう。一方で，実験場面においても，カードテストで裁決項目を同定できることが確認でき，応答の有無はこの同定に大きな影響は及ぼさないようである。実験場面と実務場面の違いを考慮しながら，検出率に影響を及ぼす心的要因を同定する検討が今後も必要だろう。

IV　まとめ

実験1では，他者評価による社会的ストレスが身体に及ぼす影響について検討した。指標としてはストレス反応が顕著に表れる，心拍数，血圧，コルチゾール濃度を計測した。実験環境におけるストレス事態では，他者評価の他，課題に取り組ませることが多いが，課題への準備期，課題期，課題後（回復期）の時系列変化で追うことで，ストレスに伴う心理的・生理的変化の理解が深まる。実験2では，応答が虚偽検出に及ぼす影響について検討した。CITパラダイムは実務場面で採用される頑健な課題であるが，裁決項目の検出に影響を及ぼすと想定される要因を仮定し，その要因の影響を検討できる洗練された実験計画を立てることが必要になってくる。

生理的指標を用いた実験に限ったことではないが，実験の生態学的妥当性は考慮する必要がある。ストレス事態や虚偽検出事態では，現実場面と実験場面では参加者の心理的負荷や環境要因が大きく異なることを理解し，課題が現実により近づくように工夫を凝らすことが必要である。

◆学習チェック
□ 精神生理学で使用される自律神経系指標の特徴について理解した。
□ ストレス課題における，心臓血管系反応やコルチゾール濃度の変化について理解した。
□ CIT検査パラダイムにおいて，嘘をつくことの影響はそれほど大きくないことについて理解した。

より深めるための推薦図書
　加藤象二郎・大久保堯夫編著（2006）初学者のための生体機能の測り方 第2版．日

本出版サービス．

堀忠雄・尾﨑久記監修，坂田省吾・山田富美雄編（2017）生理心理学と精神生理学 第I巻 基礎．北大路書房．

堀忠雄・尾﨑久記監修，片山順一・鈴木直人編（2017）生理心理学と精神生理学 第II巻 応用．北大路書房．

文　献

Cannon, W. B.（1929）Organization for physiological homeostasis. *Psychological Review*, 9; 399-431.

警察庁（2012）警察白書 平成24年版．警察庁．

Kirschbaum, C., Pirke, K. M. & Hellhammer, D. H.（1993）The "Trier Social Stress Test": A tool for investigating psychobiological stress responses in a laboratory setting. *Neuropsychobiology*, 28; 76-81.

小林孝寛・吉本かおり・藤原修治（2009）実務ポリグラフ検査の現状．生理心理学と精神生理学，27; 5-15.

MacLaren V. V.（2001）A quantitative review of the guilty knowledge test. *Journal of Applied Psychology*, 86; 674-683.

中山誠（2001）犯行時の記憶評価のパラダイム—Guilty Knowledge Test．生理心理学と精神生理学，19; 45-52.

Vershuere, B. & Ben-Shakhar, G.（2011）Theory of the concealed information test. In: B. Vershuere, G. Ben-Shakhar & E. Meijer (Eds.): *Memory Detection: Theory and Application of the Concealed Information Test*. Cambridge University Press, pp. 128-148.

第13章

脳活動の測定

野口泰基

Keywords 脳波，fMRI，時間分解能，空間分解能，事象関連電位，ブロックデザイン

I はじめに

　知覚・記憶・言語・感情など，ヒトがもつさまざまな心的機能は脳の神経活動から生じている。多くの心理学者が神経科学者と協力することで，「心」の生物的基盤である脳の仕組みを解明してきた。では現場ではどのような実験が行われているのだろうか？　この章ではまず脳活動の計測手法を紹介する。次に簡単な実験例を2つ挙げ，デザインや条件設定，データの解釈などについて概説する。

1．脳活動と電気信号・磁気信号

　脳活動とは何か？　それは脳を構成する神経細胞（ニューロン）が発する電気信号である。ニューロンは脳内でネットワークをなしており，あるニューロンは別のニューロンからの電気信号を受け取り，一定の条件を満たせばみずからも電気信号を発して次のニューロンに伝達する。この情報のやりとりの際に生じる電気信号の総体を「脳活動」と呼んでいる。たとえば脳の後ろに位置する後頭葉という領域では（図1），視覚情報に反応するニューロン群がかたまって存在する（視覚野）。目の前のスクリーンに何らかの刺激が提示されると，その情報は眼球を経由して視覚野に伝わり，後頭葉のニューロン同士が活発に電気信号をやりとりするようになる。「脳が活性化した」とはこのような状態を指す。

　よってヒトの脳活動を安全に測定する最も単純な方法は，頭皮に電気のセンサー（電極）を貼り付け，脳から漏れ出してくる電気信号を測ることである。この方法を脳波（electroencephalography，略してEEG）と呼ぶ。

　また物理の基礎法則として，電気が発生すれば，そこには磁気が発生する（右

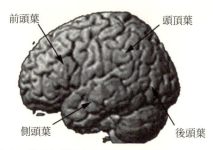

図1 ヒトの脳を左側面から見た図。視覚野は後頭葉にある

ねじの法則)。脳内の電気信号から発生した磁気信号を，頭皮上のセンサーで計測する手法を脳磁図（magnetoencephalography：MEG）と呼ぶ。

最後に細かい知識ではあるが，「脳の電気信号」には，「シナプス後電位（興奮性のものは EPSP，抑制性のものは IPSP と呼ばれる）」と「活動電位」の2種類がある。脳波・脳磁図ともにおもな信号源はシナプス後電位であると考えられている（脳波・脳磁図の波形は活動電位の形とは大きく異なるため）。

2．脳活動と血流

脳波・脳磁図以外では，「血流」を測って脳活動を評価する方法がある。なぜ血流が脳活動の指標になるのか？ ニューロンが電気信号を発生させたり伝達したりするにはエネルギーが必要で，生体のエネルギー通貨であるアデノシン三リン酸（adenosine triphosphate：ATP）が消費される。ATP の生産に必要なのは酸素とブドウ糖だが，これらは血流（血管）を通して供給される。そのため脳は，活発に活動して ATP を消費した領域に，エネルギー源である酸素・ブドウ糖を優先的に送り込もうとする（エネルギー補償）。上の例でいうと，視覚情報の処理のため活発に電気信号を発生した視覚野には，その数秒後（2～5秒後）に大量の血液が送り込まれる。よって血流の変化を見れば，ある領域が活発に活動していたか否かを推測することができる。この原理を応用した代表的な手法が機能的核磁気共鳴撮像法（functional magnetic resonance imaging：fMRI）である。他に近赤外分光法（near-infrared spectroscopy：NIRS）や陽電子断層法（positron emission tomography：PET）も，血流動態を通して脳の活動を測定している。

3．空間分解能と時間分解能

上記のように脳活動の測定技術には2つの系統がある。それぞれには長所・短

表1　各測定法の長所と短所

	時間分解能 (ms 単位で変化する神経活動を追えるか)	空間分解能 (脳活動の位置をピンポイントで推定できるか)
電気・磁気を測る手法 脳波 (EEG), 脳磁図 (MEG)	○	×
血流を測る手法 機能的核磁気共鳴撮像法 (fMRI) など	×	○

所があるため，ここでは EEG と fMRI を各系統の代表として簡単に整理する。まず EEG の長所は，ニューロンが発する電気信号を直接捉える点である。ms 単位で変化する神経信号をリアルタイムで追うことができる（時間分解能が高い）。反対に短所は，捉えた電気信号の発生源がおおまか（数 cm 単位）にしか特定できない点である（空間分解能が低い）。脳と頭蓋骨の間には脳脊髄液の層があり，これが電気信号を広く拡散させる。ある脳領域で発生した信号が，頭皮に届く前に脳脊髄液層で拡散し，遠く離れた位置の電極で検出されることもある。つまり電気信号をとらえても，それが電極直下の脳領域から生じている保証はどこにもない。そのため信号発生源の特定が難しい。

次に fMRI だが，長所は空間分解能が高いことである。詳細は省くが，照射する電磁波の波長や位相，磁場の強さを脳の領域別に微妙に変えることで，mm 単位の空間分解能を実現している。つまり fMRI で捉えた脳活動は，信号の発生源をピンポイントで特定できる。対して短所は時間分解能が低いことである。上述のように神経活動が起きてから血流変化が起きるまでには数秒の遅れがある。fMRI が測っているのは血流変化であるため，ms 単位で変動する神経信号を追うことはできない。

まとめると EEG は時間分解能が良いが，空間分解能が悪い。fMRI は空間分解能が良いが，時間分解能が悪い（表1）。互いが互いの弱点を補う関係になっているため，実験目的によって使用する装置を選ぶことが重要である。たとえば「ある刺激を提示してから脳の視覚野が活動を始めるまで何 ms かかるか」を知りたいなら EEG を用いるべきである。「ある刺激を見ているとき，視覚野のどの部分が強く活動しているか？」を調べたいなら fMRI を使うべきである。

次節から EEG と fMRI を用いた具体的な実験例を2つ紹介する。

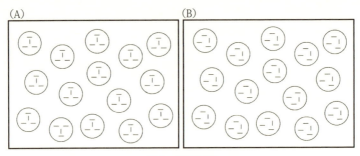

図2　視覚探索

注）　1つだけある仲間外れを探すのに要する時間はAの方が短い。

II　実験1　脳波を用いた「顔ニューロン」の神経反応の測定

1．問題・目的

　我々が社会生活を送るうえで顔の認識は欠かせない。人ごみの中から知り合いの顔が現れれば，素早く見つけて挨拶をしなければならない。また表情を識別して相手の心理状態を推察することは，円滑なコミュニケーションを行うための基本である。

　実際，私たちの脳は顔に敏感に反応する（Hochstein et al., 2002）。たとえば「1つだけある仲間外れを探してください」という視覚探索課題を行わせる。発見するまでの時間を測ると，多くの人は図2Aよりも図2Bの方でより長い時間を要する。どちらの図でも，各図形は円と4つの線分から構成されている。仲間外れになる要因も同じである（他の図形とは上下が反転している）。だが顔の形をなしたもの（図2A）は，なしていないもの（図2B）に比べてより目立つ。

　顔に対するこのような敏感性は，脳内に「顔の認識に特化したニューロン群」があることを示唆する。顔の素早い検出や精緻な識別は，そのようなエキスパートニューロン（以下「顔ニューロン」）の働きによるものではないだろうか？　この仮説を裏づける例として，相貌失認という疾患が知られている（Rossion, 2014）。脳の一部に損傷（外傷や血管障害）を受けると，「道具や動物など他の生物・物体の認識は正常にできるのに，ヒトの顔の識別能力だけが著しく低下する」という奇妙な症状を呈するようになる。この相貌失認は，特定の脳領域にかたまって存在していた顔ニューロン群（顔領域と呼ばれる）が，損傷によって機能しなくなった結果ではないかと考えられている。では健常者の脳を対象として，このよう

第13章　脳活動の測定

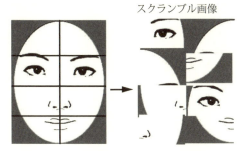

図3　スクランブル画像の例（右）

注）顔画像のパーツ（目・鼻等）を並び替えて作成する。著作権上の理由で線画を示すが，実験では顔の写真を用いる。

な顔ニューロンの神経反応を捉えることは可能だろうか？　以下では脳波を用いた簡単な実験例を紹介する。

2．方　　法

①刺　　激

　刺激として4つのグループの画像を用意する。1つ目はヒトの顔（顔画像）。2つ目は顔画像をランダムにスクランブルしたもの（スクランブル画像；図3）。3つ目，4つ目は顔以外の画像を用いる（統制条件なので，顔以外なら何でもよい）。ここでは建物画像（家やビルなど）と道具画像（ハサミやハンマーなど）を用いる。簡単な実験なので，各グループ5つぐらいの画像（計20画像）があれば問題ない。最後にターゲット（標的）刺激として赤い円が描かれた画像を1つ用意する。

②手続き

　スクリーン中央に小さな固視点を1,500 ms（1.5秒）間提示し，刺激画像（上で用意した21画像のどれか）を同じ場所に500 ms間提示する（1試行）。画像提示中も固視点はスクリーンに残す（画像の上に固視点が置かれることになるが，固視点は小さいため画像を見る妨げにはならない）。提示画像をランダムに変えながらこの試行を84回繰り返し（1画像につき4回提示），1セッション終了とする（1セッション＝2秒×84試行＝168秒）。被験者はターゲット刺激（赤い円）が提示されたら，素早く手元のボタンを押す。4セッションを行い，実験終了とする。

187

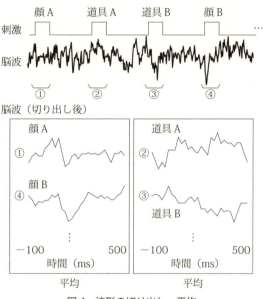

図4　波形の切り出し・平均

③脳波の記録・解析

　被験者の頭皮上のなるべく多くの箇所に電極を装着する（32〜64箇所を測定することが多い）。全電極の平均波形を基準として各電極の波形を標準化し（アベレージリファレンスと呼ばれる），低域遮断フィルター（＞0.1 Hz）をかけてノイズを除く。次に各試行の「刺激が提示された瞬間」をゼロ点として，その100 ms前から500 ms後までの波形を切り出す。図4では例として，刺激が「顔→道具→道具→顔」の順番で提示された場合の波形の切り出しを示している。最初の100 msの波形を使ってベースライン補正を施した後，切り出した波形を4グループごとにまとめ（顔，スクランブル，建物，道具を提示されたときの波形が各80試行あるはずである），グループ内で波形を平均する（図4下）。なおターゲット刺激に対する波形は，ボタン押し反応によって生じたノイズが含まれるため，解析から除く。また非ターゲット画像への波形であっても，生体ノイズ（被験者の体動など）や装置ノイズ（電極の装着不備など）の影響を強く受けた試行の波形は解析から除外する。

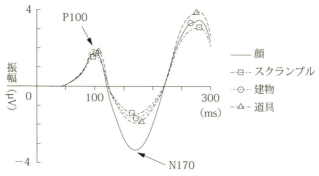
図5　右後頭側頭部の典型的 ERP 波形

3. 結　果

①行動データ

　被験者が課題を正しく行っていたか否かを調べるためにボタン押しの反応率を計算する。ターゲット刺激が提示された（ボタンを押すべき）試行は全部で 16 回あったので，これを分母とする。被験者が実際にボタン押しを行った回数をカウントし，これを分子とする。指示に従って正しく課題を行っていた場合は，反応率は 0.9 以上になることが多い。反応率が著しく低い被験者は，脳波データの解析対象には含めない。また非ターゲット刺激に対して頻繁にボタンを押した被験者も，課題を指示通りに行っていないため解析から除く。

②脳波データ

　行動データが正常な被験者のデータを平均する。右半球の後頭側頭部（視覚野）に置いた電極で見られる典型的な波形を図5に示す。なおこのような「特定の外部イベント（視覚刺激の提示など）に対する脳反応」を表した波形を「事象関連電位（event-related potential，略して ERP）」と呼ぶ。睡眠時の脳波測定などは外部から特定の刺激を与えず，自発的に起こる波形の変化を観察することが多い。そのような自発変化と区別するため ERP という呼称が使われる。

　さて右視覚野の ERP（図5）を見ると，刺激提示の 100 ms 後に第1反応が起きている。波形がプラス側（陽極側）に動いており，提示の約 100 ms 後に出現するため，この成分は P100（P は陽極の意味）と呼ばれる。P100 の振幅は4種類のどの画像を提示したときも同じで，1.5〜2 μV（マイクロボルト）である。

　続いて刺激提示の約 170 ms 後に，第2の反応が起きている。今度はマイナス

側への反応なので，この成分はN170と呼ばれる。なお脳波では，波形が平坦な状態を無反応と見る。波形が上下に動いていれば，それがプラス方向でもマイナス方向でも何らかの神経反応を反映したものと見なす。神経反応が強いほど，波形の振幅は大きくなり，頂点は基線（$0\mu V$）から離れる。

このように見ると，N170は顔画像に対してのみ強い反応を示している。建物や道具画像の場合，N170のピーク振幅は$1.5\sim2\mu V$だが，顔画像では$3\mu V$になる（陰性成分の振幅を測るときは，マイナスは無視して絶対値をとる）。またスクランブル画像へのN170も$2\mu V$程度に留まるため，この強い反応は「顔のパーツ（目や口など）」に対する反応ではない（顔画像もスクランブル画像も，並びが異なるだけでパーツは同じである。もしN170が顔パーツへの反応なら，その振幅は「顔画像＝スクランブル画像」となるはずだが，そうはなっていない）。つまりN170は，「顔のパーツが特定の配置を成したとき（全体として顔と認識可能なとき）」にはじめて大きな反応を示す。これはサルなどの動物実験で記録される顔ニューロンの反応特性と一致する（Kobatake, 1994）。

なお統計分析に関しては，4つの画像に対するN170のピーク振幅をとり，1要因分散分析を用いる。有意な主効果が検出され，かつ事後検定において「顔画像への振幅がスクランブル画像への振幅よりも大きい」「顔画像への振幅が建物画像への振幅よりも大きい」「顔画像への振幅が道具画像への振幅よりも大きい」という有意差が検出されれば，N170が顔画像に対して選択的・特異的な反応を示していることが立証できる。

4．考　　察

N170成分を指標にして，ヒトの脳が顔に対して特有の反応を示すことが明らかになった。おもなポイントは以下の2つである。

1つ目は，顔への選択的な反応が，刺激提示から170 msという短時間で見られたことである。顔への反応は素早く自動的なものであり，意思や注意の力では制御が難しいことを示している。親しい友人の顔ならば，たとえ人ごみの中であっても瞬時に（1つひとつを注意深く見る必要なく）見つけられるのは，このような顔認識の自動性と関係があるかもしれない。

2つ目は，「P100成分の振幅は4つの画像のどれを提示しても同じ」であったことである。つまり提示100 ms後の段階では，画像の詳細な特徴は分析されておらず，「とりあえず何らかの刺激が出現した」という検出のみが行われていることが示唆される（だからどの画像を提示しても同じ反応になる）。N170の結果と

合わせると,「まず刺激の検出を行い（100 ms 後），その後に詳細な分析を行う（170 ms 後）」という，神経処理の時間的な流れが見えてくる。

III 実験2 fMRIを用いた「顔ニューロン」反応の測定

1. 問題・目的

脳波実験の弱点は空間分解能にある。つまり顔に特有の反応が見られたとしても，その発生源の位置がわからない。顔への顕著な N170 反応は右半球の後頭側頭部の電極で捉えられたため，「発生源は多分そのあたり」というおおまかな情報が得られるだけである。これでは「顔ニューロンは脳の特定の場所に固まって存在するのか？（相貌失認から予測されていた「顔領域」は存在するのか？）」がわからない。また「顔領域があるとして，それは1つなのか？　複数なのか？」「脳の表面にあるのか？　深部にあるのか？」などの疑問にも答えることができない。以上の点を検証するには，空間分解能に優れた手法を用いる必要がある。ここではfMRIを使った実験例を紹介する。

先述したように，fMRIが計測するのは神経信号ではなく血流信号である。そのため神経活動に比べると信号変化の開始が数秒遅れる。具体例として，刺激を1秒間提示したときに視覚野で見られる典型的な血流信号の変化を図6Aに示す。複数の刺激を連続提示（2秒に1画像の割合）したときはこの波形が重畳し，信号レベルが上昇したままの状態が長時間維持される（図6Bの集合波形）。

2. 方　　法

①刺　　激

刺激は脳波実験と同じ4種類の画像を用いる（顔，スクランブル，建物，道具）。ただし各種類の画像を15枚ずつ用意する。

②手続き

ここではfMRI実験の基本パラダイムである「ブロックデザイン」を用いる。まずスクランブル画像を1枚2秒ずつ，15枚提示する（この30秒の期間を「刺激の時間的かたまり」という意味で「ブロック」と呼ぶ）。その後の流れは表2の順番2から7の通りである。すべてのブロックでは1枚2秒ずつ，15枚の画像（顔，スクランブル，建物，道具のどれか1種類）を提示する。

表2に示した通り，スクランブルブロックをベースラインとして，その間に顔・

第 2 部　さまざまな心理学実験

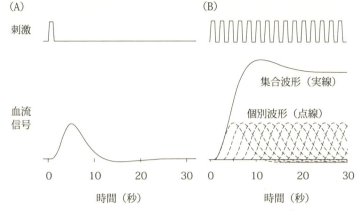

図 6　刺激を単発（A）または連発（B）で提示したときの血流信号の変化

表 2　ブロックデザインにおける 1 セッションの構成

順番	ブロックの名称	提示する画像	画像の枚数	ブロックの長さ
1	スクランブルブロック	スクランブル画像	15 枚	30 秒間
2	顔ブロック	顔画像	15 枚	30 秒間
3	スクランブルブロック	スクランブル画像	15 枚	30 秒間
4	建物ブロック	建物画像	15 枚	30 秒間
5	スクランブルブロック	スクランブル画像	15 枚	30 秒間
6	道具ブロック	道具画像	15 枚	30 秒間
7	スクランブルブロック	スクランブル画像	15 枚	30 秒間

建物・道具ブロックを挟み込む．この 30 秒× 7 ブロック＝ 210 秒を 1 セッションとする．

　このとき，顔ニューロンを含む脳領域は，どのような血流信号の変化を示すだろうか？　脳波実験で示された通り，顔ニューロンは顔に対し，他の 3 タイプの画像よりも強い神経反応を示す．よって予想される反応は図 7 のようになる．

　なお被験者には課題として，不定期に起こる固視点の色の変化を検出し，ボタンを押すよう教示する．固視点の色は通常は黒だが，210 秒間のセッションのどこかで，5 回ほど赤に変化させる．赤に変化している時間を短め（たとえば 200 ms）に設定して課題の難度をあげる．こうすることで，被験者が高い覚醒度を保ちながらスクリーンの中央を見るように誘導する．

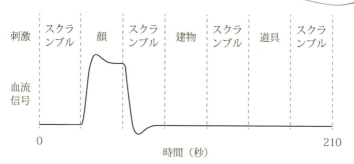

図 7　顔ニューロンが示す血流信号の予想反応波形

③記録・解析

　被験者を fMRI 装置に入れ，課題遂行中の脳血流変化を記録する。データ解析は複雑なので，概略を単純化して記す。まず被験者の体動によってデータに混入したノイズを除去・補正する。さらに各被験者の脳血流画像の形状をコンピュータ上で変換し，標準的な形状に近づける。また局所的に発生しているノイズの影響を軽減するため，画像を空間的に平滑化する（ボカす）。

　そして最後に，顔ニューロンが示す予想反応波形と近い挙動を示す場所（脳領域）を探す。具体的には回帰分析を行う。単純化すると，ある脳領域における血流変化の時間的変化を調べ，それ（時系列データ）を y とする。そして顔ニューロンが示す予想反応波形を x とする。顔ニューロンは顔画像に対しては強く反応する一方で，建物・道具・スクランブル画像への反応は相対的に弱い。つまり顔ブロックにおいて選択的に活動レベルを上昇させることが予測されるため，予想反応波形 x は図 7 のようになる。以上の情報（実データ波形 y と，予想波形 x）をもとに，脳の各領域において $y = \beta x + e$ という式で回帰分析を行う（e は誤差項）。y と x の変化パターンの類似度が高いほど，そして y の値のスケール（振幅）が大きいほど，回帰係数 β の値は高くなるはずである。つまり β が大きいということは「その脳領域は，予想反応波形（図 7）と一致する血流信号変化のパターンを明瞭に示している」ことを意味する。

3. 結　果

①行動データ

　被験者ごとに固視点変化の検出率を算出する。検出率が著しく低い被験者は，fMRI データの解析対象から除外する。

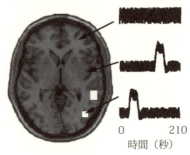

図8　fMRIのt-map

② fMRIデータ

　図8に典型的な結果（脳活動のt-map）を示す。被験者ごとに算出した回帰係数βの値を被験者間でまとめて1群t検定（0との比較）を行い，そのt値が一定以上の場所に色（図では白）をつけている。色が付いているピクセル（有意ピクセル）は「どの被験者のデータでもβの値が高い場所」，つまり「顔ニューロンの予想反応波形（図7）と近い挙動を示している脳の場所」である（図8右下）。色がついていない領域は，予想波形とは異なるパターンの反応を示した場所である。後頭葉から側頭葉にかけて有意ピクセルのかたまり（クラスター）があり，さらにクラスターが1つではなく2つあることもわかる。

4．考　察

　fMRIの高い空間分解能を活かして，顔ニューロンの詳細な位置を調べた。結果，顔ニューロンは脳内でクラスターを成している，つまり「顔領域」が存在することが示された。また顔領域は1つではなく，複数あることも示された。現在ではこれら複数のクラスターは顔認識の異なる機能を担うことが示唆されている（Landi et al., 2017）。たとえばある顔領域は「目の前の刺激が顔か，そうでないか」を識別する。別の顔領域はそこから一歩進み，顔の詳細な特徴（知り合いの顔か？　はじめて見る顔か？　男の顔か？　女の顔か？）を分析する。さらに別の顔領域は，さまざまな表情（喜び，恐れ，怒りなど）の識別に関わる。このように「顔の認識」という基礎的な心的機能であっても，脳内にはその処理を担当する領域が複数存在する。fMRIの高い空間分解能はそれらを切り分け，相互のつながりや役割分担を解明するための有力な武器となる。

IV　その他の実験

　顔認識を例として脳波とfMRIの実験を紹介した。ただし知覚や認識以外にも，ヒトの心的機能にはさまざまなものがある。とくにfMRIはその応用性の広さから，多くの高次機能を対象とした実験がなされている。本節では記憶・言語・感情など，知覚以外の実験パラダイムを概説する。

1. 記　　憶

　記憶実験の場合，短期記憶（ワーキングメモリ）を調べるか，長期記憶を調べるかで実験デザインが異なる。典型的な短期記憶の実験では，スクリーン上にさまざまな形状・色からなる複数（2〜8個）の刺激をランダムな位置に提示する（第1刺激）。たとえば視野の左上に赤い三角形，左下に青い正方形，右上に緑の円形を同時に100 ms間提示する。第1刺激消失後，数秒の期間（遅延期間）をおいて第2刺激を提示する。この第2刺激は第1刺激とまったく同じ場合もあれば，どこか1カ所だけ異なる場合（たとえば左上の三角形の色が赤から黄色に変化している，など）もある。被験者は第1刺激と第2刺激が同じか，異なるかを判断する。

　この課題を正しく行うには，被験者は遅延期間中，第1刺激の内容（複数の図形の色，形，位置）を覚えておく必要がある。この遅延中の脳活動を，fMRIを使って計測する。短期記憶に関わる脳領域の活動は，基本的に第1刺激の図形の数が多いときほど活発になるはずである（覚えなければならない図形の数が多いので，記憶に関連する脳領域をフルに稼働させる必要がある）。実際に頭頂葉からの血流信号がこのような挙動を示すことが知られており，視覚的短期記憶の神経基盤として注目されている。

　長期記憶を調べる場合は，1週間ほどの間を空けて脳活動を二度計測する。一度目の実験では50個の物体（鉛筆，花瓶，車，等々）の写真を見せ，被験者に覚えてもらう。二度目の実験では同じ50個の写真（便宜的に「旧刺激」と呼ぶ）に加えて，新たに他の50個の物体の写真（「新刺激」と呼ぶ）を用意し，計100個の刺激をランダムな順番で被験者に提示する。被験者は提示された写真が旧刺激か新刺激かを二択で判断する。

　長期記憶の想起に関わる脳領域を探すには二度目のfMRIデータに注目し，たとえば旧刺激が提示された試行（記憶の想起を伴う試行）と，新刺激が提示され

た試行（想起を伴わない試行）の活動を比べる。前者でより大きな反応を示した脳領域は，長期記憶の想起に関わっている可能性が高い。

　また長期記憶の記銘に関わる脳領域を探すには，一度目のfMRIデータに注目する。そして「1週間後に再提示されたときに正しく旧刺激と判断できた刺激（later-recollected item）を最初に見たときの反応」と「1週間後に再提示されたときに誤って新刺激と判断してしまった刺激（later-forgotten item）を最初に見たときの反応」を比べる。前者でより大きな反応を示した脳領域が，記銘に関わる領域である（記銘時にその領域が強い活動を示していれば，1週間後も忘れずに思い出せる。つまり記銘の成否を予測する領域であるため）。研究間で結果にバラつきはあるが，長期記憶の記銘・想起には前頭前野や海馬（hippocampus）の関与が指摘されている。

2．言　　語

　言語の実験では，視覚または聴覚提示された刺激の言語的な正誤を判断させる課題がよく用いられる。たとえば言語の意味処理に関わる脳領域を調べたい場合，意味的に正しい文（正文。例：雨が降る）を提示したときの脳反応と，普通に考えて意味が通らない文（誤文。例：雨が眠る）を提示したときの脳反応を比べる。文の意味的正誤を判断している脳領域は，正文と誤文とで異なる反応を示すはずである。左前頭葉の下部にあるブローカ野，左側頭葉の後部にあるウェルニッケ野の関与を示す報告が多い。

　また言語では，学習に絡めた実験も多い。典型的なのは第2言語（日本人にとっての英語など）の獲得に関するものである。幼少時から英語を学習した初期学習者と，大人になってから本格的に英語を学び始めた後期学習者では，英語に関する情報処理（理解・発話）が異なる。たとえば初期学習者は聞いた英語をそのまま理解できるのに対し，後期学習者は英語を日本語に訳してから理解しがちである。初期学習者と後期学習者の脳活動を測定・比較することで，「第1言語（初期学習者にとっての英語）と第2言語（後期学習者にとっての英語）の脳内処理メカニズムは，どのような点で異なるのか？」あるいは「後期学習者でも効果的な学習を行えば，初期学習者に近づけるか？」などのテーマを，脳活動から探る研究が行われている。

3．感　　情

　感情に関する実験では，実験中に何らかの感情を被験者に喚起させる必要があ

る。基本的な方法としては，情動刺激（強い情動を喚起する刺激。「殺人」や「拷問」などの単語や画像）への脳反応と，中立刺激（とくに情動を喚起しない刺激。「机」や「椅子」などの単語や画像）への脳反応を比較する。情動刺激に強い反応を示す場所としては，扁桃体（amygdala）や帯状回（cingulate cortex）などが知られている。

また近年では学習と絡め，中立刺激が恐怖刺激に変化していく過程（恐怖条件づけ）を追った研究が多い。たとえば青い三角形をスクリーンに提示し，その2秒後，被験者の手に電気ショックを与える。この手続きを繰り返せば，被験者は青い三角形を見ただけで電気ショックを予想し，恐怖反応（精神性の発汗など）を示すようになる。fMRIを用いて，最初は中立刺激であった青い三角形が，徐々に恐怖刺激へと変化していく際の脳活動変化を調べる。恐怖症などの精神疾患の機序を明らかにできる可能性があり，精力的に研究が進められている。なお強い情動や恐怖反応を与えることに関しては，被験者に過度の負担をかける可能性もあるため，倫理的な配慮および実験計画の慎重な検討が必要である。

V　まとめ

この章ではEEGとfMRIを例にとり，実験手続きやデータの分析を概観した。脳活動測定法は他にも多くあるが，基本はこの2系統である。計測対象が異なるため（EEGは電気信号，fMRIは血流信号），実験目的に応じて使い分けることが重要である。またそれぞれの長所（EEGは時間分解能，fMRIは空間分解能）を活かす基本的な実験法が，それぞれ事象関連電位とブロックデザインである。これらは心理学のパラダイムと融合することで，基礎から高次までさまざまな心的機能の生物的基盤を明らかにしようとしている。

◆学習チェック
□ fMRIが計測しているのは，電気ではなく血流の変化であることを理解した。
□ fMRIと脳波は，互いの弱点を補い合う関係であることを理解した。
□ 事象関連電位（ERP）とは何かを理解した。
□ ブロックデザインの実験設計とその解析方法を理解した。

より深めるための推薦図書
　コッホ Koch, C., 土谷尚嗣・金井良太訳（2006）意識の探求―神経科学からのアプローチ　上巻・下巻．岩波書店．

ポスナー Posner, M. I.・レイクル Raichle, M. E., 養老孟司・加藤雅子・笠井清登訳 (1997) 脳を観る―認知神経科学が明かす心の謎. 日経サイエンス社.
坂井克之 (2008) 心の脳科学―「わたし」は脳から生まれる. 中央公論新社.

文　　献

Hochstein, S. & Ahissar, M. (2002) View from the top: Hierarchies and reverse hierarchies in the visual system. *Neuron*, 36; 791-804.

Kobatake, E. & Tanaka, K. (1994) Neuronal selectivities to complex object features in the ventral visual pathway of the macaque cerebral cortex. *Journal of Neurophysiology*, 71; 856-867.

Landi, S. M. & Freiwald, W. A. (2017) Two areas for familiar face recognition in the primate brain. *Science*, 357; 591-595.

Rossion, B. (2014) Understanding face perception by means of prosopagnosia and neuroimaging. *Frontiers in Bioscience*, E6; 258-307.

第 14 章　潜在的態度

潜在的態度

大江朋子

Keywords　潜在的/顕在的態度，自尊心，内集団と外集団，集団間バイアス

1　はじめに

　「○○をどのくらい好きですか」や「○○に対してどのくらい不快な感じがしますか」と尋ねられたとしよう。評価の対象となる○○がイヌやカエルであれば，どのくらい好きかを語ったり，それほど関心はないと答えたり，思い浮かべるだけでとても不快な気持ちになると伝えることは比較的容易である。それでは評価対象の○○が，あなた自身，あなたの目の前にいまいる人，自分とは異なる人種や民族の人，病気を患う人や障害をもつ人ではどうだろうか。評価対象によっては答えにくいものがあるだろう。

　自分の言動によって他者が怒ったり傷ついたりするのではないか，ある意見を伝えることで他者から嫌な人だと思われてしまうのではないか，自分をより良く見せるにはどのように回答すればよいかなどを考慮して，人は本心とは異なる言動をしたり，自分の意見を誇張または抑制して伝えることがある。このような社会的望ましさや自己呈示があることに加え，人は自分自身を偽ること（自己欺瞞）もある。自分の手に入らないおいしそうなブドウをそれほどおいしいわけではないと答えることや，いまの自分に十分な能力がある/ないときでも，自分には能力がない/あると思い込んでしまうことがその例である。

　心理学においては，ここまで述べたように何らかの形で調整された心の状態を知ることを目的とすることもあるが，社会的望ましさ，自己呈示，自己欺瞞などに左右されない心の状態を捉えることは強い関心をもって古くから追及されてきた課題である（Cacioppo et al., 1994; Jones et al., 1971）。本心を何とか引き出そうとする試みの中では，ボーガス・パイプライン（bogus pipeline）という巧妙な

方法が用いられることもあった (Jones et al., 1971; Roese et al., 1993)。この方法では，生理学的反応を記録する装置を実験参加者に取り付け，この装置を通した反応を見ることで実験者には参加者の真の態度や意見がわかるという設定にする。偽りの回答は通用しないと参加者に信じ込ませ，彼らの正直な回答を引き出そうとするのである。ただし，この方法では社会的望ましさや自己呈示の影響をある程度まで排除することができるかもしれないが，自己欺瞞の影響を排除することは難しい。自己欺瞞の影響すらも排除し，本人ですら自覚できない心の状態を捉えるにはどうすればよいだろうか。この問いのもとに20世紀の終わりから現在に至るまで，社会心理学を中心に開発が重ねられてきたものが潜在的態度の測定手法である。

　態度とは，ある対象に対する正または負の総合的な評価であり (Petty et al., 1997; Thurstone, 1931)，態度の方向性や強さの測定は一般に，快-不快，好き-嫌い，良い-悪い，有益な-有害な，賛成-反対などの評価次元を用いてなされる。先述したように，態度には本人が自覚できるものと無自覚のものがあり，前者は顕在的態度，後者は潜在的態度と呼ばれる。

　顕在的態度は，ある対象に対する評価の程度や，ある対象についての意見の賛否やその程度を尋ねることで測定される。たとえば，「あなたは自分自身をどのくらい好きですか」という質問に，「嫌いだ (1)」「どちらかといえば嫌いだ (2)」「どちらともいえない (3)」「どちらかといえば好きだ (4)」「好きだ (5)」という尺度を用意して回答を求めたとする。回答者は自分に対する態度がどのようなものかを自覚して回答するため，この質問の得点が高いほど，回答者が自分に対して肯定的な態度を顕在的にもっていると考えることができる。

　潜在的態度は，具体的にはII節とIII節において述べるが，ある対象についての単純な判断を繰り返し行う課題において，参加者が判断に要した時間，正誤の反応，特定の刺激を好ましいと判断する割合などをもとに測定される。たとえば，ネームレターテスト (Name Letter Test：NLT; Nuttin, 1985) と呼ばれる課題では，AからZまでのアルファベットのそれぞれをどのくらい好ましいと感じるかについての判断を回答者に求める。この課題で何が測定されているかを知らない回答者が，自分の名前に含まれるアルファベット（名前が大江次郎なら O, E, J, I, R）を他のアルファベットより好ましいと判断していれば，回答者は自分の名前に対して肯定的な態度を潜在的にもっていると考えることができる。

　これら2種類の態度は，評価が生じる情報処理のどの部分を捉えようとしているかにおいて大きく異なる。図1の連合命題評価モデル (associative-propositional

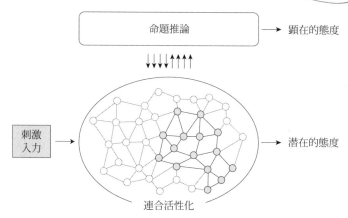

図1　連合命題評価モデル（Gawronski et al., 2006）

注）　太線で描かれた円とそれらを結ぶ太線は，刺激入力を受けて相対的に強く活性化した連合のネットワーク。

evaluation model）にあるように，刺激の入力を受けるとまずは連合活性化の過程において，記憶内にある概念同士の結びつき（連合という）が瞬時に活性化される。潜在的態度はこの過程を通して自動的に生み出されるが，そこに主観は反映されず，活性化された内容を本人が妥当と見なすかどうかは関係しない。たとえば，主観的には自分自身を好きだと言えないときにも，自分に関連して活性化された連合の内容が肯定的であれば，それが自分に対する潜在的態度となる。

命題推論の過程は連合活性化の上位にあり，連合活性化から受け取った情報が妥当かどうかを確認する過程である。連合活性化において自分に対する肯定的な感情が生じていたとすれば，それは命題推論において「自分のことが好きだ」「自分はよい」などの命題に変換され，その命題が妥当なものかが確認される。この命題と同時に，「謙遜すべきだ」や「自己評価はほどほどが好まれる」が命題として処理されていれば，複数の命題が論理的な一貫性に基づいて統合され，その結果，自分に対する控えめな評価が顕在的態度として現れる。

ここまでは連合活性化から命題推論が生じるボトムアップの過程を説明したが，命題推論が連合活性化に影響するトップダウンの過程もある。たとえば，他者から有能だとほめられることで「私は有能だ」という命題が形成され，命題推論の過程においてその命題が肯定されたとすれば，「自分」と「有能」の連合が新たに形成される，あるいは，その連合が強くなる可能性がある。連合活性化と命題推論は互いに影響を与え合い，その時々の状況に応じて柔軟に変動し，潜在的態度

や顕在的態度を生み出している。

本章では潜在的態度に焦点をあて，それを測定する課題を用いた2つの実験を紹介する。

II　実験1　潜在連合テストで測る潜在的自尊心

1. 問題・目的

自分自身をどのくらい好ましいと思うかという質問への答えは，それを伝える状況の影響を受けやすい。たとえば，日本文化では謙虚で控えめな自己評価をした方が他者から好まれるかもしれないが，他の文化では肯定的な自己評価を積極的に出さなければ，能力や意欲に欠けていると判断されるかもしれない。実際，文化心理学的な研究では，日本人は他の文化の人に比べると，自分自身に対する肯定的な感情を表出しないという結果がしばしば得られている（Falk et al., 2015; Schmitt et al., 2005）。これは自分に対する顕在的態度の話であるが，潜在的態度ではどうかを調べる実験を考えてみよう。

自分自身に対して肯定的または否定的な感情を潜在的にどのくらい結びつけているかを測定する課題はいくつかある。そのうち21世紀に入ってからの利用頻度が高いものは，潜在連合テスト（Implicit Association Test：IAT; Greenwald et al., 2000）と先述したネームレターテストである。前者は自分という概念と感情との総合的な結びつきを，後者は自分の名前に含まれる文字を好ましいと感じる傾向を測定するものである。本節では，比較的広い意味での自己に向けられた感情を測定している潜在連合テストを見てみよう。

典型的な潜在連合テストは，画面に1つずつ呈示されていく標的刺激（ターゲット）のそれぞれを4つのカテゴリーのいずれかに分類する課題である。トランプのカードを例にすれば，無作為な順序で1枚ずつ出てくる標的のカードを，ハート，ダイヤ，スペード，クローバーのカテゴリーに分類していくようなものである。分類する際の判断は左か右かの二択で行う。たとえば，標的のカードがハートかダイヤなら左に，スペードかクローバーなら右に分類する。ハートとダイヤはどちらも赤であり，スペードとクローバーはどちらも黒であるため，比較的楽にこの分類を繰り返していくことができる。カテゴリーの組み合わせを変え，たとえば，ハートかスペードなら左に，ダイヤかクローバーなら右に分類する課題ではどうだろうか。赤と黒の色の組み合わせを利用して分類することはできないため，こちらの課題は先ほどの課題より難しくなる。

第14章 潜在的態度

図2　自尊心を測定する潜在連合テストの例

注）（A）：自己快課題。実験参加者は，自分と快に関連する標的を左に，他人と不快に関連する標的を右に分類する。（B）：自己不快課題。実験参加者は，他人と快に関連する標的を左に，自分と不快に関連する標的を右に分類する。

　自尊心を測定する際には，自分と自分ではないものの概念の対（たとえば，「自分」「他人」）と，評価の概念の対（たとえば，「快」「不快」）をカテゴリーとして用意する。また，各カテゴリーに含まれる写真や単語（たとえば，「わたし」「他者」「平和」「恐怖」）を標的刺激として用意する。標的刺激は無作為な順序で1つずつ呈示され，それが（a）自分または自分ではないものに関連する刺激（たとえば，「わたし」「他者」）であれば，自分または自分ではないもののどちらであるかを判断し，（b）快不快に関連する刺激（たとえば，「平和」「恐怖」）であれば，快と不快のどちらであるかを判断する。

　（a）と（b）の判断は交互に繰り返されるが，判断に使う反応キーは2つだけである。たとえば，図2の左の自己快課題（A）のように，「自分」または「快」のカテゴリーに含まれる刺激であれば左のキーを，「他人」または「不快」のカテゴリーに含まれる刺激であれば右のキーを押す。つまり，「自分」と「快」の刺激を同じ方向に分類し，それとは反対の方向に「他人」と「不快」の刺激を分類する試行を繰り返していくのである。この課題では，自分に肯定的な感情を結び付けているほど，迅速かつ正確な判断がなされる。

　次に，分類するカテゴリーの組み合わせを変えた場合を考えてみよう。図2の右の自己不快課題（B）のように，「自分」または「不快」の刺激を同じ方向に，それとは反対の方向に「他人」または「快」の刺激を分類する試行を繰り返す課題である。この課題では，図2左の課題（A）とは逆に，自分に肯定的な感情を結び付けているほど判断に時間を要し，かつ，誤答数が多くなる。

　これらの課題において生じる反応の違いを考慮すると，各試行の判断に要した時間が，図2右の課題（B）よりも図2左の課題（A）で短いときに，自分と肯定

的な感情との間に潜在的な連合があると考えることができる。

2．方　　　法

①刺　　激

　4つのカテゴリー名とそれらに含まれる標的刺激を用意する。これまでと同じ例で説明すると，カテゴリー名は「自分」「他人」「快」「不快」であり，標的刺激は各カテゴリーに複数の単語（5つ以上が望ましい）を用意する（たとえば，「自分」のカテゴリーでは，「自分」「わたし」「自己」「私」「自身」）。標的刺激は画像（たとえば，肯定的または否定的な感情を生じさせる写真）でもよい。

②計　　画

　この例は実験参加者内1要因計画である。独立変数は課題の種類（自己快，自己不快）。実施時間に余裕があれば，課題を実施する順序のカウンターバランスをとって先行課題（自己快，自己不快）を参加者間要因としたり，性別を参加者間要因としたりすることもできる。従属変数は，各課題において分類に要した平均反応時間である。

③手続き

　コンピュータの前に参加者を着席させ，潜在連合テストを実施する。静穏な環境を維持しながら個別で実施することが望ましいが，複数のコンピュータを利用して集団で実施することもできる。参加者には，コンピュータ画面の中央に呈示される標的刺激を，左右どちらかにできるだけ速く正確に分類するよう求める。各試行において，標的刺激が呈示されてから参加者が反応キーを押すまでの時間と，その反応の正誤を記録できるようにしておく。これらの刺激呈示の制御や反応の記録には特定のソフトウェア（たとえば，Inquisit，Matlab，E-Prime）を用いるとよい。

3．結　　　果

①反応時間の処理

　分析をする前に，それぞれの試行で実験参加者が分類に要した反応時間の処理を行う。まず，極端に短い反応時間（たとえば，400 msより短いもの）と長い反応時間（たとえば，10秒より長いもの）を除外しよう。極端に短い反応時間（たとえば，300 msより短いもの）が全試行の1割を超えるようであれば，その

参加者のデータは除外する。

反応時間を処理する方法はいくつか提案されているため，最適だと思われる方法を選択しよう。たとえば，誤反応については，①そのままの反応時間を用いて得点化することもあれば，②誤反応にペナルティをつけ，各課題におけるすべての正反応の平均値に 600 ms を加算した値に置き換える，あるいは，③正反応の平均値に 2 標準偏差（2 SD）を加算した値に置き換えるなどの方法がとられることもある。このうち，近年よく用いられている方法は②である。複数の計算手順を比較する際には，グリーンワルドら（Greenwald et al., 2003）を参考にするとよい。

②課題ごとの平均反応時間

課題の種類（自己快，自己不快）ごとに各実験参加者の平均反応時間を計算する。課題の種類を横軸にとり，課題の種類ごとの平均反応時間とその標準誤差を図にする。図3のように，条件ごとに各参加者の平均反応時間のプロットを加えるのもよいだろう。

③独立変数の影響

この実験のおもな独立変数は課題の種類であった。多くの参加者の反応時間は，自己快の課題よりも自己不快の課題で長くなる。

④分析の仕方

課題の種類によって参加者の平均反応時間に差があるかを調べたいときには，対応のある t 検定を行う。性別の効果や，カウンターバランスをとった際の先行課題の効果をあわせて分析したい場合には，分析する要因の数に応じて，課題の種類を実験参加者内要因とし，他の 1 要因または 2 要因を実験参加者間要因とする分散分析を行う。

4. 考　察

この実験では，潜在的な自尊心の存在を調べるために潜在連合テストを行った。その結果，「自分」と「快」に関する標的刺激を同じ方向に分類する課題での反応時間は，「自分」と「不快」に関する標的刺激を同じ方向に分類する課題よりも短かった。この結果は，この研究の参加者が自分自身を肯定的感情と連合させていること，すなわち，潜在的な自尊心があることを意味している。

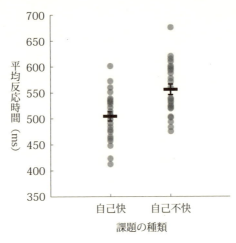

図3　潜在連合テストの結果の例

注）　縦軸の値が大きいほど，各課題での平均反応時間が長いことを意味する。太線は平均値。エラーバーは標準誤差。

　謙虚で控えめな自己評価の表出が尊重される文化もあれば，肯定的な自己評価を他者に積極的に伝える必要のある文化もあるが，そのような文化を問わず，人は潜在的に自分自身を肯定的感情と結び付ける傾向があると考えられる（Heine et al., 2007; Sedikides et al., 2015）。比較的安定したこの傾向は，さまざまな社会環境において人が自分自身の存在価値を維持しながら生き続けていくために必要な要素であり，進化の過程，個人の発達の過程，またはその両方において獲得されている可能性がある。

5．補足──潜在的自尊心の個人差

　本節で紹介したIATを用いて，潜在的自尊心の個人差を測定することもできる。自己不快課題での平均反応時間から自己快課題での平均反応時間の差をとり，そこで得られた値を，自分を肯定的感情に結び付けている程度だと考えればよい。この差得点は自尊心のIAT得点という。得点が0よりも大きい値であれば，自分に対して肯定的感情を結び付けていると判断でき，0よりも小さい値であれば，自分に対して否定的感情を結び付けていると判断できる。0付近の値であれば，それらの感情の一方に自分を結び付けているわけではないと考える。

III 実験2 感情誤帰属手続きで測る潜在的な集団間バイアス

1. 問題・目的

　人種，性別，職業など，社会には多くの集団があり，そこには自分の属する集団（内集団という）もあれば，自分の属さない集団（外集団という）もある。自分の内集団か外集団かという集団所属性の情報は，他者との関わりにおいて比較的大きな影響をもたらし，外集団の人よりも内集団の人を好意的に評価し優遇する傾向や，それとは反対に，内集団の人よりも外集団の人を好意的に評価し優遇する傾向が生まれる。前者の傾向は内集団バイアスないしは内集団びいきとして，後者の傾向は外集団バイアスないしは外集団びいきとして知られる現象であり，本節ではこれらをあわせて集団間バイアスと呼ぶ。

　人は一般に内集団バイアスをもつ傾向があるが（Brewer, 1979），平等が重んじられる現代社会においてこのバイアスをあからさまに言動に出す者は多くない。ただし，そのような社会の中には，①自分に内集団バイアスがあると自覚しながらそれを積極的には表に出さない者，②そのバイアスをもちながらも自分にはそれがないと信じている者，③真の意味でそのバイアスがない者が含まれ，ある人がこれらのどれに該当するかを判別することは難しい。実際のところ，内集団バイアスは本人の自覚なしに起こることも多く（Banaji et al., 2013; Hewstone et al., 2002），自覚なしに起こるものを把握することは日常生活においても容易ではない。実験や調査などを通して自分のもつバイアスに気づく者もいるが，その場合，彼らは自分の反応に対して戸惑いや不安を感じることになる（Banaji et al., 2013）。

　自分でも気づかないこのような集団間の態度をとらえるために，社会心理学の研究領域では複数の方法が開発されてきた。前節で用いた潜在連合テストもその1つであり，他の代表的なものとしては，評価プライミング課題（evaluative priming task：EPT; Fazio et al., 1986）や感情誤帰属手続き（affect misattribution procedure：AMP; Payne et al., 2005）がある。評価プライミング課題は潜在連合テストと同様に反応時間をおもな従属変数とするため，ここでは前節とは異なる反応を主軸として潜在的態度を測定する感情誤帰属手続きを見ていこう。

　感情誤帰属手続きでは，図4のように，画面の中央付近にプライム刺激が短時間（数十～数百 ms，閾下である必要はないとされる）で呈示され，その刺激が消えてから同じ位置に標的刺激が短時間（数百 ms）呈示される。この標的刺激に対する評価（たとえば，快か不快，良いか悪い）を参加者は二択で求められる。こ

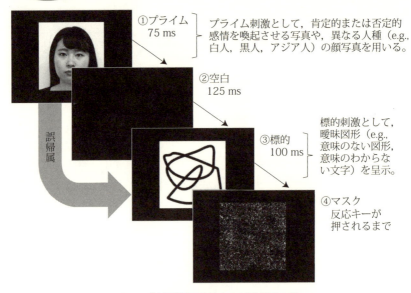

図4　感情誤帰属手続きの刺激呈示の例

注) 黒い四角はそれぞれモニタの1画面。①プライム，②空白，③標的，④マスクの順に呈示され，実験参加者は③の標的刺激に対する評価的な判断（たとえば，快か不快，良いか悪い）を行う。

のとき，プライム刺激として肯定的または否定的感情が喚起される写真を，標的刺激として肯定的とも否定的ともいえない曖昧図形を用いたとしよう。写真と曖昧図形が呈示される時間間隔は短いため，写真が呈示されたときに参加者が抱いた感情は，その直後に呈示された曖昧図形に対して生じたものだと誤って判断されやすくなる（感情の誤帰属）。つまり，写真に対して肯定的な態度を潜在的にもっていれば，曖昧図形を肯定的だと判断する確率が高くなり，逆に，写真に対して否定的な態度を潜在的にもっていれば，曖昧図形を否定的だと判断する確率が高くなる。

ここでは，プライム刺激として複数の人種（たとえば，白人，黒人，アジア人）の顔写真を用い，アジア人の実験参加者に潜在的な集団間バイアスがあるかを調べる実験を考えてみよう。特定の人種に対して肯定的または否定的な態度を潜在的にもっていれば，その人種の顔写真が呈示された後の曖昧図形への判断はそれぞれ肯定的または否定的になると予測される。

2．方　　法

①刺　　激

　プライム刺激となる顔写真（たとえば，白人，黒人，アジア人のそれぞれに典型的な顔写真を10枚ずつ）を用意する。これらの顔写真の条件と比較するための中立画像（たとえば，灰色の四角形）を統制条件としてプライム刺激に含めることもある。プライム刺激の数に合わせて，標的刺激となる曖昧図形（たとえば，プライム刺激が30であれば曖昧図形も30）を作成する。実験参加者が意味をとれない文字があれば（たとえば，アラビア文字，サンスクリット文字，漢字），それを曖昧図形として利用してもよい。曖昧図形の後に呈示するマスク刺激（たとえば，白黒のノイズ画像）を作成する。

②計　　画

　この実験は，プライムの種類（たとえば，白人，黒人，アジア人）を独立変数とする実験参加者内1要因計画である。プライム刺激の性別を操作すれば，プライムの人種×プライムの性別の実験参加者内2要因計画とすることもできる。従属変数は，曖昧図形が肯定的だと判断された割合をプライムの種類ごとに算出した値である。

③手続き

　実験参加者をコンピュータの前に着席させ，感情誤帰属手続きを実施する。課題の各試行では，画面中央にプライム刺激（75 ms）が呈示され，それに続いて標的刺激（100 ms）が呈示される。プライム刺激と標的刺激の間には何も呈示されない時間（125 ms）があり，標的刺激が呈示された後は，参加者が反応キーを押すまでマスク刺激が呈示される。参加者には，呈示される図形（標的刺激）が平均よりも快いものか不快なものかを二択で判断するよう求め，快と不快のいずれかに対応するキーを押してもらう。その際，標的刺激が呈示される前に写真が見えることがあり，その写真の影響を受けないように図形を判断してほしいと伝えてもよい。課題全体の試行数は30〜90程度とする（たとえば，30のプライム刺激と30の曖昧図形を組み合わせた30試行を2セッション行い，計60試行とする）。プライム刺激と標的刺激の組み合わせとそれらの呈示順序は，参加者ごとに無作為にする。各試行における参加者の反応は，刺激呈示の制御や反応の記録を行うことのできるソフトウェアを用いて記録しておく。

第 2 部　さまざまな心理学実験

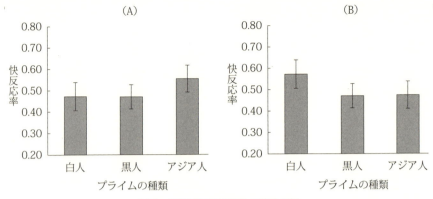

図 5　感情誤帰属手続きの結果の例

注）縦軸の値が高いほど，曖昧図形が快だと判断された割合（快反応率）が高いことを意味する。エラーバーは標準誤差。左図（A）はアジア人参加者に内集団びいきが生じた結果であり，右図（B）は白人優位のバイアスが生じた結果である。

3．結　　果

①プライムの種類ごとの反応率

　プライムの種類（たとえば，白人，黒人，アジア人）ごとに，各実験参加者が標的刺激を快と判断した割合（快反応率）を計算する。すべての標的刺激が快または不快と判断されている場合など，教示通りに反応をしていない参加者のデータは分析から除外する。プライムの種類を横軸にとり，プライムの種類ごとの平均反応率とその標準誤差がわかるように図を作成する（図 5）。図 3 のように，各参加者の反応率をプロットしてもよいだろう。

②独立変数の影響

　実験のおもな独立変数はプライムの種類であった。ここでは，実験参加者がアジア人であるときに次の 2 つのいずれかの結果が得られたと考えてみよう。(a) アジア人がプライム刺激として呈示されたときの快反応率は，他の人種が呈示されたときの快反応率よりも高かった（図 5A）。(b) 白人がプライム刺激として呈示されたときの快反応率が，他の人種が呈示されたときの快反応率よりも高かった（図 5B）。

③分析の仕方

　プライムの種類によって快反応率の平均値に差があるかを調べたいとき，プラ

イムが2種類のみである場合には対応のある t 検定を，プライムが3種類以上の場合には1要因の実験参加者内要因の分散分析を行う。この分散分析においてプライムの種類の主効果が有意であった場合には，どの条件間に差があるかを調べるために多重比較を行う。プライムの性別を加えた計画である場合には，2要因の実験参加者内要因（プライムの種類×プライムの性別）の分散分析を行う。この分散分析においても，主効果や交互作用効果が有意であった場合には多重比較を行う。

4．考　察

この実験では，感情誤帰属手続きを用いて，アジア人参加者に潜在的な集団間バイアスがあるかを調べた。以下では，(a) と (b) の2つのパターンの結果に対応する考察を行う。(a) の結果は潜在的内集団バイアスが，(b) の結果は潜在的外集団バイアスが生じたというものであり，これらのパターンは社会状況に応じて実際にどちらも生じうるものである。

① (a) の結果が得られたとき

その結果，アジア人がプライム刺激として呈示されたときには，他の人種が呈示されたときよりも，曖昧図形が快だと判断される割合が高かった。これは潜在的な内集団バイアスを示す結果である。アジア人である実験参加者は，アジア人の顔写真を見たときには，他の人種の顔写真を見たときよりも肯定的な感情が喚起されやすく，そこで生じた感情を曖昧図形の判断に適用したと考えられる。

アジア人参加者にとってアジア人の顔は日常生活で頻繁に接する見慣れた刺激であり，他の人種の顔よりも流暢に処理される，あるいは，他の人種の顔を処理したときよりも安心感や肯定感が生じやすい可能性がある。対人的な情報を処理する際には，このような微かな違いが快または不快の感情を生み出し，その感情が後続の判断にまで影響することがある。

なじみのない刺激に対して警戒や回避の反応を生じさせるこのメカニズムは，自分や身近なものを危険や病気から遠ざけ，生存と繁殖を支えているという点で重要な意味をもつ。しかしながら，このメカニズムは，容姿，言語，行動などが自分やその周囲の人とは異なるというだけで自動的に作用し，本人すら気づかないところで外集団の人に対する偏見や差別を生み出す要素にもなっている。

② (b) の結果が得られたとき

その結果，白人がプライム刺激として呈示されたときには，他の人種が呈示されたときよりも，曖昧図形が快だと判断される割合が高かった。この結果は，アジア人である参加者に，内集団よりも外集団に対して潜在的に好意的に反応する傾向，つまり潜在的外集団バイアスがあることを意味している。

外集団バイアスよりも内集団バイアスの方が生じやすい現象だとされるものの，実験参加者が社会的地位の低い少数派集団に属する者であるときには，内集団バイアスが生じないことや外集団バイアスが生じることがある（Dasgupta, 2004）。欧米のマスメディアでは白人が他の人種よりも優位な立場で登場することが多く（たとえば，主人公，大統領），その影響はアジア社会にも及んでいるため，アジア人参加者が白人の顔写真を見たときには，他の人種の顔写真を見たときよりも肯定的な感情が生じている可能性がある。

外集団バイアスが生じる理由は，社会的地位の低い少数派集団の人たちが，格差や不平等のある社会システムを公正かつ正当なものだと見なすことで現在の社会を受容し，そこで生きる自分の不安定さや苦痛を和らげているからだと考えられている（Jost et al., 1994）。社会においてどのような立場で生きているかが潜在的な集団間バイアスにまで影響するという事実は，いまある社会に合わせて自分の潜在的な態度まで変える柔軟性を人がもっていることを意味してもいる。

IV まとめ

潜在的態度を測定する課題は，本章で紹介した課題の他にも複数開発されている。それぞれの測定方法には特徴があるため，連合活性化のどの段階あるいはどの部分を測定しやすい課題であるかを考慮して研究を行っていく必要がある。いずれの課題を用いるにしても，潜在的態度の測定を取り入れた場合には，顕在的態度のみを測定する場合に比べ，研究にかなりの時間や労力を要することになる。しかし，本章で取り上げた自尊心や集団間バイアスのように，顕在的態度の測定だけで実情を把握することが難しいもの，ないしは，顕在的態度と潜在的態度が一致しないものをとらえようとする際には欠かせない方法である。

潜在的態度の測定方法は真の態度を測定することを目的として開発されてきた経緯があるものの，連合命題評価モデル（図1）にあるように，顕在的態度と潜在的態度はそれぞれ個人内の情報処理過程における特定の部分から生み出された結果であり，どちらかが真の態度というものではない。それぞれの態度は異なる状

況においての行動予測に役立つと考えられ，たとえば，緊急事態で即座の判断が求められるとき，明確な判断をすることが難しい曖昧な状況に置かれているとき，熟慮を必要とする状況でないときには，潜在的態度がその後の行動を予測しやすく，その反対の状況では顕在的な態度が行動を予測しやすいと考えられる。人間と社会の動きを総合的に理解するには，双方の態度を考慮する必要があるだろう。

◆学習チェック
□ 潜在的態度の測定がなぜ必要かを理解した。
□ 潜在的態度とは何か，また，それが顕在的態度とどのように異なるかを理解した。
□ 集団間バイアスにどのようなものがあり，それらがなぜ生じるかを理解した。
□ 潜在連合テストと感情誤帰属手続きのそれぞれが，どのような心理過程の存在を前提として作成されているかを理解した。

より深めるための推薦図書

浦光博・北村英哉編著（2010）展望 現代の社会心理学 1 個人のなかの社会．誠信書房．

フィスク Fiske, S. T.・テイラー Taylor, S., 宮本聡介・唐沢穣・小林知博・原奈津子編訳（2013）社会的認知研究—脳から文化まで．北大路書房．

バナージ Banaji, M. R.・グリーンワルド Greenwald, A. G., 北村英哉・小林知博訳（2015）心の中のブラインド・スポット—善良な人々に潜む非意識のバイアス．北大路書房．

北村英哉・唐沢穣編（2018）偏見や差別はなぜ起こる？—心理メカニズムの解明と現象の分析．ちとせプレス．

文　献

Banaji, M. R. & Greenwald, A. G.（2013）*Blindspot: Hidden Biases of Good People*. Delacorte Press.（北村英哉・小林知博訳（2015）心の中のブラインド・スポット—善良な人々に潜む非意識のバイアス．北大路書房．）

Brewer, M. B.（1979）In-group bias in the minimal intergroup situation: A cognitive-motivational analysis. *Psychological Bulletin*, 86; 307-324.

Cacioppo, J. T., Crites, S. L., Gardner, W. L. et al.（1994）Bioelectrical echoes from evaluative categorizations: I. A late positive brain potential that varies as a function of trait negativity and extremity. *Journal of Personality and Social Psychology*, 67; 115-125.

Dasgupta, N.（2004）Implicit ingroup favoritism, outgroup favoritism, and their behavioral manifestations. *Social Justice Research*, 17; 143-169.

Falk, C. F. & Heine, S. J.（2015）What is implicit self-esteem, and does it vary across cultures? *Personality and Social Psychology Review*, 19; 177-198.

Fazio, R. H., Sanbonmatsu, D. M., Powell, M. C. et al.（1986）On the automatic activation of attitudes. *Journal of Personality and Social Psychology*, 50; 229-238.

Gawronski, B. & Bodenhausen, G. V.（2006）Associative and propositional processes in evaluation:

An integrative review of implicit and explicit attitude change. *Psychological Bulletin*, 132; 692-731.

Greenwald, A. G. & Farnham, S. D. (2000) Using the Implicit Association Test to measure self-esteem and self-concept. *Journal of Personality and Social Psychology*, 79; 1022-1038.

Greenwald, A. G., Nosek, B. A. & Banaji, M. R. (2003) Understanding and using the Implicit Association Test: I. An improved scoring algorithm. *Journal of Personality and Social Psychology*, 85; 197-216.

Heine, S. J. & Hamamura, T. (2007) In search of East Asian self-enhancement. *Personality and Social Psychology Review*, 11; 4-27.

Hewstone, M., Rubin, M. & Willis, H. (2002) Intergroup bias. *Annual Review of Psychology*, 53; 575-604.

Jones, E. E. & Sigall, H. (1971) The bogus pipeline: A new paradigm for measuring affect and attitude. *Psychological Bulletin*, 76; 349-364.

Jost, J. T. & Banaji, M. R. (1994) The role of stereotyping in system-justification and the production of false consciousness. *British Journal of Social Psychology*, 33; 1-27.

Nuttin, J. M., Jr. (1985) Narcissism beyond Gestalt and awareness: The name letter effect. *European Journal of Social Psychology*, 15; 353-361.

Payne, B. K., Cheng, C. M., Govorun, O. et al.(2005)An inkblot for attitudes: Affect misattribution as implicit measurement. *Journal of Personality and Social Psychology*, 89; 277-293.

Petty, R. E., Wegener, D. T. & Fabrigar, L. R. (1997) Attitudes and attitude change. *Annual Review of Psychology*, 48; 609-647.

Roese, N. J. & Jamieson, D. W. (1993) Twenty years of bogus pipeline research: A critical review and meta-analysis. *Psychological Bulletin*, 114; 363-375.

Schmitt, D. P. & Allik, J. (2005) Simultaneous administration of the Rosenberg Self-Esteem Scale in 53 nations: Exploring the universal and culture-specific features of global self-esteem. *Journal of Personality and Social Psychology*, 89; 623-642.

Sedikides, C., Gaertner, L. & Cai, H. (2015) On the panculturality of self-enhancement and self-protection motivation: The case for the universality of self-esteem. In: *Advances in Motivation Science*, Vol. 2. Elsevier, pp. 185-241.

Thurstone, L. L. (1931) The measurement of social attitudes. *Journal of Abnormal and Social Psychology*, 26; 249-269.

第 15 章

発達の実験

白井　述・山口真美

Keywords　選好注視法，選好，観察法，強制選択選好注視法，馴化・脱馴化法

1　はじめに

　さまざまな心的機能の発達を明らかすることは心理学，とくに発達心理学の主要な目的の1つである。そうした目的を達成するためには，実験的な手法を用いた検討が有効である。心理学の実験では，実験前に参加者に何らかの教示を与え，それに基づいて生じる参加者の反応を測定するといった手順がとられることが多い。しかしながら，そのような手順を心の発達を調べるための実験にそのまま適用するのは難しい場合がある。たとえば生まれたばかりの乳児を対象とした実験を実施する場合に，実験に参加する乳児に事前に教示を与えるなどということは意味があるだろうか？　あるいは，生まれたばかりの乳児ほどではないにしろ，まだ会話もおぼつかないような幼児に，実験課題についての複雑な教示を理解するのに十分な言語能力は備わっているだろうか？　高度な言語機能をもつ成人を対象とした実験とは異なり，言語機能に大きな制約のある乳幼児を対象とした実験では，実験参加児の言語機能に左右されない手法を用いることが必須となる。

　こうした理由から，乳幼児期の発達研究に非常によく利用される選好注視法 (preferential looking method：PL法) と呼ばれる実験手法がある。選好注視法の開発者ファンツ Fantz, R. L. は，生まれたばかりの乳児でも，視線はある程度制御可能な点に注目して，乳幼児の視線を観察，測定し，複数の視覚対象間の弁別能力を調べる手法を開発した (Fantz, 1961, 1963)。基本的な方法としては，乳幼児に複数 (多くの場合2つ) の視覚刺激を繰り返し提示しながら，乳幼児のそれぞれの刺激に対する総注視時間を測定し，注視時間がどちらか一方の刺激に対して偏るかを分析する。このときに観察される注視時間の偏りを選好 (preference)

と呼ぶ。そして、もし選好が統計的に有意ならば（注視時間がどちらか一方の刺激に有意に偏るならば），その乳幼児は2つの視覚刺激を何らかの手段によって弁別していたと解釈する——乳幼児が2つの刺激を弁別する能力をもたないならば，注視時間がどちらか一方に有意に偏るという結果は生じにくいだろう。選好注視法の開発によって，生後間もない乳児であってもさまざまな視覚対象を弁別できることが明らかになった。たとえば初期の研究からは，乳児に，小さな物体と大きな物体，単純なパターンと複雑なパターン，輝度コントラスト（明暗の強弱）が低いパターンと高いパターンなどのペアを対提示すると，それぞれのペアにおいて後者を選好すること（つまりそれらのペアの差異を定義する物理的特徴を弁別可能であること）が報告されている（Fantz et al., 1979）。

選好注視法の登場以前は，生まれたばかりの乳児は身体的にも心的にも無力な存在であり，自身と環境との区別すらない混沌とした世界に生きている，といった考え方が心理学者の間に根強く浸透していた（たとえば James, 1890; Piaget, 1970）。こうした考え方には，選好注視法以前の乳幼児研究では，乳幼児の行動の観察（観察法）に重点が置かれていたことが関係する。日常場面や実験場面において乳幼児の身体動作をつぶさに観察することで，乳幼児の心的機能を推し量るのである。適切な条件化では，観察法は発達研究の強力なツールとなる。しかしながら，乳幼児，とくにさまざまな身体運動機能が未成熟な生まれて間もない乳児に対しては適用が難しい場合が多い。たとえば，生まれたばかりの乳児は首も座っておらず，寝返りすることも，手足を正確に動かすことすらも難しい。したがって，乳幼児をいくら慎重に観察しても，身体動作自体に大きな制約があるため，観察法だけによって乳幼児の心の働きを見通すことは非常に難しく，乳幼児の心的機能を過小評価することにもつながりかねない。一方で，選好注視法は，視線の動きという，生まれたばかりの乳児でも比較的良く制御できる指標を用いた点で，身体運動機能が未熟な乳幼児に対しても適用しやすい。このような理由から，選好注視法（と，後述する派生的手法）による数々の乳幼児研究が実施され，生まれたばかりの乳児でも，それまで考えられていた以上にさまざまな心的機能をもつことが次々に明らかとなった。選好注視法の登場によって，心理学における乳幼児観は「無力な赤ちゃん」から「有能な赤ちゃん」へ，180度転換したといってもよいだろう。

選好注視法には，さまざまな派生形が存在する。強制選択選好注視法（forced choice preferential looking method：FPL法；Teller, 1979）と呼ばれる実験手法は，基本的には選好注視法と類似の手法であるが，注視時間ではなく，注視回数や注

第15章 発達の実験

視頻度を用いて参加児の選好を測定する点が特徴である。毎試行において2つの視覚刺激を左右に対提示し，参加児の注視行動に基づき，参加児が左右どちらの刺激を先に注視したのかを実験者がその場で強制判断する。典型的には実験者による判断がなされると同時に視覚刺激の提示が終了し，ただちに次の試行が開始される。比較的多くの試行数（実験の計画にもよるが，一対の視覚刺激あたり数十回程度）を実施した後，参加児ごとに一方の刺激に対する注視率（一方の刺激に対する注視回数と総試行数の比）を算出したうえで，参加児群全体の平均注視率を求め，その値がチャンスレベルを有意に上まわった場合に，その群（が属する母集団）は典型的には2刺激間を弁別可能であると判断する。また，FPL法は，参加児が試行ごとに刺激の弁別，検出ができているか否かを実験者が強制判断する手法であることから，さまざまな心理物理学的測定法と組み合わせて，参加児個人の刺激弁別，検出の閾値を測定する場合にも用いられる。

他には，馴化・脱馴化法（habituation-dishabituation method）またはより短く馴化法（habituation method）と呼ばれる手法がある。馴化法は，端的にいえば，乳幼児の「飽きっぽく，新しいものに注目しがち」な一般的特性を利用した手法である。この方法では，参加児に同一の視覚刺激（馴化刺激）を繰り返し提示して，参加児がその視覚刺激に飽きた（馴化した）状態を作り出す。その後，馴化刺激とは別の新しい刺激（新奇刺激）と，馴化刺激とまったく同じ刺激（あるいは，馴化刺激とは異なるものの，新奇刺激と比べると，相対的に馴化刺激と類似性の高い刺激）を参加児に提示し，両刺激に対する参加児の選好を比較する。このような状況下では，一般的に乳幼児は新奇刺激に対してより強い選好を生じることが知られている。したがって，参加児が馴化刺激と新奇刺激を弁別可能な限りは，参加児は新奇刺激に対して有意な選好を生じると考えられる。

選好注視法（PL法）や強制選択選好注視法（FPL法），馴化法は，言語的な教示が適用できず，かつ身体運動機能の未発達な乳幼児に対しても利用可能な点で優れているが，それぞれメリットやデメリットが存在する（表1）。たとえば，選好注視法や強制選択選好注視法は，参加児の刺激弁別・検出能力を比較的短時間のうちに，簡便な手続きによって検討できる点で優れている。一方で，参加児が，ある刺激ペア間の弁別が可能であることを示すことはできるが，弁別が不可能であるということを示すのが難しいというデメリットをもつ。選好注視法や強制選択選好注視法による実験において，参加児たちが特定の刺激ペアの提示に際して有意な選好を生じなかったとしても，「弁別はできていたが，それが有意な選好として外在化しなかっただけ」という可能性は依然として残るのである。それに

表1 選好注視法とその派生的手法の特徴

	手続き	メリット	デメリット
選好注視法	複数の視覚刺激を参加児に繰り返し提示し、特定の刺激への注視時間が統計的に有意に偏るか否かを分析する。	・実験手続きが簡便。 ・刺激間の弁別能力を比較的短時間で検討できる。	弁別ができないことを示すのは難しい。
強制選択選好注視法	複数の視覚刺激を参加児に繰り返し提示し、特定の刺激への注視頻度（回数）が統計的に有意に偏るか否かを分析する。	選好注視法と同じ。	選好注視法と同じ。
馴化・脱馴化法	参加児に馴化刺激を繰り返し提示して馴化状態を作り出した後、新奇刺激と馴化刺激（あるいは、馴化刺激と類似の刺激）を参加児に提示し、新奇刺激に対する有意な選好が生じるかを分析する。	・弁別能力の検出力が比較的高い。 ・故に弁別ができないことについてもある程度検討しやすい。	・実験手続きが煩雑。 ・実験時間が長くなる傾向にある。

対して馴化法では、馴化が成立した後の新奇刺激に対する選好を測定するという手続きを踏む分、選好注視法（PL法）や強制選択選好注視法（FPL法）に比べれば、参加児たちの刺激間弁別の能力をより鋭敏に検出可能な点で優れている。また、そうした検出力の高さゆえ、選好注視法や強制選択選好注視法と比べれば、参加児が有意な選好を生じなかった場合に、彼らが特定の刺激間弁別の能力をもたない可能性について、一定の説得力をもって議論を展開できる点も長所といえよう。その一方で、馴化法は手続きが煩雑になり、実験時間も長くなる傾向にある。そのため、実験を完遂できる参加児の割合が、選好注視法や強制選択選好注視法による実験と比べれば低くなる傾向にある。馴化法は、実験者にも参加児にもコストや負担の大きい方法である点がデメリットであるといえよう。

　発達研究、とくに乳幼児を対象とした研究には、さまざまな面でコストがかかる。実験参加児やその家族をリクルートするための広告費や、参加児とその家族に支払う交通費、研究協力謝礼などの経済的コストはもちろん、実験スケジュールを適切に管理し、実験を安全かつ円滑に進行するために常に複数名のチームで対応することに伴う人的コストも、成人を対象とした実験研究に比べて大きくなりがちである。そのため、乳幼児を対象とした実験を実施可能な施設の数自体がけっして多くはなく、ましてや、実験実習で実際に乳幼児実験に親しむ機会はほとんどないと考えられる。しかしながら、乳幼児を対象とした実験手法の詳細を理解することは、さまざまな発達研究の知見への理解をより深めることにつなが

II 実験1 選好注視法（PL法）による顔・非顔図形間の弁別能力の検討

1．問題・目的

　生まれてすぐの乳児がどのような視覚機能をもつのかは，ファンツによる選好注視法の開発以前は実験的に検討することがほとんど不可能であった。ファンツは，さまざまな視覚パターンの組み合わせを用いて乳児の選好を測定し，一般的に乳児が選好を生じやすいパターンとそうでないパターンがあることを示したが，それらのうちで，最もインパクトの大きいものの1つは，顔図形と非顔図形の弁別だろう。生後1カ月に満たない乳児でも，たんなる幾何学的な模様によって構成されたパターンよりも，ヒトの顔状に組織化されたパターンを選好するのである（Fantz, 1961）。私たちヒトにとって，顔は非常に重要な意味をもつ視覚刺激である。顔によって周囲の人を識別したり，表情から感情を読み取ったりすることは社会生活を送るうえで大切な能力といえるだろうし，パートナーとなる人物を選ぶ際に，顔が決め手となることもあるだろう。そのような重要な能力の萌芽が，無力な存在と信じられていた乳児にも備わっていることが示されたのだから，当時の研究者たちの驚きも想像に難くない。

　本実験では，ファンツによる実験を簡略化しつつ，現代風にパーソナルコンピュータ（以下：PC）を使った手続き（ファンツの時代には，画像を手軽に提示することのできるPCはまだ存在しなかった）に改変し，乳児の顔選好を検討する。

2．方　　法

①装　　置

　参加児が実験に集中できるよう，静音な室内にパーティションなどを用いて実験用のブースを作成することが望ましい（図1）。ブースの中に視覚刺激提示用のPC画面（後述する理由から，視覚刺激の大きさをある程度担保する必要があるために21インチ以上程度のものが望ましい）と，音声提示用のスピーカーを設置する。実験用のPCをPC画面やスピーカーと接続し，実験ブースの外に設置する。また実験参加児の注視行動を録画するために小型のビデオカメラをPC画面の下部か上部に設置する。このときビデオカメラの水平位置がPC画面の水平軸の中心

第2部　さまざまな心理学実験

　　　　　　(A)　　　　　　　　　　　(B)　　　　　　　　(C)

図1　選好注視法による実験に供される装置の例（新潟大学人文学部・白井研究室）

注）（A）図の左側のパーティションで区切られた部分が参加児と補助者が滞在する実験用ブース。その右側は実験者用のスペースで，実験者の手元にはモニタリング画面と実験用PCが設置されている。（B）実験ブースの内部。参加児の顔がPC画面の正面にくるよう，補助者が参加児を膝の上に抱いた状態。PC画面の真下にある黒い小さな物体はビデオカメラ。補助者は目をつぶり，参加児の方へ顔を向けることでPC画面の内容を視認できないようにしている。（C）実験者用スペースの様子。実験者の左側にモニタリング画面が配置されており，ビデオカメラによって撮影された参加児の様子をリアルタイムに確認できる。実験者の正面には実験用PCがあり，実験者はモニタリング画面を確認しながら，視覚刺激の提示タイミングなどを制御する。

と一致するよう留意する。水平位置がずれると，録画された映像から乳児の視線がどこを向いているのか判定するのが困難になるのと，サイドバイアス（視覚刺激の状態とは無関係に，乳児が常に画面の左右どちら一方に対して偏向的な注視行動を生じること）の原因となりうるので注意すること。PC画面の前面には，補助者（参加児の保護者や実験補助者など）が参加児を抱きながら座るための椅子を設置する。椅子は，実験中に補助者に抱かれた乳児の顔の高さとPC画面の中央部の高さがほぼ同じになるように，座面高を調整できるようなものがよい。実験中にビデオカメラからの映像を実験者がリアルタイムで確認できるように，ビデオカメラの外部出力機能を用いてモニタリング画面に映像が分配されるよう設定して，モニタリング画面を実験ブース外の実験用PCの近くに設置する。そうすることで，実験者が実験用PCを操作しながらモニタリング画面を確認できる。

②刺　　激

　視覚刺激として，図2のような，ヒトの顔を模式的に表現した「顔図形」と，顔図形の内部パーツをそれぞれランダムな位置に再配置した「スクランブル顔図形」を作成する。その際，成人に比べて視力の低い乳児でも，図形の構成要素を十分に視認することができるよう，明暗（輝度）のコントラストが十分に高くな

第 15 章　発達の実験

　　　　　　　（A）　　　　　　　　　（B）
図2　視覚刺激として用いる（A）「顔図形」と（B）「スクランブル顔図形」の例

るよう配慮する（たとえばRGBそれぞれ100％の白と，RGBそれぞれ0％の黒を用いて図形を描画するなど）。また図形がPCの画面上に提示されたときのサイズが小さくなりすぎないよう注意すること（本実験では，縦横20 cm × 15 cm程度を想定している）。

3．要因計画

　本実験では参加者内1要因2水準の計画を採用した。独立変数は図形の種類（顔図形，スクランブル顔図形），従属変数は各図形に対する累積注視時間である。

4．手続き

　参加児は補助者（参加児の保護者や実験補助者など）の膝の上に座り画面を観察する。補助者が実験中にPC画面を見てしまうと，実験映像を分析する際に，分析者が参加児でなく補助者の注視行動も利用できてしまう。また，補助者の注視行動が何らかの形で参加児の注視行動に影響を与えてしまう可能性もある。したがって，補助者には，実験中に画面を見てしまうことを避けるためにアイマスクなどを着用してもらうか，あるいは，実験中は常に目をつぶってもらうよう事前に教示を与える。また実験開始直前に，参加児の顔とPC画面までの距離を測り，事前に決定していた観察距離とおおむね一致しているかを確認する（本実験では観察距離は40 cm程度を想定している）。観察距離が大きくずれている場合は，補助者の姿勢や椅子の位置を適宜調整する。

　各実験試行の開始時に，PC画面の中央部に目立つアニメーションを提示すると同時に，スピーカーから音声（PCにデフォルトで入っている音声ファイルなどでかまわない）を提示して参加児の注意を画面に引く。実験者はモニタリング

画面を通して参加児の注視行動を観察し，参加児の視線がPC画面の中央部に安定して向けられているのを確認したら，ただちに実験用PCを操作して視覚刺激を提示する。視覚刺激として，顔図形とスクランブル顔図形をPC画面の左右に30秒間対提示する（図2）。実験は顔画像とスクランブル顔画像の左右の位置を入れ替えて2試行実施する（たとえば，1試行目に顔画像がPC画面の右側に提示されたならば，2試行目では顔画像が画面の左側に提示されるようにする）。また，刺激の提示順は参加児間でカウンターバランスする。実験中の乳児の注視行動は，ビデオカメラによってすべて録画しておく。

なお，視覚刺激の提示には自作のプログラムや，心理学実験用のソフトウェア（無料で公開されているものとして，Psychopy（Peirce, 2009）やPsychtoolbox（Kleiner et al., 2007）などがある）を用いることが望ましいが，本実験のように刺激の提示にms単位の時間精度が求められず，ただ画像や映像を提示するだけのシンプルな実験手続きであれば，PowerPointなどのプレゼンテーションソフトなどを利用することも可能である。

3．結　果

①図形ごとの注視時間

　実験終了後に，ビデオカメラによって録画された映像を観察，分析して，各乳児の試行ごとのPC画面の右側，左側それぞれの領域に対する注視時間を評価する。たとえば，分析者が実験試行の映像を再生しながら，その瞬間，参加児が（1）PC画面の右側を注視しているのか，（2）左側を注視しているのか，（3）あるいはそれらのいずれにも該当しないのか，リアルタイムに判断して対応するボタンを押すことで，（1）〜（3）のカテゴリーの注視行動の累積時間を測定する方法（専用のPC用ソフトウェアを作成して用いることが多い）や，試行ごとの映像をすべて静止画フレームに分割し，各フレームにおいて乳児の注視行動が上述の（1）〜（3）のどれにあてはまるかを強制判断した後，（1）〜（3）それぞれのカテゴリーに分類されたフレームの総数と映像のフレームレートから，（1）〜（3）の注視行動それぞれの累積時間を算出する方法などがある。いずれの方法においても，結果に分析者の主観が入り込む余地を最小化するため，分析者が分析対象となる映像についての詳細（実験条件や，PC画面にどのような刺激が提示されていたか）を知らない，ナイーヴな状態であることが重要である。すべての分析が終了した後，分析結果と当該試行における図形の提示記録とを照らし合わせて，その試行における図形ごとの注視時間を確定する（図3）。

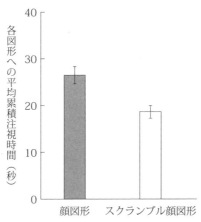

図3　顔図形，スクランブル顔図形それぞれに対する2試行の累積注視時間について，想定される結果をグラフにしたもの

②分析の仕方

　顔図形，スクランブル顔図形それぞれに対する平均注視時間の間に差があるかどうかを，対応のある t 検定を用いて検討する。

4．考　　察

　本実験は顔図形と，その内部構成要素をランダムに再配置したスクランブル顔図形を用いて，両者に対する乳児の選好を比較するものである。顔図形とスクランブル顔図形は互いに同一な要素によって構成されているため，図形自身のもつ細かな物理的特徴（図形全体の輝度や，大きさ，複雑さなど）も相互に等しい。それにもかかわらず，両者の間で乳児の選好が有意に異なるならば，図形のもつ細かな物理的特徴そのものではなく，それらの図形全体から導かれる何らかの知覚的特徴が乳児の選好に影響していると推測できる。

　成人が顔を見るときには，顔の目や鼻，口といったパーツを個々に認識するのではなく，それぞれのパーツの相対的な位置関係も利用して顔全体を知覚している（顔の「全体処理」(configural processing)；cf., Maurer et al., 2002)。この点で，本実験で用いた顔図形は，目，鼻，口などのパーツ同士が，顔として妥当な位置関係を保持しているので，成人にとっては顔として認識しやすい図形となっている。一方でスクランブル顔図形は，パーツの配置が典型的な顔のそれとはかけ離れているため，顔図形とまったく同じパーツ構成で作られているにもかかわらず，成人にとっては顔として知覚することが難しい。このように，顔図形とス

クランブル顔図形とでは，それぞれの図形を構成する局所的なパーツの物理的特徴は等しい一方で，（少なくとも成人にとっての）顔としての知覚しやすさといった知覚的特徴は大きく異なる。したがって，両図形間で乳児の選好が有意に異なるという結果は，乳児が顔図形とスクランブル顔図形から導かれる知覚的特徴，すなわち顔としての知覚しやすさを利用して両図形を弁別していたこと，ひいては「顔」を視覚的に知覚可能であることを示唆する。

III　実験2　馴化・脱馴化法による被遮蔽物体の形状知覚の検討

1．問題・目的

　普段意識する機会はなかなかないが，日常的な風景の中に存在する物体同士の遮蔽・被遮蔽関係を理解することは，私たちが外界について知覚する際の重要な課題となる。たとえば任意の視点から複数の物体を観察するときに，図4の左の画像のように，ある物体（図4では長方形の板）が別の物体（図4の円柱）の一部分を隠しているように見えることがあるだろう。このとき，円柱の隠された部分の状態については無数の可能性が存在し，理論的には私たちに円柱の本当の形を理解する術はない。ひょっとすると，板の背後で円柱はまっすぐ直線的につながっているかもしれないし（図4右上段），真ん中あたりがボコッとずれた形状でつながっているかもしれない（図4右中段）。あるいは，そもそも円柱は単一の物体ではなく，じつは板によって遮蔽されている部分を境に複数の物体に分かれている可能性すらある（図4右下段）。しかしながら多くの場合，私たちは隠れた部分の形状を補って，部分的にしか見えていない物体の全貌を瞬時に，かつ暗黙のうちに知覚することができる（ほとんどの人は図4左の図を見たときに，1本の円柱が長方形の背後でまっすぐつながっていると感じたに違いない）。この，一見何の変哲もない能力は，無数の物体に満たされた複雑な環境世界で生きていくためには必須の能力である——無数の物体同士の遮蔽・被遮蔽関係について1つひとつ時間をかけて精査し，推論していては，環境世界のダイナミックな変化に臨機応変に素早く対応することはほとんど不可能であるだろう。

　私たち成人にとっては当たり前にも思えるこうした能力は，発達のどの段階で獲得されるのだろうか。過去の研究から，およそ生後4カ月になると，部分的に隠された物体の形状を補完し知覚することができるようになることが報告されている（たとえば Kellman et al., 1983）。本実験では，そうした過去の研究のうち，コンピュータディスプレイによる視覚刺激を使用して実施された実験（Johonson

第 15 章　発達の実験

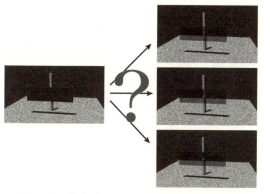

図4　ある物体が別の物体に遮蔽された様子の例

注）　図の左で描写される視点からは，長方形の板によって円柱の一部が隠されているように見える。しかしながら，実際には，この視点から得られる視覚情報だけでは，円柱の全体的な形状を正しく知ることはできない。図の右に示すように円柱は板の背後でまっすぐつながっているかもしれないし（右上段），部分的にずれた形状になっているかもしれないし（右中段），じつは途中で分断された複数の物体であるかもしれないし（右下段），他にも無数の可能性が存在する。

et al., 1996）を参考にして，乳幼児の被遮蔽物体の補完的知覚を馴化・脱馴化法によって調べることを目的とする。

2．方　　法

①装置と刺激

　実験に用いる装置は，I節「実験 1」と同様のものとする。視覚刺激として，図5に示すような動画を用いる。図 5A は馴化試行における視覚刺激であり，本実験では「遮蔽された棒」と呼称する。図 5B と図 5C はともにテスト試行における視覚刺激であり，本実験では，それぞれ「つながった棒」と「分断された棒」と呼称する。

②要因計画

　本実験では参加者内 1 要因 2 水準の計画を採用した。独立変数はテスト試行における動画の種類（つながった棒，分断された棒），従属変数は各動画に対する累積注視時間である。

③手続き

　実験開始前の準備手続き（補助者への教示，観察距離の確認，調整）は，II 節

第 2 部　さまざまな心理学実験

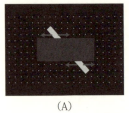　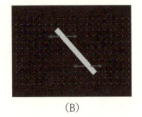　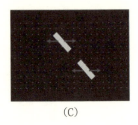
　　(A)　　　　　　　　　　　(B)　　　　　　　　　　　(C)

図 5　実験に用いる動画の模式図

注）　紙面ではモノクロだが，実際にはカラー動画を使用する。矢印はバーの運動軌跡を表す。
(A)「遮蔽された棒」。青い長方形の背後を黄色のバーが水平方向に往復移動する（12 秒で 1 往復）。(B)「つながった棒」。「遮蔽された棒」の映像から青い長方形が取り除かれたもの。(C)「分断された棒」。「遮蔽された棒」の黄色のバーの中心部分を透明にし，バーが 2 つの領域に分かれているように見せたもの。いずれの動画においても，バーの運動軌跡は互いにまったく同じである。

「実験 1」に準じる。

　まず複数回の馴化試行を実施する。各馴化試行のはじめに，アニメーションと音声刺激を同時提示することで，PC 画面に参加児の注意を引きつける。実験者はモニタリング画面を通して参加児の注視行動を観察し，参加児の視線が PC 画面の中央部に安定して向けられているのを確認したら，ただちに実験用 PC を操作して視覚刺激（「遮蔽された棒」の動画）を提示する。視覚刺激が提示されている間，実験者はモニタリング画面越しに，参加児の視覚刺激への注視時間をリアルタイムに測定する（たとえば，実験用 PC のキーボードの任意のキーを押している間のみ時間記録が累積されるような実験プログラムを作成し，参加児が PC 画面を注視している間はボタンを押し続け，参加児が PC 画面から目を逸した場合にはボタンを離す，といった操作を行うことで注視時間を測定する）。参加児が 2 秒以上連続して PC 画面から視線を逸したら，その時点で刺激の提示を終了して次の試行に移る。こうした馴化試行を，参加児の刺激注視時間が事前に定めた馴化基準を下まわるまで繰り返す。本実験の馴化基準は以下の通りとする。ある馴化試行（n 回目）が終了した時点で，最新の 3 回の馴化試行（$n-2$ 回目，$n-1$ 回目，および n 回目）における刺激注視時間の合計が，最初の 3 回の馴化試行（1 回目，2 回目，および 3 回目）の馴化試行における刺激注視時間の合計の半分未満になった時点で馴化が成立したと見なす。毎回の馴化試行後に，注視時間が馴化基準を満たしているか否かを素早く判定し，基準が満たされていれば速やかに脱馴化試行に移行する必要がある。したがって，基準が満たされたかどうか判定する機能を実験プログラムにあらかじめ組み込んでおき，馴化基準が満たされ

たら自動的に，以下に示すような脱馴化試行が開始されるような工夫が必要となる。

　馴化が成立した後に，「つながった棒」の動画が提示される試行が3回，「分断された棒」の動画が提示される試行が3回の，計6回の脱馴化試行を実施する。このとき，一方の動画の提示試行を3回連続で実施した後，他方の動画の提示試行を3回実施する（「つながった棒」試行を3回実施した後，「分断された棒」試行を3回実施する，またはその逆）。試行の実施順は参加児間でカウンターバランスすること。馴化試行と同様に，各脱馴化試行においても，アニメーションと音声刺激の同時提示を経て，視覚刺激を提示する。また，参加児の視覚刺激への注視時間をリアルタイムに測定し，参加児が2秒以上連続してPC画面から視線を逸したら，その試行を終了して次の試行へ移る。

　なお，本実験では実験中にリアルタイムに参加児の注視時間を記録し，その変化に関わる計算を実施する必要がある。したがって，自作のプログラムや，心理学実験用のソフトウェアを利用して，そうした機能を有する実験系を構築することが不可欠となる。

3．結　　果

①図形ごとの注視時間
　参加児ごとに，テスト試行の「つながった棒」3試行，「分断された棒」3試行の累積注視時間をそれぞれ求める。

②分析の仕方
　「つながった棒」試行と「分断された棒」試行の平均累積注視時間の間に差があるかどうかを，対応のある t 検定を用いて検討する。

4．考　　察

　参加児は，馴化試行では長方形の背後で棒が水平方向に往復運動する動画（遮蔽された棒）を提示され，その後のテスト試行では，1本のつながった棒が水平方向に往復運動する動画（つながった棒）と，棒が上下2本に分断された状態で水平方向に往復運動する動画（分断された棒）を提示された。

　もし参加児が，馴化試行の動画から「1本のつながった棒」が長方形の背後で往復運動している様子を知覚していたならば，「1本のつながった棒が往復運動する」といった事象に対して馴化が生じると考えられる。したがって，後のテスト

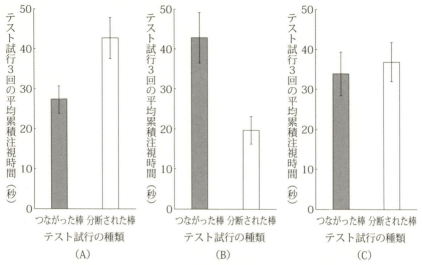

図6 想定されるテスト試行の結果をグラフにしたもの

注) それぞれ，(A) テスト試行で参加児が「分断された棒」に新奇選好を生じる場合，(B) テスト試行で参加児が「つながった棒」に新奇選好を生じる場合，(C) テスト試行で参加児がどちらの刺激にも選好を生じない場合を表す。

試行において「1本のつながった棒」と「2本の分断された棒」がそれぞれ往復運動する様子を提示された場合に，新奇な事象である後者をより選好する傾向を示すだろう（図6A）。一方で，馴化試行の動画が，長方形の背後に存在する1本のつながった棒ではなく，別の事象として知覚されるならば，テスト試行の結果は異なるものになるはずである。たとえば，参加児が馴化試行において，青い長方形の上辺と下辺にそれぞれ1本ずつ，計2本の短い棒が密着して往復運動していたような事象を知覚していたならば，テスト試行では，どちらかといえば「つながった棒」の動画を新奇な事象として選好するかもしれない（図6B）。あるいは，馴化試行の動画から2種類のテスト試行のいずれともまったく異なる事象を知覚していたならば，2種類のテスト試行のいずれも新奇な事象として知覚し，結果として両者に対する選好に有意な差は生じないかもしれない（図6C）。

したがって，本実験のテスト試行において，参加児が「分断された棒」試行において「つながった棒」試行よりも有意に大きな選好を生じるならば，参加児は馴化試行において提示された動画から，長方形の背後で1本の棒が水平方向に往復運動する様子を知覚していたと解釈するのが妥当であると考えられる。

IV　まとめ

　成人向けの手法を半ば強引に乳幼児実験に適用したり，あるいは乳幼児の日常的な行動を注意深く観察することでも，ある程度は乳幼児の心的機能を推し量ることは可能だろう。ただ，選好注視法やその派生的手法が開発されたことによって，乳幼児の心的機能をより妥当な方法で検討することが可能になったといえる。

　本章では取り扱わなかったが，近年では脳機能測定法（第13章参照）などの新規技術の発展，普及が目覚ましい。乳幼児を対象とした実験にそれらの新しい技術が利用されることも，もはや珍しいことではなくなっており，乳幼児の心的機能について日々新たな知見が提供されている。しかしながら，そうした新しい技術の導入には，高い金銭的コストや，測定，解析手法に関連する高度な専門的知識，技術が要求される。一方で選好注視法やその派生的手法を利用すれば，本章でも詳細に説明したように，パーソナルコンピュータや心理学実験用のフリーソフトウェアを用いて簡単に，比較的安価に実験系を構築することができる。また，選好注視法やその派生的手法は，その原理も比較的単純で，実験結果の解析に必ずしも高度な専門知識を要しない。比較的安価に，そして簡便に，乳幼児の心的機能を推し量る強力なツールとして機能すること，それこそが，開発から半世紀近く経った現在でも，乳幼児を対象とした心理学実験の主要な方法として，選好注視法やその派生的手法が利用され続けていることの理由であるだろう。

◆学習チェック
- □ 選好注視法やその派生的手法が登場する前後で，心理学における乳幼児観が「無力な赤ちゃん」から「有能な赤ちゃん」に変化した経緯について理解できた。
- □ 選好注視法や強制選択選好注視法による実験のメリット，デメリットについて理解できた。
- □ 馴化・脱馴化法による実験のメリット，デメリットについて理解できた。

より深めるための推薦図書
　下條信輔（2006）まなざしの誕生―赤ちゃん学革命 新装版．新曜社．
　山口真美（2013）赤ちゃんは顔をよむ―視覚と心の発達学．紀伊國屋書店．
　山口真美・金沢創（2016）乳幼児心理学 改訂版．放送大学教育振興会．
　山口真美・金沢創（2019）赤ちゃんの視覚と心の発達 補訂版．東京大学出版会．

文　献

Fantz, R. L.（1961）The origin of form perception. *Scientific American*, 204; 66-72.

Fantz, R. L.（1963）Pattern vision in newborn infants. *Science*, 140; 296-297.

Fantz, R. L. & Yeh, J.（1979）Configurational selectivities: Critical for development of visual perception and attention. *Canadian Journal of Psychology*, 33; 277-287.

James, W.（1890）*The Principles of Psychology*. Henry Holt and Company.

Johnson, S. P. & Aslin, R. N.（1996）Perception of object unity in young infants: The roles of motion, depth, and orientation. *Cognitive Development*, 11; 161-180.

Kellman, P. J. & Spelke, E. S.（1983）Perception of partly occluded objects in infancy. *Cognitive Psychology*, 15; 483-524.

Kleiner, M., Brainard, D., Pelli, D. et al.（2007）What's new in Psychtoolbox-3. *Perception*, 36(14); 1-16.

Maurer, D., Le Grand, R. & Mondloch, C. J.（2002）The many faces of configural processing. *Trends in Cognitive Sciences*, 6; 255-260.

Peirce, J. W.（2009）Generating stimuli for neuroscience using PsychoPy. *Frontiers in Neuroinformatics*, 2; 10.

Piaget, J.（1970）*L' Épistémologie Génétique*. Universitaires de France.（滝沢武久訳（1972）発生的認識論．白水社．）

Teller, D. Y.(1979)The forced-choice preferential looking procedure: A psychophysical technique for use with human infants. *Infant Behavior and Development*, 2; 135-153.

索引

あ行
アカデミック・インテグリティ　49
アーティファクト　172
アデノシン三リン酸（ATP）　184
ROC 曲線　108
Yes/No 法（Yes/No 検出課題）　78, 103
閾値　71
一般流動性知能　146
意味的プライミング　89
因果関係　23
隠匿情報検査　177
インフォームドコンセント　20
引用文献　48
ヴィジランス課題　155
ウェーバー・フェヒナーの法則　57
上弁別閾　72
ウェルニッケ野　196
N バック課題　146
オーサーシップ　51
オペラント　130

か行
改ざん　50
外集団　207
階段法（上下法）　75
海馬　196
外部座標　116
カウンターバランス　33
顔ニューロン　186
顔領域　186
学習　130, 196
確信度　107
学問的誠実性　49
仮説　24, 25
課題切り替え法　154
活性化拡散理論　89
活動電位　184
感覚運動学習　112

感覚運動変換　112
間隔尺度　17
観察法　216
干渉　119
感情　196
感情誤帰属手続き（AMP）　207
干渉法　154
記憶　139, 195
記憶走査　86
機能的核磁気共鳴撮像法（fMRI）　184, 191
欺瞞手続き　21
帰無仮説　35
強制選択選好注視法（FPL 法）　216
強制選択法　81
共分散分析　36
共変量　31
極限法　59, 73
近赤外分光法（NIRS）　184
空間的手がかり課題　160
空間分解能　185
QUEST 法　75
形式　47
系列位置効果　100
血圧　170, 173
結果　47
血流　184
言語　196
顕在的態度　200
減算法　86
顕著性　155
検定力分析　35
語彙判断課題　89
光覚閾　76
交感神経系　171
考察　47
恒常法　59, 74, 76
構成概念　25
構成概念妥当性　26

索引

高速逐次呈示課題　163
交替性転向反応　126
呼吸　170
誤答率　92
コルチゾール　171, 173
コレクト・リジェクション　104

さ行

錯視量　60
錯覚　57
査読　42
サリベット法　171
3Rの原則　125
参加者間要因　29
参加者内要因　29
残効現象　64
残効量　65
シェイピング　133
視覚運動回転　119
視覚探索課題　155
視覚探索法　154
視覚の恒常性　64
時間分解能　185
刺激　46
刺激閾　71
刺激強度　71
刺激検出力（d'）　105
事後説明　21
事象関連電位（ERP）　189
事前登録　23
持続的注意　153
自尊心　203
下弁別閾　72
実験　13
　――の倫理　18
実験計画　24, 28
実験参加者　45
実験者効果　33
質問項目　46
シナプス後電位　184
社会的ストレス　173
尺度　16
謝辞　48
自由再生法　99
従属変数　25

集団間バイアス　207
周波数弁別能　80
主観的等価点（PSE）　58
純音　80
馴化・脱馴化法　217, 225
馴化法　217
準実験　31
順序効果　32
順序尺度　17
消去　134
消去抵抗　134
上下法　→階段法
条件性強化子　134
条件づけ　130
剰余変数　28
初頭効果　100
自律神経系　171
自律神経系指標　169
新近性効果　100
神経細胞　183
信号検出理論　99, 103
身体座標　116
心的回転（メンタル・ローテーション）　93
心電図　170
心拍数　170, 173, 178
心理学実験　13
心理時間計測法　87
心理測定関数　71
心理物理学　57, 72
心理物理学的測定法　59
心理量　58
水準　29
スキナー箱　131
ストッピング・ルールの設定　35
ストループ課題　154
ストレス反応　173
ストレッサー　173
生化学的指標　171
生化学的物質　169
正規分布　36
正再生率　101
精神生理学　169
正答率　99
生得的行動　125
生理心理学　169

索引

生理的指標　169
絶対閾　71, 76
セットサイズ　155
説明つき同意　20
選好　215
選好注視法（PL法）　215, 219
潜在的外集団バイアス　211
潜在的自尊心　202
　　──の個人差　206
潜在的態度　200
潜在的内集団バイアス　211
潜在連合テスト（IAT）　202
潜時　88
全体処理　223
選択的注意　153
前頭前野　196
操作　27
操作チェック　27
操作的定義　15
走性　129
装置　45
相貌失認　186

た行

第一種の過誤　34
帯状回　197
第二種の過誤　34
対立仮説　35
唾液　173
ターゲット　89
短期記憶　100, 195
探索時間　157
知能　146
注意　153
　　──の空間的特性　155
　　──の時間的特性　163
　　──のバイアス　160
　　──の瞬き　166
注意バイアス訓練法　162
長期記憶　195
調整法　59, 72
丁度可知差異　72
直接プライミング　89
t 検定　35
ディセプション　21

手がかり法　154
適応法　75
手続き　47
デブリーフィング　21, 174
天井効果　102
動眼法　154
統計的検定　47
統計的有意性検定　34
統計分析　30
投稿論文　42
頭頂葉　195
動物実験　125
盗用　50
独立変数　25
読解力テスト　143
トリア社会的ストレステスト（TSST）　173

な行

内集団　207
内的妥当性　27
二重課題法　154, 163
二重支配　172
二重盲検法　34
ニューロン　183
捏造　50
ネームレターテスト（NLT）　200
ノイズ　188
脳活動　183
脳磁図（MEG）　184
脳波（EEG）　183, 187

は行

ハゲタカ・ジャーナル　51
Passive Drool 法　171
発達　215
判断基準（c）　105
反応形成　133
反応時間（RT）　85, 160
反応制止　129
反応の正確さ　88
反応バイアス（C）　107
反復プライミング　89
ピア・レビュー　42
比較照合　86
被験者　45

索引

被験体　45
被遮蔽物体の知覚　225
p 値　35
ヒット　104
p ハッキング　37
皮膚コンダクタンス水準（SCL）　170
皮膚コンダクタンス反応（SCR）　170, 178
皮膚電気活動　170
評価プライミング課題（EPT）　207
表情筋電図　171
標的間隔　163
標的刺激（ターゲット）　208
比率尺度　17
フィルター処理　172, 188
フォルス・アラーム　104
副交感神経系　171
Ψ法　75
不正行為　49
物理量　58
プライミング効果　89
プライム　89, 208
フランカー課題　154
プリズム適応　113
プレゼンテーション　41
ブローカ野　196
ブロックデザイン　191
プローブ　162
分割注意　153
分散分析　36
ベイズ統計　37
ベイズファクター　37
PEST 法　75
変形上下法　75
扁桃体　197
弁別　215
弁別閾　71, 80
方位残効　65
方法　45
ポリグラフ検査　177

ま行

マガジントレーニング　131
マックスウェル視光学系　77
マニピュランダム　113
ミス　104

脈波　170
ミュラー・リヤー錯視　59
無意味語　100
無作為割り当て　29
名義尺度　16
命題推論　201
問題・目的　44

や行

有意水準　35
床効果　102
要因　29
要求特性　34
陽電子断層法（PET）　184
容量制約　139

ら行

ラット　132
リーディングスパンテスト　140
両耳分離聴取法　154
両手間転移効果　114
倫理　18
倫理審査委員会　19
ルアー　146
累積注視時間　221
レーヴン漸進的マトリックス検査　146
レスポンデント　130
レポート　40
連合活性化　201
連合命題評価モデル　200
要旨　43
論文　40
論理構成　41

わ行

ワーキングメモリ　139, 195

付録
大学及び大学院における必要な科目

○大学における必要な科目
A．心理学基礎科目
　①公認心理師の職責
　②心理学概論
　③臨床心理学概論
　④心理学研究法
　⑤心理学統計法
　⑥心理学実験
B．心理学発展科目
（基礎心理学）
　⑦知覚・認知心理学
　⑧学習・言語心理学
　⑨感情・人格心理学
　⑩神経・生理心理学
　⑪社会・集団・家族心理学
　⑫発達心理学
　⑬障害者（児）心理学
　⑭心理的アセスメント
　⑮心理学的支援法
（実践心理学）
　⑯健康・医療心理学
　⑰福祉心理学
　⑱教育・学校心理学
　⑲司法・犯罪心理学
　⑳産業・組織心理学
（心理学関連科目）
　㉑人体の構造と機能及び疾病
　㉒精神疾患とその治療
　㉓関係行政論
C．実習演習科目
　㉔心理演習
　㉕心理実習（80時間以上）

○大学院における必要な科目
A．心理実践科目
　①保健医療分野に関する理論と支援の展開
　②福祉分野に関する理論と支援の展開
　③教育分野に関する理論と支援の展開
　④司法・犯罪分野に関する理論と支援の展開
　⑤産業・労働分野に関する理論と支援の展開
　⑥心理的アセスメントに関する理論と実践
　⑦心理支援に関する理論と実践
　⑧家族関係・集団・地域社会における心理支援に関する理論と実践
　⑨心の健康教育に関する理論と実践
B．実習科目
　⑩心理実践実習（450時間以上）
　※「A．心理学基礎科目」，「B．心理学発展科目」，「基礎心理学」，「実践心理学」，「心理学関連科目」の分類方法については，上記とは異なる分類の仕方もありうる。

○大学における必要な科目に含まれる事項
A．心理学基礎科目
①「公認心理師の職責」に含まれる事項
　1．公認心理師の役割
　2．公認心理師の法的義務及び倫理
　3．心理に関する支援を要する者等の安全の確保
　4．情報の適切な取扱い
　5．保健医療，福祉，教育その他の分野における公認心理師の具体的な業務
　6．自己課題発見・解決能力
　7．生涯学習への準備
　8．多職種連携及び地域連携
②「心理学概論」に含まれる事項
　1．心理学の成り立ち
　2．人の心の基本的な仕組み及び働き
③「臨床心理学概論」に含まれる事項
　1．臨床心理学の成り立ち
　2．臨床心理学の代表的な理論
④「心理学研究法」に含まれる事項
　1．心理学における実証的研究法（量的研究及び質的研究）
　2．データを用いた実証的な思考方法
　3．研究における倫理
⑤「心理学統計法」に含まれる事項
　1．心理学で用いられる統計手法
　2．統計に関する基礎的な知識
⑥「心理学実験」に含まれる事項
　1．実験の計画立案
　2．統計に関する基礎的な知識
B．心理学発展科目
（基礎心理学）
⑦「知覚・認知心理学」に含まれる事項
　1．人の感覚・知覚等の機序及びその障害
　2．人の認知・思考等の機序及びその障害
⑧「学習・言語心理学」に含まれる事項
　1．人の行動が変化する過程
　2．言語の習得における機序
⑨「感情・人格心理学」に含まれる事項

付　録

　1. 感情に関する理論及び感情喚起の機序
　2. 感情が行動に及ぼす影響
　3. 人格の概念及び形成過程
　4. 人格の類型，特性等
⑩「神経・生理心理学」に含まれる事項
　1. 脳神経系の構造及び機能
　2. 記憶，感情等の生理学的反応の機序
　3. 高次脳機能障害の概要
⑪「社会・集団・家族心理学」に含まれる事項
　1. 対人関係並びに集団における人の意識及び行動についての心の過程
　2. 人の態度及び行動
　3. 家族，集団及び文化が個人に及ぼす影響
⑫「発達心理学」に含まれる事項
　1. 認知機能の発達及び感情・社会性の発達
　2. 自己と他者の関係の在り方と心理的発達
　3. 誕生から死に至るまでの生涯における心身の発達
　4. 発達障害等非定型発達についての基礎的な知識及び考え方
　5. 高齢者の心理
⑬「障害者（児）心理学」に含まれる事項
　1. 身体障害，知的障害及び精神障害の概要
　2. 障害者（児）の心理社会的課題及び必要な支援
⑭「心理的アセスメント」に含まれる事項
　1. 心理的アセスメントの目的及び倫理
　2. 心理的アセスメントの観点及び展開
　3. 心理的アセスメントの方法（観察，面接及び心理検査）
　4. 適切な記録及び報告
⑮「心理学的支援法」に含まれる事項
　1. 代表的な心理療法並びにカウンセリングの歴史，概念，意義，適応及び限界
　2. 訪問による支援や地域支援の意義
　3. 良好な人間関係を築くためのコミュニケーションの方法
　4. プライバシーへの配慮
　5. 心理に関する支援を要する者の関係者に対する支援
　6. 心の健康教育
（実践心理学）
⑯「健康・医療心理学」に含まれる事項
　1. ストレスと心身の疾病との関係
　2. 医療現場における心理社会的課題及び必要な支援
　3. 保健活動が行われている現場における心理社会的課題及び必要な支援
　4. 災害時等に必要な心理に関する支援
⑰「福祉心理学」に含まれる事項
　1. 福祉現場において生じる問題及びその背景
　2. 福祉現場における心理社会的課題及び必要な支援
　3. 虐待についての基本的知識
⑱「教育・学校心理学」に含まれる事項
　1. 教育現場において生じる問題及びその背景
　2. 教育現場における心理社会的課題及び必要な支援
⑲「司法・犯罪心理学」に含まれる事項
　1. 犯罪・非行，犯罪被害及び家事事件についての基本的知識
　2. 司法・犯罪分野における問題に対して必要な心理に関する支援
⑳「産業・組織心理学」に含まれる事項
　1. 職場における問題（キャリア形成に関することを含む。）に対して必要な心理に関する支援
　2. 組織における人の行動
（心理学関連科目）
㉑「人体の構造と機能及び疾病」に含まれる事項
　1. 心身機能と身体構造及びさまざまな疾病や障害
　2. がん，難病等の心理に関する支援が必要な主な疾病
㉒「精神疾患とその治療」に含まれる事項
　1. 精神疾患総論（代表的な精神疾患についての成因，症状，診断法，治療法，経過，本人や家族への支援を含む。）
　2. 向精神薬をはじめとする薬剤による心身の変化
　3. 医療機関との連携
㉓「関係行政論」に含まれる事項
　1. 保健医療分野に関係する法律，制度
　2. 福祉分野に関係する法律，制度
　3. 教育分野に関係する法律，制度
　4. 司法・犯罪分野に関係する法律，制度
　5. 産業・労働分野に関係する法律，制度
㉔「心理演習」に含まれる事項
　（略）
㉕「心理実習」に含まれる事項
　（略）

執筆者一覧

山口真美（やまぐちまさみ：中央大学文学部）＝編者
金沢　創（かなざわそう：日本女子大学人間社会学部）＝編者
河原純一郎（かわはらじゅんいちろう：北海道大学大学院文学研究院）＝編者

鈴木敦命（すずきあつのぶ：東京大学大学院人文社会系研究科）
渋井　進（しぶいすすむ：大学改革支援・学位授与機構研究開発部）
丸谷和史（まるやかずし：NTTコミュニケーション科学基礎研究所人間情報研究部）
繁桝博昭（しげますひろあき：高知工科大学情報学群）
宮谷真人（みやたにまこと：比治山大学）
永井聖剛（ながいまさよし：立命館大学総合心理学部）
今水　寛（いまみずひろし：東京大学大学院人文社会系研究科）
中島定彦（なかじまさだひこ：関西学院大学文学部）
源　健宏（みなもとたけひろ：島根大学人間科学部）
坪見博之（つぼみひろゆき：富山大学人文学部）
藤村友美（ふじむらともみ：同志社大学心理学部）
野口泰基（のぐちやすき：神戸大学大学院人文学研究科）
大江朋子（おおえともこ：帝京大学文学部）
白井　述（しらいのぶ：立教大学現代心理学部）

監修　野島一彦（のじまかずひこ：九州大学名誉教授・跡見学園女子大学）
　　　繁桝算男（しげますかずお：東京大学名誉教授・慶應義塾大学）

編者略歴
山口真美（やまぐちまさみ）
中央大学文学部教授。
1995 年，お茶の水女子大学大学院人間文化研究科博士後期課程単位取得退学。
主な著書：『自分の顔が好きですか？―「顔」の心理学』（岩波書店，2016），『発達障害の素顔―脳の発達と視覚形成からのアプローチ』（講談社，2016），『赤ちゃんの視覚と心の発達 補訂版』（共著，東京大学出版会，2019）ほか

金沢　創（かなざわそう）
日本女子大学人間社会学部教授。
1996 年，京都大学大学院理学研究科霊長類学専攻博士課程単位取得退学。
主な著書：『他者の心は存在するか―「他者」から「私」への進化論』（金子書房，1999），『ゼロからはじめる心理学・入門―人の心を知る科学』（共著，有斐閣，2015），『赤ちゃんの視覚と心の発達 補訂版』（共著，東京大学出版会，2019）ほか

河原純一郎（かわはらじゅんいちろう）
北海道大学大学院文学研究院教授。
1997 年，広島大学大学院教育学研究科博士課程後期実験心理学専攻修了。博士（心理学）。
主な著書：『心理学の実験倫理―「被験者」実験の現状と展望』（共編著，勁草書房，2010），『注意―選択と統合』（共著，勁草書房，2015），『美しさと魅力の心理』（共編著，ミネルヴァ書房，2019）ほか

公認心理師の基礎と実践⑥［第 6 巻］
心理学実験

2019 年 10 月 10 日　第 1 刷
2024 年 4 月 1 日　第 2 刷

監修者　野島一彦・繁桝算男
編　者　山口真美・金沢　創・河原純一郎
発行人　山内俊介
発行所　遠見書房
製作協力　ちとせプレス（http://chitosepress.com）

〒 181-0001 東京都三鷹市井の頭 2-28-16
株式会社　遠見書房
TEL 0422-26-6711　FAX 050-3488-3894
tomi@tomishobo.com　https://tomishobo.com
遠見書房の書店　https://tomishobo.stores.jp

印刷　太平印刷社・製本　井上製本所

ISBN978-4-86616-056-6　C3011
©Nojima, K., Shigemasu, K., & Tomishobo, Inc.　2019
Printed in Japan

※心と社会の学術出版　遠見書房の本※

遠見書房

全巻刊行！完結！

公認心理師の基礎と実践 全23巻

監修 （九州大学名誉教授）**野島一彦**・（東京大学名誉教授）**繁桝算男**

最良の実践家・研究者による公認心理師カリキュラムに沿った全23巻のテキスト・シリーズ！　各2200円～3080円

❶公認心理師の職責 ◇ 野島一彦（跡見学園女子大）／❷心理学概論 ◇ 繁桝算男（慶應義塾大）／❸臨床心理学概論 ◇ 野島一彦ほか／❹心理学研究法 ◇ 村井潤一郎（文京学院大）ほか／❺心理学統計法 ◇ 繁桝算男ほか／❻心理学実験 ◇ 山口真美（中央大）ほか／❼知覚・認知心理学 ◇ 箱田裕司（京都女子大）／❽学習・言語心理学 ◇ 楠見 孝（京都大）／❾感情・人格心理学 ◇ 杉浦義典（広島大）／❿神経・生理心理学 ◇ 梅田 聡（慶應義塾大）／⓫社会・集団・家族心理学 ◇ 竹村和久（早稲田大）／⓬発達心理学 ◇ 本郷一夫（東北大）／⓭障害者・障害児心理学 ◇ 柘植雅義（筑波大）ほか／⓮心理的アセスメント ◇ 津川律子（日本大）ほか／⓯心理学的支援法 ◇ 大山泰宏（放送大）／⓰健康・医療心理学 ◇ 丹野義彦（東京大）／⓱福祉心理学 ◇ 中島健一（愛知学院大）／⓲教育・学校心理学 ◇ 石隈利紀（東京成徳大）／⓳司法・犯罪心理学 ◇ 岡本吉生（日本女子大）／⓴産業・組織心理学 ◇ 新田泰生（神奈川大）／㉑人体の構造と機能及び疾病 ◇ 斎藤清二（立命館大）／㉒精神疾患とその治療 ◇ 加藤隆弘（九州大）ほか／㉓関係行政論 ◇ 元永拓郎（帝京大）［名前は筆頭編者，所属は刊行時］

混合研究法の手引き
トレジャーハントで学ぶ
研究デザインから論文の書き方まで
マイク・フェターズ／抱井尚子編
優れた研究論文を10のポイントを押さえて読み解くことで，混合研究法を行うためのノウハウがよく分かる。宝探し感覚で学べる入門書。2,860円，B5並

思いこみ・勘ちがい・錯誤の心理学
なぜ犠牲者のほうが非難され，完璧な計画ほどうまくいかないのか
（認知心理学者）杉本　崇著
マンガをマクラに，「公正世界信念」「後知恵バイアス」「賭博者の錯誤」「反実思考」「計画の錯誤」といった誤謬の心理学が学べる入門書。1,980円，四六並

「新型うつ」とは何だったのか
新しい抑うつへの心理学アプローチ
（日本大学教授）坂本真士 編著
新型うつは怠惰なのか病いなのか？　この本は，新型うつを臨床心理学と社会心理学を軸に研究をしたチームによる，その原因と治療法，リソースなどを紐解いた1冊。2,200円，四六並

公認心理師基礎用語集　改訂第3版
よくわかる国試対策キーワード
松本真理子・永田雅子編
試験範囲であるブループリントに準拠したキーワードを138に厳選。多くの研究者・実践家が執筆。名古屋大教授の2人が編んだ必携，必読の国試対策用語集です。2,420円，四六並

価格は税込です